Respirez la vie !

Éditions Ellébore
5, rue de Charonne, 75011 Paris

Directeur éditorial : Édouard Frison-Roche
Éditrice : Katia Kaloun, assistée de Lucie Bernamont
Création graphique et mise en pages : Charlotte Thomas

ISBN : 979-10-230-0206-5
1re édition ERES, 1998, Paris

Ghylaine Manet

Respirez la vie !

Cas cliniques de sophrologie comportementale et analytique

Ellébore

Sommaire

Préface

Voici un bien bel ouvrage que celui de Ghylaine Manet, qui traite de la sophrologie avec une incontestable ouverture.

Entreprise non sans risque. Elle a le mérite de réussir, grâce à son savoir et à son talent. Dès lors, le savoir devient connaissance et c'est bien ce qui perce à travers ce livre. D'une part, l'auteure échappe à la sophrologie « théorie des niveaux et des états de conscience » ; d'autre part, elle ne tombe pas dans le piège de la sophrologie « recherche et affirmation sans contestation des capacités et des grandes valeurs de l'humanité ».

Cela veut dire que la formation de Ghylaine Manet, dont je pense prétendre à une certaine responsabilité, lui permet de présenter une sophrologie qui est la synthèse de différents courants de pensée de la thérapeutique qu'elle aborde avec prudence. On voit ainsi se dessiner puis s'établir une entité qui, sous le terme de sophrologie, dépasse heureusement les définitions d'origine.

Avec la notion de liberté du sujet lui-même, je suis sensible à cet état d'esprit que je développe dans mon enseignement. N'est-il pas surprenant, *a priori*, d'oser établir son discours sur les « monstres sacrés » que furent entre autres Freud, Jung, Reich et Lacan, dans leurs différences et dans leur dissidence ?

Ne furent-ils pas plus ou moins des chefs de chapelle dont la réunion était impossible ?

La sophrologie de Ghylaine Manet est exactement l'inverse de la pensée sectaire. Le lecteur y apprendra autant sur l'analyse que sur la médiation du corps, autant sur la pulsion que sur le comportement. Quelle discipline autre que la sophrologie peut apporter une telle richesse de réflexions ?

L'ouvrage de Ghylaine Manet représente bien cette génération de sophrologues à qui une formation très sérieuse assure une crédibilité sans réserve. En effet, comment dissocier le conscient de l'inconscient ? Comment ignorer libido et comportement ? Comment ne pas travailler sur le corps, véhicule de l'émotion, sans se référer aux écoles antérieures dont la sophrologie ne doit pas systématiquement annexer les principes ? Qu'elle les utilise, certes, qu'elle les harmonise, qu'elle en tire sa substance et son efficacité ! Ce livre se charge d'en assembler les éléments épars avec un art remarquable qui s'appuie sur un texte clair, sans faire appel à des néologismes qui ne sont bien souvent que le masque désuet de notre ignorance et de notre angoisse.

Je souhaite chaleureusement au lecteur de bien profiter de ce qui va suivre et je félicite Ghylaine Manet de son entreprise.

Jean-Pierre Hubert

Dialogue avec le lecteur

Vous ouvrez ce livre, curieux de ce qu'il renferme.

— De quoi parle la sophrologie ? dit votre petite voix intérieure. Et sophrologie, qu'est-ce que ça veut dire ?

— Ça parle de vous, de moi, de nous tous, quels que soient notre situation, notre vécu, nos questions, nos problèmes, nos difficultés pour en sortir.

— Tout le monde voudrait s'en sortir, mais on cherche toujours comment. On a lu des livres, on s'est inscrit à des cours, ou peut-être on a suivi des stages, on est allé voir un psy, mais dans la vie de tous les jours, on ne s'en sort toujours pas, on n'avance pas.

— Et pourtant, vous savez que vous avez des possibilités, des compétences, des richesses accumulées par votre expérience. Oui, vous avez, en vous-même, un gisement qui reste inexploité, car vous doutez de ces possibilités, vous n'avez pas confiance en vous !

— Alors, comment s'y prendre ? Comment se remettre en marche ? Comment se donner envie de repartir ? Comment ouvrir enfin l'horizon ? Comment pouvoir aller vers les autres ? Comment renaître à la joie, à l'amour, à la vie ? Comment vivre autrement ?

— Dans ce livre, vous trouverez les témoignages de personnes qui ont bénéficié de la sophrologie. Chaque exercice est présenté comme une solution pratique, concrète, face à des difficultés quotidiennes. Les techniques sont simples, à la portée de tous. Vous pouvez les appliquer partout, à n'importe quel moment de la journée, à votre réveil, dans votre voiture, à votre bureau, entre deux coups de fil stressants, entre deux rendez-vous, pendant une conversation interminable ou même lors de conversations orageuses, familiales ou professionnelles, dans des conflits personnels, dans la préparation d'un entretien difficile, d'un examen, durant une réunion, dans l'ascenseur, dans la cuisine, devant la télévision, avant de vous endormir pour trouver le sommeil.

— Alors, la sophrologie, qu'est-ce que c'est ?

— D'abord, expliquons ce mot nouveau, fabriqué à partir de trois racines grecques : *sos* = serein, *phren* = cerveau, *logos* = étude. La sophrologie, c'est l'étude des techniques qui développent la sérénité. C'est un mot relativement récent qui apparaît exactement en 1961 dans un congrès de psychothérapie, à Vienne en Autriche. C'est le docteur Alfonso Caycedo, neuropsychiatre colombien exerçant à Barcelone, qui a imposé ce terme. Ce mot se réfère également à un terme grec, *sophrosyné*, utilisé par le philosophe Platon à Athènes au IVe siècle avant J.-C., et désignant un état particulier de la conscience que l'on obtient en écoutant une voix monocorde et paisible.

« Faites appel à votre expérience : une berceuse, un conférencier qui débite son discours d'une voix monotone vous plongent doucement dans un état somnolent qui s'apparenterait à celui que procurent les techniques de la sophrologie.

« Lorsque le réveil sonne, vous ressentez la difficulté de passer du sommeil à la vigilance que vous impose la sonnerie. Et, très souvent, vous allez retarder le moment de vous lever, en traînant, bien au chaud, dans votre lit. Vous ne dormez plus. Vous êtes conscient de ce que vous devez faire, c'est-à-dire vous lever pour ne pas être en retard, et pourtant, à ce moment-là, vous allez vous accorder quelques minutes de répit. Vous allez choisir de poursuivre le rêve agréable dont vous venez d'être tiré par le réveil ; peut-être allez-vous penser au rendez-vous d'affaires que vous devez réussir ou allez-vous organiser votre journée.

« Vous faites alors l'expérience d'un état particulier où vous êtes à l'écoute de vous-même, vous percevez le monde qui vous entoure d'une manière particulière : vous faites abstraction des mille petits bruits que vous entendez pourtant, mais qui restent à l'arrière-plan de vos préoccupations. Vous restez fixé sur votre vie intime, sur ce qui vous intéresse à ce moment-là. Vous suivez un film sur votre écran intérieur qui focalise votre attention, vous êtes l'acteur de ce film ou vous en êtes le metteur en scène. De toute façon, vous développez un flot d'images et de sensations personnelles. Et vous vous sentez bien, à l'abri du monde extérieur. Si vous vous laissez envahir par votre bien-être, vous allez glisser de nouveau dans le sommeil. Retrouvez cette expérience naturelle, que tout le monde connaît deux fois par jour au moins, c'est-à-dire avant de se lever et de s'endormir.

« La sophrologie va vous aider à utiliser et à développer consciemment cet état particulier qui, répétons-le, est naturel. Cette zone entre le sommeil et la veille est un réservoir de possibilités, une zone privilégiée, car elle permet d'enrichir d'images votre mental, de revivre des scènes passées et d'anticiper sur l'avenir. Elle est également une oasis de paix.

« Lorsque vous aurez besoin de vous relaxer, de vous concentrer, de "retrouver vos esprits", de prendre du recul par rapport aux événements, vous modifierez vos niveaux de conscience pour atteindre votre but et vos objectifs, libre de toute entrave et d'influences perturbantes.

« La sophrologie est une approche nouvelle qui vous apprend à distinguer les niveaux de conscience et à les modifier, à connaître et à comprendre les messages du corps, à puiser l'énergie en soi, à changer les comportements, enfin, à développer la sérénité.

— D'une certaine manière, c'est un peu comme du yoga ?

— C'est vrai ! Il y a une parenté avec le yoga. Le docteur Alfonso Caycedo a séjourné deux ans en Inde et au Tibet pour étudier les techniques orientales : le yoga, mais aussi le bouddhisme. À son retour, dans sa pratique de neuropsychiatre, il a introduit des gestes traditionnels, dont le rôle est d'agir sur la conscience de l'individu, qui n'est pas tenu pour autant d'adhérer aux croyances religieuses et philosophiques de ces enseignements. Vous comprenez donc l'originalité de la sophrologie qui adapte l'enseignement oriental en fonction des besoins et des héritages occidentaux. Par exemple, l'entraînement sophronique a utilisé la respiration abdominale du yoga, mais n'en a pas retenu les postures. Si la sophrologie permet de développer des états de méditation, elle ne s'y complaît pas. Elle n'est pas non plus un bric-à-brac de méthodes. Elle s'est donné un ensemble codifié, cohérent, progressif d'exercices, dans un langage clair, accessible à tous.

L'accent est porté sur une relaxation obtenue à partir d'une respiration abdominale qui dynamise l'individu, le rend apte à faire face à toutes les situations du monde moderne. Les objectifs de la sophrologie s'écartent donc de l'enseignement oriental du détachement ; au contraire, elle favorise l'ancrage dans le réel, dans le concret. Elle est pragmatique, elle développe des conduites et des comportements positifs, efficaces et constructifs.

Le premier congrès mondial de sophrologie s'est tenu à Barcelone, le 1er octobre 1970, sous la direction du Dr Alfonso Caycedo. Il réunissait des médecins de tous les pays.

Depuis 1972, un enseignement officiel s'est développé en France, sous la direction du Dr Jean-Pierre Hubert, qui s'est adjoint, au fil des années, des collaborateurs comme le Dr Dumont, le Dr Raymond Abrezol, le Dr Roland Cahen et le Dr Jacques Donnars. On peut dire que, depuis une décennie, les équipes se sont redistribuées et rajeunies avec l'entrée du Dr Lucien Gamba de Genève, du Dr Jacques Soret et du Dr Jean-Claude Vervitch. Une formation complète sur quatre cycles est dispensée. La rédaction d'un mémoire, des examens oraux et écrits, un suivi professionnel offrent aux praticiens les garanties de compétence et de rigueur nécessaires à l'exercice de leur métier.

Pour les Européens, il n'y a plus guère de doute sur l'efficacité de la sophrologie qui reconnaît l'étroite collaboration entre le corps et l'esprit de chaque personne. Le mot est entré dans les dictionnaires français depuis plusieurs années. En trente ans, les formations se sont multipliées. La relève est assurée : c'est aux sophrologues de veiller eux-mêmes à l'éthique de leur enseignement.

Les cabinets de sophrologues fleurissent en France, en Suisse, en Belgique, en Espagne, en Allemagne et dans les territoires et départements d'outre-mer. De nombreux services hospitaliers se sont adjoint des praticiens qui utilisent la sophrologie pour améliorer l'état physique, psychique et moral de leurs patients : accouchements sophroniques, préparations aux opérations – spécialement dans le service des anesthésies où les doses de produits peuvent être fortement diminuées –, accompagnements en service de cancérologie et de maladies invalidantes... En bref, la sophrologie fait partie de la médecine de demain, qui comprend l'humain comme une unité indivisible : corps et esprit intimement liés.

Le but de cet ouvrage est d'apporter à un vaste public les techniques de la sophrologie, précises et éprouvées par trente ans d'expérience et qui permettent d'améliorer les conditions de la vie humaine.

Pour beaucoup d'entre nous, la sophrologie est un outil efficace et indispensable pour réussir tous les changements de situation et de comportement, pour développer la prise de conscience de la personne. Elle est une voie pour vivre dans la paix, dans la joie et dans l'amour, ce dont le monde d'aujourd'hui a tant besoin. Elle délivre un message humaniste qui peut franchir toutes les frontières.

Chapitre 1

Avez-vous le temps de respirer ?

Une course effrénée

« Avez-vous le temps de respirer ? » Un moment d'hésitation. « Est-ce une question si surprenante ? » La réponse tombe : « Respirer ? Ah non ! J'ai trop de choses à faire ! Ça n'arrête pas ! Dès le matin, c'est la course : se préparer et réveiller les gosses, faire les sandwiches de midi ; mon mari dépose les enfants à l'école en allant à son travail. Nous avons chacun notre voiture, impossible de nous en passer. Nous faisons plus de cinquante kilomètres par jour. On ne se revoit que le soir, devant la télévision, c'est notre seule détente. Mon mari ramène souvent des dossiers ; moi, je suis des stages dans mon entreprise. Le week-end, on ne souffle même pas, entre les courses pour la semaine, les visites à la famille très dispersée, les invitations où il faut bien aller, le sport, les activités des enfants, nous n'avons plus le temps d'être à nous-mêmes, de respirer, de nous poser… Et les années passent », dit-elle en soupirant. Sur la terrasse, des fauteuils toujours vides. La baie déploie l'or d'une belle journée. Heureux propriétaires !

Des millions de personnes vivent ainsi. Nous n'avons plus le temps de respirer, plus le temps de nous asseoir, d'apprécier ce qui nous entoure, de profiter du temps qui passe. Le rythme de la vie devient infernal. Chaque personne de la cellule familiale se doit de participer au tourbillon général. Chacun a ses activités. Le repos, la flânerie, la promenade sont bannis pour beaucoup. L'exigence de suractivité de chacun complique la vie de toute la famille. Concilier les emplois du temps relève de l'art stratégique. Il faut nous occuper, coûte que coûte, sinon c'est l'angoisse, la peur d'être laissé pour compte, d'être en rade, oublié.

Nous croyons dévorer le temps, mais c'est le temps qui nous dévore. Nous perdons la direction de notre vie. Et brusquement, nous nous retrouvons sur un rond-point, à tourner sans trouver la bretelle qui changera notre destination. Nous nous sentons pris dans un engrenage, dans un filet inextricable.

Plusieurs possibilités pour couper ce rythme absurde : la plus évidente est l'arrêt de la machine. Le carburant va manquer. Surgiront des problèmes plus complexes de carburateur, de moteur. Et ce sont tous les incidents cardiovasculaires qui, en priorité, vont donner l'alerte. Il aurait été si simple de prévoir des checkups, des remises en forme. « Quand ? — Tout de suite, ici et maintenant ! »

« Ici et maintenant. » Deux notions qui recouvrent une sensation directe, intime. Faisons une pause, une minute seulement, celle qui donne de la valeur à la vie, celle qui permet de canaliser l'énergie vitale, psychique et physique. En cette minute, le corps et l'esprit sont vécus ensemble.

Avez-vous le temps de respirer ?

PAUSE RESPIRATION

Arrêtez-vous cinq secondes de lire. Prenez, maintenant, cinq secondes pour respirer...
Avez-vous sauté la ligne pour lire plus vite ? Avez-vous, difficilement, arraché au temps ces cinq secondes pour écouter votre corps ? Il y a plus de cinq mille secondes dans votre journée !
Mais la respiration est automatique. Je n'ai pas besoin d'y penser !

La respiration est la seule fonction vitale qui soit automatique et puisse devenir consciente à tout moment. La nature a prévu cette possibilité de contrôle qui s'avère très utile pour réguler le stress. Par mesure de précaution, utilisons notre conscience et notre contrôle sur l'activité primordiale de notre organisme aussi souvent que possible. Nous éviterons ainsi d'en arriver au stade où le rythme de vie et l'épuisement qui en résulte amènent, un jour, chacun d'entre nous à dire : « J'étouffe ! », « Je manque d'air ! », « Je suis fatigué ! », « Je n'en peux plus ! »

Le conducteur d'une voiture oublie la mécanique perfectionnée de son moteur, au point qu'il négligera de vérifier ses circuits vitaux. Il lui fait confiance, il en abuse, jusqu'au jour où, bravant les mesures de sécurité, il emboutit un véhicule, faute de bons freins, et blesse ses occupants. « C'est malheureux, c'est un brave garçon, il ne l'a pas voulu. »

Cette situation est transférable sur le plan psychologique. Combien de personnes ne mettent pas leur mental au clair et laissent des situations se détériorer de sorte qu'elles agressent, sans le vouloir, sans en prendre conscience, leurs proches et autrui ? Elles provoquent des traumatismes dont elles ne soupçonnent même pas l'importance. D'autres, insouciantes, font leur propre malheur, faute de s'interroger sur elles-mêmes.

Voici le cas d'un responsable d'une entreprise importante, à qui l'on venait d'annoncer qu'il avait un cancer grave. Après le choc, l'incrédulité et la révolte, il avait eu cette phrase étrange en occupant sa chambre d'hôpital : « Je vais enfin pouvoir me reposer. » Sa vie professionnelle l'avait tellement absorbé qu'il s'était octroyé peu de temps pour lui-même.

Respirer, oui, mais comment ?

Regardez Bébé, heureux dans son berceau. Sa respiration est naturellement abdominale, calme et régulière. Son thorax se soulève. L'air progresse normalement dans les poumons, sans à-coup, jusqu'au niveau des épaules. À l'expiration, l'air prend le chemin inverse et l'expiration se termine, le ventre creusé. Rares sont les adultes qui conservent cette façon de respirer ! Reprenez cette respiration aussi souvent que vous le pouvez et vous vivrez mieux. Vous pouvez ralentir le rythme épuisant dans lequel vous vivez. Faites des pauses-respiration !

PAUSE RESPIRATION

Je prends cette résolution.
Je commence par respirer autrement, pour vivre autrement.
Pour changer mon comportement.
J'écoute mon rythme intérieur. J'écoute ma respiration.

Le vécu du stress

Que disent les gens stressés ? Quelles sensations ont-ils d'eux-mêmes, de leur entourage ? Quelles sont leurs images mentales ? Quel est leur vécu quotidien ? Voici deux exemples.

Éric, quarante ans, marié, deux enfants, cadre administratif[1]

« J'ai un boulot stressant, j'ai douze personnes à diriger, j'ai beaucoup de coups de fil, d'affaires à régler, et tous les problèmes des services me reviennent sur le dos.

J'ai eu une grosse déception professionnelle, j'espérais monter en grade, le chef de service étant parti à la retraite, et ça ne s'est pas fait, alors que j'ai vingt ans dans la boîte. J'ai vraiment l'impression d'être exploité, je travaille neuf heures par jour. Je suis énervé et j'énerve les autres.

J'ai l'impression de réfléchir trop vite, je réagis trop vite, je brusque les gens. Oui, je sais que je suis invivable, je suis stressé et je stresse les autres. J'en fais beaucoup trop, à ce rythme, je ne ferai pas de vieux os !

Déjà, le matin, quand je suis dans ma voiture, je pense à mon boulot. Je suis toujours en train de planifier. Mes collègues me disent tout le temps : "On a le temps." J'espérais un poste que je n'ai pas eu, je suis aigri. J'y pense tout le temps. J'ai une grande conscience, "la boîte, il faut qu'elle tourne". (Il rit.) Et pourtant, c'est pas ma boîte, c'est fou !

"Tu cries trop", dit ma femme ; elle ne me supporte plus. J'ai envie de partir d'ici, mais ma femme ne veut pas s'en aller. Les enfants sont très fatigants ; je ne les supporte plus quand je rentre le soir. C'est difficile à vivre avec la tension nerveuse que j'ai toute la journée.

Nous n'avons pas d'amis, nous n'avons pas le temps ; ça nous changerait les idées, mais ma femme n'en a pas envie. De plus, on se dispute toujours. Nous n'avons pas les mêmes goûts, nous n'aimons pas les mêmes gens. On s'accroche toujours. Il lui en faut toujours plus. Elle dit que je ne m'occupe pas assez d'elle. C'est vrai. Je fais des efforts, mais ce n'est jamais assez. Mes enfants sont la cause de beaucoup de nos disputes. Elle leur cède tout. Ils font beaucoup de bêtises. Je n'ai pas le temps de m'asseoir et ils ne veulent jamais se coucher. On n'arrive pas à les tirer de la télévision.

---

1. Afin de préserver l'anonymat des personnes citées, leurs prénoms ont été volontairement modifiés.

Je mange trop. Je sais que je brûle tout, tellement je suis sur les nerfs.

Pour les relations sexuelles, en ce moment, il ne faut pas y compter. Elle est trop prise par son travail, on ne se voit pas beaucoup et elle n'est pas détendue. De toute façon, elle a un caractère désagréable.

Je sais que je perturbe l'atmosphère familiale par mes réactions agressives vis-à-vis de ma femme et de mes enfants. Je ne supporte rien. Je ressens la fatigue dès le matin. Je veux trouver une méthode pour être plus calme et trouver des solutions pour être plus heureux. »

Nathalie, cinquante ans, mariée, un enfant, secrétaire

« Je suis dépressive depuis plusieurs années, je me retrouve seule sans ma fille qui a déménagé. J'ai un grand vide, je suis comme dans un trou. Mon mari, lui, est très occupé. Il a une petite entreprise. Je me retrouve toute seule le soir, il travaille plus tard que moi. Quand il est là, c'est qu'il ne va pas bien.

Je suis toujours morose, j'ai peur de tout, j'ai mal partout, aux reins, au dos, je ne peux plus marcher, je ne peux plus parler ; d'abord, à qui voulez-vous que je parle ? J'ai mal à la tête, les oreilles me sifflent, j'ai même des bourdonnements, je ne supporte plus le bruit, j'aurais dû vivre à une autre époque, c'est la compétition pour tout. Tout me choque : les mentalités, l'égoïsme, l'exhibitionnisme.

Dans mon travail, je suis entourée d'hommes. Ils ne m'ont rien fait mais ils m'ignorent. Je suis toute seule dans mon bureau, je suis comme en disgrâce, ils s'en fichent. J'avais des colites spasmodiques, mais le médecin n'a rien trouvé, toutes les analyses et les radios ont été faites, il n'y a rien, c'est dans la tête. Je prends des anxiolytiques depuis dix ans. J'ai perdu le sommeil depuis vingt ans. J'ai des allergies, on dit que c'est la climatisation, les tapis, Dieu sait quoi ? En fait, on n'a rien trouvé.

Je me sens fatiguée, je me lève fatiguée et je pleure dans mon bol de café, le matin. Mon mari prend la fuite. Je ne dors plus avec lui, je remue tout le temps, je l'empêche de dormir. Et quand il dort, il ronfle, alors si je dors, le peu que je dors, vous comprenez que ce n'est pas possible. On s'est résignés. On fait chambre à part.

J'ai sans cesse des crises de larmes et de désespoir. J'ai tout ce qu'il faut ; je sais bien que c'est dans la tête que ça se passe. Je ne sais pas pourquoi j'en suis arrivée là.

J'ai toujours été quelqu'un de très émotif. Je ne peux rien faire sans l'appui de mon mari. Lui, il est bouffé par son boulot, harcelé. Mon état le désole, mais il en prend son parti ; je ne pourrais pas vivre sans lui. Je m'accroche à lui quand je suis malheureuse. Il ne le sent même pas quand on fait l'amour, c'est pas un psychologue. Je sais très bien que ça vient de lui.

Le réveil, c'est pire qu'une naissance, c'est affreux, il part le matin à six heures. Je m'affole quand je suis toute seule, je panique. Je sais que tout ça, ce sont de faux problèmes, de faux malheurs, ça ne me console pas.

Mon mari dénigre mon travail. Il trouve que je n'ai rien à faire, il ne veut pas entendre parler de mes problèmes. Il n'est plus à l'écoute depuis longtemps ; on ne parle plus. Quand il invite des copains, c'est pour parler d'histoires de… Vous me comprenez, moi, ça ne m'intéresse pas, les femmes, on n'est pas des objets consommables. (Elle pleure.) Je suis écorchée vive. Je ne supporte plus le soleil, la chaleur. J'ai une fatigue permanente.

Il a une boulimie du travail. Nos chemins divergent. Moi, je fais le chien de garde de la maison. J'astique. Je frotte. Je voudrais bien m'en sortir. J'empoisonne tout le monde avec mes histoires. Tout le monde se barre. Qu'est-ce que ça peut leur faire, aux autres, mes problèmes ? »

Qu'est-ce que le stress ?

Ces deux exemples, pris sur le vif, réellement vécus et choisis parmi tant d'autres, évoquent le tableau quotidien du vécu du stress. Il y a là une fraternité : le langage est toujours le même, les manifestations physiques et psychiques se reconnaissent. La personne atteinte souffre, change de comportement et de personnalité face aux situations qui la perturbent.

L'humain, courtois de nature, en plein embouteillage, injurie grossièrement le conducteur maladroit qui le retarde. Dans une situation de panique, chacun retrouve ses instincts primitifs et, pour survivre, bouscule sans états d'âme ses congénères. Dans les situations quotidiennes de cohabitation inévitable, qu'elle soit familiale ou professionnelle, chacun se sent agressé par des gestes dérisoires : une porte mal fermée, un objet déplacé, une revue abandonnée. Aussitôt, on réagit et l'on provoque à son tour des réactions en cascade tout aussi nocives, donc porteuses de stress.

Nous vivons dans un environnement chargé d'excitations de toutes sortes, de stimuli qui nous maintiennent en état d'alerte. Nous sommes les agressés et aussi les agresseurs. Le stress, c'est le fléau de notre fin de siècle. Le mot anglais *stress*[2], vulgarisé à outrance, est employé depuis le XVIIe siècle pour exprimer la difficulté de la vie. Mais son sens, de nos jours, s'est élargi au point qu'il signifie maintenant non seulement les causes multiples de cette souffrance, mais aussi la réponse de l'organisme à ces agressions.

Le verbe latin « *stringere* » signifiait étouffer, serrer. De là, on a formé le mot « détresse », qui recouvre un sentiment d'impuissance, particulièrement significatif de l'état physique et psychique d'une personne qui se sent agressée.

Dès 1910, la découverte de l'inconscient par Sigmund Freud a donné un éclairage révolutionnaire aux manifestations de douleur, de souffrance et de maladie. Freud a ouvert les couches souterraines de notre psychisme. Il a permis de relier les causes directes et objectives de nos souffrances aux manifestations profondes des forces de l'inconscient. Celles-ci agissent à retardement et amplifient les réponses de chaque individu à toutes les agressions.

Les travaux de Walter Bradford Cannon, en 1935, à l'université de Harvard, ont démontré les interactions du corps et de l'esprit. À la même époque, le Canadien Hans Selye a mis en valeur un ensemble de symptômes bien précis qui sont catalogués comme des manières de s'adapter aux agents stressants. Hans Selye est considéré comme « le père du stress ». Et depuis lors, les travaux de laboratoire, particulièrement en médecine psychosomatique, se sont multipliés en Amérique

---

2. *Stress* se traduit par « tension ».

du Nord et en Europe. En France, ceux du professeur Henri Laborit ont été rendus célèbres en 1980 grâce au film *Mon oncle d'Amérique* d'Alain Resnais. Ce film, très remarqué à Cannes, illustrait le phénomène du stress : le comportement des êtres humains était semblable à celui des rats de laboratoire.

Nous avons aujourd'hui une vue globale et complète sur le phénomène du stress, sur ses conséquences et sur les moyens d'y remédier. La vie est une perpétuelle stimulation et le stress est une nécessité biologique. Impossible d'imaginer une privation de stress, qui équivaudrait pour l'organisme à la mort. Ce bon stress, on le distingue en le nommant *eustress.* On vit dans l'*eustress.* On peut donc dire laconiquement que l'*eustress*, c'est la vie.

Les organismes vivants tendent toujours à maintenir constantes certaines conditions qui forment un état d'équilibre qu'on appelle *homéostasie.* Mais cet état est fragile : il est sans cesse bouleversé par un excès de modifications de l'environnement. Nous sommes alors dans le mauvais stress : *distress*, la détresse, l'affolement par excès de stimulation. C'est bien à ce stress-là qu'on tente, coûte que coûte, de s'adapter, et qui fait couler autant d'encre que de larmes ! C'est de celui-là qu'il sera question tout au long de ce livre.

Hans Selye, dès 1946, a cerné les trois phases spécifiques que chaque individu connaît lorsqu'il est en proie à un stimulus stressant :

- d'abord, une phase d'alarme avec choc : tachycardie, diminution du tonus musculaire, abaissement de la température, sécrétion excessive d'hormones ;
- puis c'est la phase de résistance, caractérisée par un accroissement de l'activité du sujet. Il fait face, grâce aux hormones particulièrement efficaces que sont les catécholamines et l'adrénaline. C'est son seul type de défense. Le sujet est surexcité. Si l'action des agents stressants se prolonge, le mécanisme de défense va jouer pleinement et l'excès d'hormones libérées lors des stress va finalement le perturber ;
- finalement, c'est la phase d'épuisement. Le stress, qui entraîne une baisse immunitaire, favorise les états dépressifs, les allergies de toutes sortes et la maladie.

Dans les temps reculés de son histoire, l'organisme humain faisait physiquement face au stress : soit il fuyait, soit il combattait. C'est la formule célèbre : *flight or fight.* Aujourd'hui, la société a dévié le mécanisme naturel de défense, la réponse au stress n'est généralement plus physique : la plupart des agressions sont verbales ou psychologiques. Sauf certaines exceptions, on ne tente pas de supprimer son adversaire, son voisin ou son patron, le corps-à-corps est évité. On se défend psychologiquement. Cette réponse déviée va favoriser la maladie qui est un manque d'adaptation par perturbation hormonale.

Le stress n'est pas une maladie, mais il est un facteur déterminant pour tous les dérèglements de l'organisme et on lui reconnaît d'être une composante de beaucoup de pathologies. Gérer son stress devient un problème primordial.

PAUSE RESPIRATION

Je gère mon stress. Je collabore avec mon corps.
Je réduis mes migraines, mes insomnies, mon hypertension, mes allergies, mes douleurs, sans lésions organiques.

Le problème de la résistance ou de l'abandon à la maladie n'est pas encore résolu. L'approche psychosomatique de Franz Alexander, psychanalyste américain de l'université de Harvard, et celle de l'école de Paris dirigée par Pierre Marty révèlent que « les facteurs émotionnels influencent tous les processus physiologiques par l'intermédiaire des voies nerveuses et humorales[3] ». L'asthme et les rhinites, si répandus dans nos sociétés où les adultes travaillent beaucoup, sont des exemples frappants de symptômes psychosomatiques : l'asthme chez un enfant émotif peut être lié à l'absence prolongée du parent, vécue comme un manque affectif.

Georges Libman Engel[4] a mis au point, en 1981, une grille de diagnostic de la maladie en utilisant trois paramètres : le biologique, le psychologique et le social (le BPS). La clinique psychosomatique constate que les maladies graves apparaissent chez des sujets qui ont présenté des dépressions dues à des traumatismes dont on peut citer, en priorité, le deuil du conjoint, des enfants, des parents, les actes de violence, viols, cambriolages, passages à tabac.

Le cortège des accidents extrêmes et indépendants de notre volonté tels que la guerre, les tremblements de terre, les incendies, les inondations, entraîne des problèmes

3. Jean-Benjamin Stora, « Chapitre IV. Mécanismes neurobiologiques et maladies du stress », dans Jean-Benjamin Stora (éd.), *Le Stress*, Paris, PUF, « Que sais-je ? », 2019, p. 99.
4. Psychiatre américain (1913-1999) de l'University of Rochester Medical Central.

psychiques importants avec des symptômes bien connus et des phases répertoriées. Dans un premier temps, c'est le choc qui peut se manifester par la fuite ou par l'immobilisation : le sujet est alors hébété, muet. Puis lui succède la phase de déni, pendant laquelle le sujet fait comme si rien ne s'était passé, ensuite viennent une phase d'intrusion où l'événement arrive par périodes à la conscience du sujet, puis la récupération complète de l'événement dans la mémoire, et enfin l'acceptation et l'intégration de l'événement traumatique dans la vie du sujet.

Deux psychiatres de l'université de la Washington Medical School, Thomas Holmes et Richard Rahe, ont établi, en 1967, une échelle des événements stressants de la vie familiale, professionnelle et sociale. L'événement qui vient en tête est la mort du conjoint. Si l'on considère le pourcentage de décès dans la tranche d'âge du veuf ou de la veuve, on remarque qu'il y en a dix fois plus dans la première année de veuvage.

La vie professionnelle est un foyer de stress. Citons les métiers à haut risque : pilotes, aiguilleurs du ciel, travailleurs sur les plateformes pétrolières, personnels des centrales nucléaires... Il en est de même pour les métiers à responsabilités, les métiers de contrôle, de police, de surveillance, de santé, d'enseignement, et tous les métiers des médias. En fait, personne n'est épargné.

Le stress professionnel est pris en compte pour diminuer son coût : arrêts de travail fréquents, prise en charge médicale très onéreuse, perturbations dans le rendement. Il existe maintenant des diagnostics du stress : le SDS (*Stress Diagnostic Survey*) de Ivancevich et Mattenson, de l'université de Houston, donne une importance à certains facteurs perturbants dans l'entreprise comme l'ambiguïté du rôle, les conflits de personnes, la surcharge de travail, l'impossibilité d'améliorer sa carrière. Le test de dépistage le plus utilisé est le JAS (étude d'activité de Jenkins).

Le stress touche finalement chacun d'entre nous dans sa vie familiale, professionnelle et sociale. Des millions de gens sont plus exposés à ce fléau parce qu'ils vivent dans un monde très urbanisé, surpeuplé, où la société de consommation et de technologie avancée décuple le stress. D'autres phénomènes de société plus graves encore atteignent la qualité de la vie, que l'on pourrait regrouper sous la désignation : stress de la civilisation.

Le stress de la civilisation : stimulation excessive

Le rythme de la vie s'est emballé, les révolutions technologiques s'enchaînent, toujours plus stupéfiantes, et l'individu du XXIe siècle n'a pas le temps de s'adapter. L'humain est en mutation dans une société en perpétuelle évolution. Les femmes, qui ont de plus en plus accès aux grandes écoles et prennent des positions décisives dans de nombreux secteurs de la vie sociale et professionnelle, ont perturbé les prévisions des économistes. Cette situation se répercute sur la vie des foyers et la conduite des couples. L'adaptation à cette nouvelle répartition des rôles de l'homme et de la femme est difficile et coûteuse pour chacun d'entre nous, si nous n'y prenons pas garde, si nous la refusons.

Paradoxalement, ce progrès qui enflammait l'imagination de nos ancêtres il y a cent ans plonge dans le désarroi l'individu qui consomme tout sans attendre et sans choix réel. Les échanges de marchandises se sont considérablement diversifiés et enrichis. Les voies et les moyens de communication, les techniques de transmission sont devenus d'une performance telle qu'ils ont raccourci l'espace, supprimé les décalages horaires et permis d'atteindre le bout du monde pour une somme raisonnable.

Aujourd'hui, l'humain pourrait obtenir tout ce qu'il désire mais il perd le désir. Tout est à sa portée. Il devient insensible, blasé : il a perdu la valeur des choses. L'homme moderne vit dans le monde fascinant de la robotique, de la télématique, du télévisuel et perd pied avec la réalité du quotidien. Certains êtres sont fragilisés par cette dimension technologique, ils se sentent dépassés, égarés dans l'espace des galaxies qui leur est projeté par les téléviseurs.

La mobilité des individus, la circulation des idées et des cultures ont donné une dimension universelle à l'être humain qui devient citoyen du monde, ne serait-ce que par le journal télévisé et les messages omniprésents des médias.

Pour compléter ce panorama fantastique, les ordinateurs et autres smartphones nous nourrissent le cerveau et multiplient nos possibilités émotionnelles. Ils simulent les situations les plus rocambolesques ou les plus éloignées de nos préoccupations quotidiennes : piloter un sous-marin, faire une guerre interstellaire... En outre, si l'on souhaitait voyager dans les siècles, des millions d'informations nous sont fournies alors que nous n'aurions jamais eu l'idée qu'elles existaient. Mieux encore, l'accès aux langages des peuples nous est facilité : les ordinateurs lisent, pour un seul individu, dans la langue personnelle de l'écrivain, les pages célèbres qui sont le patrimoine de la culture mondiale, ils nous les traduisent et nous les commentent, à notre gré. Capital de la culture universelle inouï, à la portée de tous !

Qu'avons-nous fait pour cela ? Presque rien, en comparaison de la richesse de ce savoir. Nous, individus de ce siècle, nous faisons l'effort enfantin d'appuyer sur quelques touches d'un clavier.

Face à cette pléthore d'informations et d'outils de communication, à ce déploiement de richesses, pensez-vous que l'on rende grâce au génie humain, à sa capacité d'évolution, à sa formidable mutation ? Non, on entend dire : « Mais moi, je n'ai pas besoin de cela ! Je veux vivre, j'étouffe face à tous ces écrans. Ma vie est murée. Mon mari et mes enfants sont collés à leurs ordinateurs et à leurs vidéos. Quand je leur parle, ils ne m'entendent même pas. »

C'est le problème fondamental de ces dernières décennies : communiquer. Alors que nous regorgeons de possibilités de communiquer, nous perdons l'intérêt et la qualité de la communication entre deux êtres humains.

L'humain se tait, il tape sur un clavier, il se nourrit d'images de synthèse, s'isole. Il communique avec les autres humains par l'intermédiaire d'un écran et finit par les prendre pour des objets. Combien ne trouvent comme ressource à l'expression de leurs sentiments qu'un animal domestique à qui ils parlent comme à un être humain ; ils lui confient leurs états d'âme et guettent chez leur compagnon de solitude des signes d'approbation et de tendresse véritable.

Face à face, chacun se sert de l'autre comme d'un objet et l'utilise. Quand le courant ne passe plus, il ne sait pas réparer ce qui a été cassé ; alors, comme il ferait d'un objet, il le « jette ». Cela coûte plus cher de réparer que de changer ! Alors, on change. On change l'autre plutôt que de penser à changer soi-même. Et l'on se sépare. Et, comme on n'a pas compris pourquoi on en était arrivés là, on recommence l'erreur et ainsi de suite. Les familles se déchirent, un couple sur deux se sépare, en moyenne. Nous consommons les gens comme les choses. Nous ne prenons pas le temps de nous intéresser aux difficultés de la communication, à la situation pénible qui s'est créée. Pourquoi essayer de résoudre les problèmes ? Nous sommes, comme le téléspectateur de cinquante chaînes, à zapper, zapper sans cesse, incapable de véritable attention pour autrui et pour soi.

Le monde du travail a donné le ton. Le travailleur a été l'outil essentiel. Maintenant, les robots ultraperfectionnés remplacent l'outil peu performant. Ils suppriment ainsi chaque année des millions de gens parce que ces derniers sont devenus inefficaces. Le taux de chômage s'alourdit et c'est en vain que nos dirigeants cherchent des solutions.

Toute une population vit à l'écart des autres. Ceux qui sont en marche regardent les marginalisés sur les bas-côtés et prennent peur. Ils s'interrogent : leur tour viendra peut-être, que deviendront-ils ? Y seront-ils préparés ? Personne n'est à l'abri. L'abondance d'informations, de techniques, de biens de consommation, les changements incessants renvoient l'individu à sa solitude et à son angoisse. Il est dévoré par la civilisation matérielle. C'est le règne de l'avoir au détriment des valeurs humanitaires.

Pour remédier à ces situations, depuis trente ans, on voit fleurir des centres d'épanouissement personnel, des écoles de bien-être, des centres de méditation, des groupes de réflexion, des écoles de yoga, de tai chi, de reiki, d'arts martiaux, des techniques de communication diverses comme la programmation neurolinguistique (PNL) et l'analyse transactionnelle (AT).

Des supports variés, connus de tout temps reviennent en force : le Yi-King, les tarots, les cristaux, la numérologie, la cartomancie et l'astrologie. Les sectes, les gourous, les mages, les maîtres et les adeptes en tous genres prolifèrent. Parmi cette diversité haute en couleur, que choisir ?

Ce sont tous des antidotes aux maux de la vie moderne qui engendre l'angoisse et des peurs multiformes. Certains y voient une dégénérescence de notre société, un retour à l'obscurantisme du Moyen Âge et une régression irrationnelle. Ceci témoigne au moins d'une prise de conscience : l'esprit tente de trouver une issue à la crise du matérialisme, aux totalitarismes de tous bords et au culte de l'objet. Saturé de conjuguer l'avoir à tous les temps, au détriment de l'être, l'humain d'aujourd'hui se pose les questions fondamentales de l'existence. Alors, comment, aujourd'hui, retrouver sa sérénité et son équilibre ?

***

La sophrologie est une réponse pratique, concrète, offerte à celui qui ressent le besoin de s'interroger sur sa façon de vivre et sur ses possibilités d'améliorer le cours de son existence. On ne lui demande pas une profession de foi dans des thèses incompréhensibles exposées dans un jargon pseudophilosophique. Il n'y a pas de maître : le seul maître à bord, c'est lui-même.

Le sophrologue aide le sujet à retrouver le chemin de ses sensations, car tous les traumatismes psychiques se sont inscrits dans son propre corps. Le sophronisé, grâce à l'accompagnement neutre du sophrologue, retrouve peu à peu sa voix intérieure qui avait été étouffée, il est à l'écoute de sa véritable identité. Retrouver la confiance en soi, la motivation pour se réaliser, pour s'épanouir, pour donner un sens à ses actes : tels sont les objectifs prioritaires que se donne le sujet. Chacun porte en lui les solutions à ses problèmes ; elles sont au cœur de lui-même, il suffit de les chercher.

Le sophrologue, dans un premier temps, va accompagner celui qui s'est mis en route, celui qui veut retrouver son équilibre, sa paix intérieure, sa maîtrise sur ses émotions et son efficacité dans toutes les situations. Puis, avec l'entraînement des exercices, chacun gagnera en autonomie et retrouvera son pouvoir créatif. Il pourra alors continuer son chemin sans aide particulière.

Si les facteurs stressants touchent chacun d'entre nous dans sa vie familiale, professionnelle, sociale, certains résistent mieux que d'autres. C'est ce constat qui pose question. Comment s'endurcir contre le stress ? Comment y faire face sans altérer sa personnalité ?

Chapitre 2

Faites-vous face au stress ?

Comment minimiser le stress, le rendre moins offensif ? Il a été remarqué que les plus vulnérables sont ceux qui s'angoissent très vite dans la vie quotidienne. L'individu le plus fragilisé est celui qui vit seul, dans un milieu marginal, loin du cocon familial.

On peut classer les événements stressants qui ne dépendent pas de nous, tels que les tremblements de terre, les accidents de la circulation, le bruit, la pollution, les événements au sein de l'entreprise, le chômage, les deuils, les maladies fonctionnelles, etc. L'événement vous prend de plein fouet. Il faut réagir, se protéger, gérer la situation. L'anticipation répétée de l'événement, lorsque celui-ci peut être envisagé, prépare l'individu à le digérer.

Il y a les autres événements, de moindre importance, parfois futiles, qui vous stressent et que vous pouvez éviter par une meilleure organisation, par un changement de point de vue. Ce stress s'éliminera au fur et à mesure de la prise de conscience de votre fonctionnement, de votre progression mentale, de votre remise en confiance et en forme physique.

ÉVALUEZ VOTRE STRESS

J'évalue mon stress. Je situe le moment où quelque chose en moi s'est détraqué.

- **Quand ? À quelle période s'est opéré un changement négatif dans mon comportement ?**
- **Qu'est-ce qui m'est devenu insupportable ?**
- **Qu'est-ce qui a changé dans mon environnement (maison, travail) ?**
- **Qu'est-ce qui a changé dans les relations (privées, familiales, sociales, professionnelles) ?**
- **Qu'est-ce qui a changé matériellement (problèmes d'argent, incidents, pannes, perturbations techniques) ?**

- **Qu'est-ce qui a pu provoquer le changement de mon comportement : santé, accumulation de tâches, changement d'organisation, problèmes de temps, problèmes psychologiques et autres ?**

L'individu qui présente des symptômes caractéristiques comme l'angoisse, l'insomnie, la baisse de tonus, les problèmes de mémoire, les troubles somatiques tels que migraines, colites, troubles de la digestion s'empresse d'avaler des médicaments. Le chiffre avancé par les spécialistes concernant la consommation de médicaments employés pour lutter contre le stress est de vingt-cinq millions de boîtes d'antidépresseurs et de soixante-quinze millions de boîtes de tranquillisants par an, en France. La consommation des Américains en antidépresseurs et tranquillisants est encore plus effarante.

Vous connaissez les recettes qui marchent mais qui, à long terme, sont plus graves que le stress : l'alcool, particulièrement le verre de whisky, les cigarettes, le cannabis. Ajoutons l'ingurgitation excessive et répétitive de nourriture (sucreries, chocolat, glaces...). Mâcher du chewing-gum, se balancer sur sa chaise, griffonner, manipuler un objet, que ce soit un crayon, un chapelet ou un moulin à prières, jouer, tricoter, jardiner : tout cela atténue le stress.

Il est plus efficace d'utiliser des comportements pour faire face au surmenage : la pratique des sports tels que le jogging, la natation, le golf, la marche, le tennis, l'équitation et tous les sports d'équipe. Mais dès que le sport devient compétitif et professionnel, d'autres facteurs néfastes entrent en jeu et il n'est plus possible de l'envisager comme une gestion du stress.

Une bonne séance de yoga ou de relaxation en groupe, deux fois par semaine en moyenne, libère les tensions accumulées, mais elle nécessite souvent de se déplacer. Les séances quotidiennes chez soi sont préférables.

Le moyen le plus simple, au premier abord, est de se laisser aller à des manifestations émotionnelles : crier, pleurer et rire. Rire est tellement libérateur ! Extérioriser permet de se libérer du poids de sa souffrance. Pouvoir dire ce qui perturbe son existence, le raconter, le remettre en scène dédramatise la situation. Ce n'est qu'un remède passager, car souvent les interlocuteurs se lassent ou ne comprennent pas et finalement renvoient celui qui souffre à sa solitude.

Pour apprendre à gérer soi-même son stress, en diminuant, voire en supprimant les recettes et les médicaments, il est nécessaire d'entreprendre un travail en profondeur sur soi-même. Comment ? En utilisant les bienfaits de la sophrologie, qui renforce la personnalité : se connaître, prendre conscience de ses possibilités, discerner le stress qui ne peut s'éviter mais que l'on apprivoise comme un animal, supprimer celui qui dépend de notre comportement, développer une pensée positive et énergique qui rend plus fort et permet d'assumer les situations inévitables.

Au préalable, faites le bilan de ce que vous vivez mal, des situations qui vous étouffent, qui vous pèsent, des gens que vous ne pouvez plus voir, des choses qui vous exaspèrent, des comportements qui vous minent.

PAUSE EXERCICE

Je prends conscience de mon stress.
Je classe en deux colonnes, celui que je peux éviter d'un côté ; celui que je subis de l'autre.
Je veux diminuer dans ma vie quotidienne les facteurs de stress que je fabrique sans y penser.

Pour changer votre vie, commencez par de petits facteurs de stress que vous pourriez supprimer. Prenons un exemple.

Une patiente me disait que son premier stress de la journée était son réveil. Elle programmait la sonnerie pour 6 h 15. Invariablement, lorsque le réveil sonnait, elle se disait : « Ah ! Non, pas encore, je reste un peu au lit, j'ai encore cinq minutes ! » Finalement, elle ne sortait du lit qu'à 6 h 30, mécontente d'elle-même, et arrivait à son travail systématiquement avec un quart d'heure de retard. Elle faisait tout dans la précipitation, accumulait les erreurs, ce qui la retardait davantage. Ses journées commençaient toujours mal.

Après un dialogue en confiance afin de cerner ses problèmes, nous avons convenu de remédier à cette mauvaise habitude qui finalement la perturbait et créait dans son milieu professionnel des désagréments qui ne faisaient que s'ajouter à ses problèmes d'un autre ordre. Après une prise de conscience de son mécanisme et un entraînement de quelques séances de sophrologie, elle décida elle-même de changer l'heure de la sonnerie. À 6 heures, le réveil sonnait, elle se levait aussitôt, en pleine forme, et elle démarrait sa journée à l'heure.

Le quotidien est ainsi rempli de petits problèmes qui sont grossis surtout par les personnes dépressives. Leur accumulation rend l'esprit négatif et épuise l'énergie. La vitalité est gaspillée dans des situations dérisoires, souvent grotesques.

PAUSE EXERCICE

Dressez la liste de tous vos maux, petits ou grands, de vos douleurs, des souffrances qui vous épuisent, des petites maladies qui vous gâchent l'existence.

Vous saurez où vous devez porter vos efforts, et les techniques de sophrologie feront le reste. Elles vous aideront à développer un comportement différent face au stress. Vous aurez une attitude dynamique et positive, vous saurez dire oui ou non, ce qui renforcera votre personnalité.

Comment se fait-il qu'à la suite de discussions orageuses répétées avec son entourage, un homme finisse par faire une colite, un ulcère à l'estomac ou une lombalgie, alors qu'un autre, dans les mêmes conditions, ne subit aucun dommage physique ? Pourquoi le stress agit-il différemment ? Parce que l'un somatise, et l'autre non.

« Ah ! non, j'ai assez payé ! » dit l'un et il résiste. L'autre dit : « C'est toujours moi qui prends ! » et il adopte une situation de victime ; il accepte le fardeau supplémentaire et il souffre dans son corps comme dans son esprit : c'est cela, somatiser. Il laisse la porte ouverte sans opérer de résistance. On parle de personnalité permissive et de personnalité protectrice. Voulez-vous vous protéger ?

L'apport de la sophrologie : la reconnaissance du corps

La sophrologie enseigne la gestion du stress par une prise de conscience des événements contrariants et par un renforcement de la personnalité qui servira de rempart. Elle ne supprime pas l'émotion, bien au contraire. La sophrologie donne les moyens de contrôler l'excès d'émotivité, de vulnérabilité, de susceptibilité ou d'irritabilité qui fragilise l'individu face à la réalité.

Je me rappelle cette femme qui, désarmée devant ses collègues de travail, ne peut plus les affronter : « J'ai toujours les larmes aux yeux dès qu'on me fait une réflexion. C'est très gênant, je me sens mal. Je suis devenue leur bouc émissaire. » Après deux séances de sophrologie, elle pouvait retenir ses larmes et a ensuite entrepris un travail de restructuration.

Comment travailler ? Comment agir ? Créons un changement rapide d'attitude, d'esprit pour l'individu. Préparons le terrain avant de semer : la respiration complète, énergétique, abdominale va permettre une ouverture globale de l'individu. Prenons en compte le centre *hara*, point d'équilibre du corps et centre énergétique, situé à deux doigts en dessous du nombril.

Nous commençons donc par le travail du corps. Respirer est un phénomène vital automatique, et de ce fait chacun pense que ce n'est pas la peine d'y porter attention. Tout se gâte lorsque l'expérience vécue vous coupe le souffle. Les échanges vitaux se font mal. « Je manque d'air, j'étouffe », dites-vous. Vous vous sentez fatigué, vous êtes courbatu, vous avez mal à la tête. Bref, vous n'avez pas la forme. Et c'est justement au moment où vous avez besoin de fournir un effort supplémentaire dans votre service, dans votre travail, quand des charges viennent compliquer votre vie familiale et qu'il faut compter sur un sursaut d'énergie que vous n'en pouvez plus !

Essayons donc d'expliquer le mécanisme qui est en jeu afin de l'utiliser au mieux. Que se passe-t-il alors ? Le diaphragme, le grand muscle qui partage le corps en deux parties, est perturbé. Qu'est-ce que le diaphragme ? C'est un grand muscle qui fonctionne comme une pompe. La contraction de ce muscle, c'est la porte de la vie. Sa première contraction fut le premier instant de la naissance. Il est relié aux grandes fonctions de toute première nécessité.

PAUSE RESPIRATION

Essayons de le localiser :

- **debout ou couché ;**
- **placez vos mains au-dessus de votre nombril et respirez profondément.**

La mécanique de l'être vivant dépend de la respiration qui est l'agent fondamental de la transformation, des échanges et du fonctionnement d'élimination des déchets dans notre corps. Il faut donc commencer par se nettoyer en utilisant le moyen naturel et efficace d'apporter, en cas de besoin, un supplément d'air.

Notre capacité respiratoire est estimée à 3,5 litres environ, variable selon chaque sujet. Or la plupart des individus n'utilisent qu'un demi-litre d'air à chaque inspiration. À peine suffisant pour se maintenir en bonne santé.

Exercice du Neti Kriya

L'inspiration par le nez est essentielle. Les poils des narines évitent l'encrassement des poumons en arrêtant les poussières. Les cornets du nez ont une influence sur la chaleur de l'air inhalé. L'humain moyen connaît très mal la fonction de l'odorat. Souvent, il ne sent rien. Les problèmes de sinusites sont engendrés par une pollution grandissante. La muqueuse de la voûte nasale est très fine et les rameaux du nerf trijumeau courent immédiatement sous les muqueuses nasales et sinusales. La respiration nasale, par la circulation de l'air, effectue un massage qui provoque des réflexes importants au niveau du cerveau et du corps. Le rôle du nez inhalant l'air pur est à prendre en compte pour l'évolution globale de l'être humain.

L'exercice du Neti Kriya, exercice de purification des yogis de l'Himalaya, peut apporter un bien-être au niveau du nez, améliorer l'odorat et protéger de la pollution environnante.

Entraînez-vous chez vous !

- **Dans un petit récipient muni d'un bec, versez de l'eau légèrement salée, tiédie à la température du corps.**
- **Penchez-vous au-dessus d'un lavabo, bouche ouverte, respirez naturellement, tournez la tête d'un côté.**
- **Faites passer un peu d'eau d'une narine dans l'autre.**
- **À l'aide du bec verseur, versez l'eau salée dans la narine supérieure. L'eau passera naturellement à travers les voies respiratoires et ressortira par l'autre narine.**
- **Associez maintenant cet exercice à une image mentale qui soit particulièrement positive pour vous.**

Poursuivez donc cet entraînement respiratoire une bonne minute, les yeux fermés. Évoquez votre respiration en montagne. « C'est

vivifiant », dites-vous. Visualisez un paysage que vous aimez ou qui s'impose à vous et respirez par le nez en gonflant le ventre. Ces techniques sont excellentes pour les sinusites et les rhumes de cerveau qui obligent à respirer par la bouche et déstabilisent l'individu dont la fatigue s'accroît.

La médecine occidentale considère que le diaphragme sépare le corps humain en deux : le haut et le bas. La partie haute est valorisée, la partie basse est honteuse, cachée.

La médecine chinoise, elle, se base sur le développement de trois diaphragmes, correspondant à des chakras, c'est-à-dire à des points énergétiques : le chakra de la gorge, celui du diaphragme classique et celui du périnée, qui concerne tout le bassin et l'appareil génital. Ces trois chakras sont liés dans la respiration énergétique. Le corps est épanoui lorsque ces chakras sont développés. La circulation de l'énergie se fait sans blocage physique et mental. Le corps en bonne santé s'ouvre pleinement à la vie, ces trois diaphragmes étant actifs, la communication se fait à tous les niveaux. L'individu est alors équilibré.

L'importance de la voix

Notons dans le diagnostic du stress l'étude de la voix, de son timbre, de sa force, de sa chaleur. Une personne déprimée, abattue, n'a qu'un filet de voix. Une autre possède une voix chaude, bien timbrée : on ressent son équilibre intérieur.

Pourquoi ?

Le son se produit sur l'expiration. La commande de l'air et son débit se font grâce au diaphragme, puis le son est modulé dans le larynx par les cordes vocales et les muscles qui les mettent en mouvement. Le diaphragme a donc un effet essentiel sur la prise d'air nécessaire à la sonorité de la voix. Et cette régulation d'air n'est possible qu'avec le concours du ventre, des viscères, des muscles abdominaux et du périnée. Ainsi, les trois chakras sont mobilisés : gorge, diaphragme et ventre. S'ils fonctionnent bien ensemble, la voix est bonne.

Donnons un exemple d'interaction de l'angoisse sur le diaphragme et par conséquent sur la voix.

Hélène, trente-cinq ans, célibataire, chanteuse professionnelle

Une jeune femme est venue consulter pour une aphonie. Elle perdait la voix dans des circonstances particulières et elle ne la retrouvait que les jours suivants, sans raison apparente. C'était devenu un véritable handicap pour son métier. Elle était d'ailleurs dans une mauvaise période et n'avait pas de contrats immédiats.

Elle vivait un cauchemar. Elle avait promis de s'occuper d'une personne âgée, sénile et grabataire. La maladie de la vieille dame s'aggravait. Hélène perdait le sommeil, l'appétit, elle était épuisée par les appels au secours incessants de la malade. Elle souhaitait intérieurement que la famille décide de l'hospitaliser, mais elle se sentait coupable de cette pensée. Elle ne pouvait pas non plus manquer à sa promesse, la famille comptait sur elle. Cette jeune femme était déprimée.

Certains jours, il lui suffisait de monter l'escalier qui menait à la chambre de la grand-mère pour sentir ce phénomène particulier : « Une griffe sur ma gorge », disait-elle, et en quelques secondes, elle perdait sa voix.

Il fallut donc la conduire à prendre conscience de son dysfonctionnement, à mettre au clair les paradoxes qui la faisaient souffrir : sa promesse, son impuissance et sa culpabilité. Après plusieurs séances de sophrologie, elle trouva en elle une voie d'équilibre qui lui permit de vivre mieux cette situation. Elle put discuter sereinement avec la famille, ce dont elle s'était sentie incapable auparavant. L'angoisse qui la rendait malade disparut. La rééducation du souffle fut inutile, étant donné que la patiente travaillait le chant et connaissait parfaitement le mécanisme de sa respiration. Dans la situation vécue, elle oubliait ses techniques. L'angoisse seule bloquait le fonctionnement du diaphragme, ce qui se répercutait sur le mécanisme de la phonation. Elle répétait ce que tout le monde dit : « Je suis bloquée, j'ai une boule dans la gorge, j'ai une boule au creux de l'estomac. »

Exercice de base : vivre sa respiration[5]

LA RESPIRATION ABDOMINALE

Installez-vous confortablement, si possible étendez-vous. Fermez les yeux jusqu'à la fin de votre exercice. Vous commencez par contrôler l'expiration. Expirez en creusant le ventre, videz l'air de vos poumons, encore, encore. Imaginez que vous allez faire toucher la face interne de votre ventre avec la face interne de votre colonne vertébrale. Bloquez quelques instants votre respiration, ventre creux. Maintenant, laissez votre ventre se gonfler naturellement. Si vous placez vos mains sur votre ventre, vous ressentirez le mouvement et cela peut vous aider dans un premier temps, en poussant votre ventre avec vos mains. Faites ceci plusieurs fois. Inspirez par le nez en gonflant le ventre.

Quand vous aurez répété l'exercice plusieurs fois, vous pourrez amplifier l'inspiration en faisant monter l'air dans vos poumons. L'expiration sera toujours plus longue pour favoriser le calme. Le bien-être est atteint, les yeux fermés.

Pour contrôler votre degré de relaxation et de bien-être physique et mental, je vous suggère, pendant l'expiration, de moduler un son entre le « a » et le « o » et de l'écouter, de jouer avec la profondeur et la longueur du souffle, afin de saisir l'étroite relation de votre mental et des trois diaphragmes, de leur ouverture, des échanges avec l'intérieur de vous-même et avec l'environnement grâce à votre respiration profonde.

LA RESPIRATION PROFONDE

Êtes-vous gêné par des accessoires vestimentaires : ceinture, cravate, chaussures, bracelet, colliers ? Mettez-vous à l'aise. Avez-vous eu de la difficulté à projeter un son dans l'espace ? Elle disparaîtra au fur et à mesure de votre pratique. On connaît l'importance des

5. Écoute de la cassette *Vivons autrement*, voix de Ghylaine Manet, musique d'Alexander Nettelbeck. Disponible aux éditions Erès et à l'association Sophro-Vie, BP 2594, Nouméa, Nouvelle-Calédonie.

mantras dans les états méditatifs des Tibétains. En recherchant la qualité de la production du son dans l'expiration des voyelles sacrées, régulières, longues et profondes, ils travaillent et contrôlent leur périnée, leurs intestins, leurs viscères, leurs muscles abdominaux, leur diaphragme, tout autant que leur larynx.
Il n'est pas besoin d'être moine pour en faire autant. Retenons cet enseignement millénaire pour l'utiliser quand nous en ressentons le besoin, afin de maintenir un bon équilibre du corps et la sérénité de l'esprit qui lui est indissolublement liée.
Je peux améliorer mon bien-être en corrigeant les dérèglements et les anomalies du fonctionnement de mon corps, en cultivant dès aujourd'hui ma respiration, quelques minutes et plusieurs fois par jour.

- **Arrêtez de lire. Faites une pause-respiration. Attachez-vous à l'expiration. Vivez votre expiration lentement, surtout ne forcez pas.**
- **Relâchez le ventre. Desserrez les muscles du ventre comme une ceinture.**

La mode d'aujourd'hui, en libérant les corps, a influencé l'esprit. Ne dit-on pas de quelqu'un qu'il est coincé ? Cela suggère non seulement une attitude globale, morale, un comportement figé, mais aussi une respiration courte, une voix neutre, sans affect ou pointue, haute, et une difficulté à parler des besoins normaux du corps, qualifiés de grossiers, bas, bestiaux. La négation du bas du corps, de la moitié inférieure, va de pair avec un blocage de la respiration, et par conséquent, crée un dysfonctionnement des fonctions vitales.

Vous pouvez ressentir un léger vertige dans les premiers exercices d'une respiration ample. C'est une réaction normale. C'est la conséquence d'une hyperoxygénation qui provoque une alcalose naturelle. Cela prouve que vous vous étiez habitué à peu d'oxygène. La rétention à vide du poumon entraîne une acidose qui rétablit l'équilibre. Attachez-vous à tenir les rythmes : l'inspiration est toujours plus courte que l'expiration.

Expirez, surtout ne forcez pas. Le plus important, c'est de débloquer le diaphragme, de ressentir le bien-être de son corps.

Inspirez maintenant. Relâchez bien le ventre, ceci aidera au bon développement du diaphragme. Le diaphragme en s'abaissant ne doit pas trouver de résistance, il faut laisser aller les muscles du ventre sans penser à l'esthétique du corps. Réduisez les tensions musculaires que vous percevez dans l'acte de la respiration. Travaillez le soupir. Expirez maintenant en lâchant un soupir de satisfaction, de libération.

C'est le premier stade de la sophrologie : apprendre à être conscient de son diaphragme et à bien l'utiliser dans les moments stressants de la journée.

Découverte du niveau sophroliminal

Laissez-vous aller à l'écoute de votre respiration, de votre corps, relâchez toutes les tensions, tous les muscles. Lâchez prise, abandonnez-vous enfin à vous-même, donnez-vous ce temps, accordez-vous ce repos nécessaire à votre équilibre psychique, mental, physique.
Prenez conscience de votre corps, global, ici et maintenant.
Vous descendez en confiance, en toute sécurité, au bord du sommeil, aux portes du sommeil…
et vous vous sentez bien, vous êtes conscient, d'une conscience différente, vous êtes dans une zone privilégiée, celle de votre monde intérieur, de vos désirs, de votre imaginaire, de vous-même, de votre nature profonde. Vous vivez un état de conscience particulier que l'on appelle sophroliminal.
Vous l'atteignez rapidement en inspirant consciemment par le ventre. Unissez votre respiration et votre mental, qui sont les supports de vos forces physiques et psychiques. Vous remettez en ordre votre esprit et votre corps. Vous vivez enfin un bien-être intérieur.

Changement d'un état de conscience : la colère

La respiration abdominale change un état de conscience. C'est grâce à la respiration contrôlée que vous pouvez stopper vos accès de colère.

Certaines personnes se mettent en colère pour un détail quotidien sans grande importance. Pour se débarrasser rapidement de cette habitude, elles doivent au préalable prendre conscience des dysfonctionnements physiques que crée la colère : rougeur ou pâleur extrêmes, tremblements, cris, épuisement consécutif.

C'est un état néfaste pour la santé à cause de la décharge excessive et brutale d'adrénaline dans le corps. C'est un facteur perturbateur pour l'entourage, effrayé ou ébahi par l'ampleur du phénomène : la colère a coupé la communication. Quelle que soit la cause de ce débordement, il est toujours mal vécu aussi par l'entourage. Il n'apporte guère de solutions aux problèmes.

Vous pouvez décider de stopper cette crise dès que vous sentez le besoin de vous mettre en colère.

Vous savez que la colère va vous submerger.
Utilisez la respiration réflexe abdominale. Le rythme change aussitôt dans le corps.
Écoutez cette respiration, l'émotion s'est modifiée automatiquement.
La colère s'est évanouie.
Au lieu de vous être abandonné au mouvement, vous avez dit non.
Approfondissons cet exercice en y ajoutant une image mentale précise. Par plusieurs longues respirations, descendez au niveau sophroliminal et imaginez qu'à chaque crise de colère, vous risquez de casser un objet auquel vous tenez particulièrement. Imaginez que vous le fissurez à chaque crise. Ressentez profondément cette scène, entendez les éclats de voix, voyez la situation, vivez-la profondément. Vous associerez cette image réflexe avec la respiration abdominale.
La crise cesse. Vous n'avez plus les moyens physiques de votre colère et vous réalisez le bienfait de la maîtrise de vous-même, les bénéfices moraux de votre changement de comportement. Vos relations avec votre entourage et l'image de vous-même

s'améliorent rapidement.
Répétez cet exercice. Imaginez-vous dans la situation, vous êtes apaisé et heureux de votre calme. On vous félicite, vous vivez intensément cette situation nouvelle où vous avez pu vous dominer. Vous recevez des bénéfices personnels de cette maîtrise. La scène est précise, l'image et le film sur votre écran intérieur sont lumineux, vous vous sentez merveilleusement bien, en accord avec vous-même.

Dans un dialogue avec le sophrologue, pour gérer cette habitude néfaste, il est utile d'examiner en profondeur les causes de votre colère, les situations qu'il serait bon de changer, toutes les conditions en place, dont certaines peuvent légitimer cette colère, et enfin les conséquences et les risques encourus. Un entraînement en sophrologie, sous la conduite d'un praticien, avec des exercices personnels, viendra à bout de ce travers qui empoisonne l'existence d'un être humain et de son entourage.

La sophrologie est un ensemble de techniques pragmatiques à utiliser en pleine action, en plein stress. Il n'y a pas de posture qui favorise la sérénité comme dans le yoga, mais la prise en compte du corps est fondamentale et s'associe à des visualisations, des phénomènes réflexes, des messages positifs, des conduites comportementales qui donnent ensemble une personnalité dynamique et positive. La personne habituée aux techniques de la sophrologie est une personne adaptée à notre société et à notre civilisation.

Respirez, échangez, aimez

Tout dans la nature respire : les humains, les plantes et les animaux. La relation entre ces trois règnes est indispensable. Sans le règne végétal qui enrichit l'air d'oxygène, les deux autres ne pourraient vivre. Ne dit-on pas que nos forêts sont les poumons de nos villes ? Cette constatation nous donne une vision de l'univers dynamique et globale, indispensable à l'idée que l'on peut se faire de la place de l'humain dans son environnement. Respirer, ce n'est pas seulement prendre l'air nécessaire au maintien de la vie, c'est échanger entre le corps et l'esprit, la matière et l'énergie. Les Grecs utilisent le même mot pour désigner le souffle et l'esprit. Les hindous nomment *prâna* la force vitale qui anime la vie. L'air est la source du *prâna*. Tout ce qui vit et vibre émet des ondes et participe de ce *prâna*.

Comprendre les mécanismes en jeu dans la respiration, c'est donc, d'une certaine manière, participer, non seulement en témoin, mais en acteur de sa propre vie. La respiration, l'affectivité et la pensée sont intimement liées. Par une bonne respiration, les courants électromagnétiques qui viennent de notre corps circulent plus librement et développent ainsi une énergie, un désir d'agir.

Bien respirer, c'est s'ouvrir au monde, c'est élargir son champ de conscience, c'est poser son regard sur soi-même et sur la place que chacun occupe dans l'univers. L'épanouissement de la personne humaine passe par la reconnaissance de son propre regard et du regard des autres.

PAUSE RESPIRATION

Grâce à la respiration vécue pleinement, je prends conscience de l'unité que forment mon esprit et mon corps. Ici et maintenant, je suis un être vivant, différent des autres. Je suis unique et irremplaçable. Je reconnais la même valeur aux êtres qui m'entourent. Nous existons ensemble, nous faisons partie d'un grand corps dont chaque partie est utile et nécessaire au bien-être de l'ensemble. Nous faisons tous partie de la grande respiration du monde.

Tout l'entraînement sophronique commence donc par l'écoute de sa respiration, par l'écoute de son corps. Vous êtes en prise directe avec vous-même, avec la réalité vécue, avec le ressenti, avec vos souffrances physiques, mais vous prenez aussi plaisir à respirer, vous vous sentez vivre au travers de votre corps. Vous prenez conscience des qualités de la vie, de la richesse de l'être humain lorsque la sérénité, le bien-être l'habitent.

L'examen de soi-même, la « mise au clair » d'une situation nécessitent un travail en profondeur. La sophrologie utilise un outil qui va aider le sujet à recentrer son attention sur son propre fonctionnement, à l'écart de l'environnement : la séance enregistrée, que l'on peut écouter éventuellement sur son smartphone, à volonté.

La première séance de sophrologie apprend au sophronisé à utiliser sa respiration : le niveau sophroliminal se concrétise dans un exercice fondamental appelé *sophronisation de base*. Cet exercice, vécu pour la première fois par le sujet, est enregistré par le sophrologue : il est donc individualisé, et le sujet peut ainsi s'entraîner chez lui. Cet exercice prend un temps moyen de trente minutes la première fois, puis, peu à peu, à force de l'écouter et de le travailler, il se réduit à dix minutes. Le sujet est ensuite capable de se relaxer et d'atteindre le niveau sophroliminal sans audio et dans n'importe quelles conditions. Il garde ce fichier audio qui est pour lui une béquille en cas de difficultés ultérieures.

Il est recommandé d'écouter la séance avec un casque ou des écouteurs, car cela permet à la leçon de pénétrer profondément en soi et de prendre la place de cette petite voix désagréable qui empêche de vivre, qui ressasse les mêmes petites phrases assassines qui font régresser l'individu. Au lieu d'entendre : « Je ne suis bon à rien, je ne me supporte plus, je suis un raté », la voix nouvelle émet un message positif : « J'ai des capacités pour réussir, je développe mon énergie, je respire de mieux en mieux. » Ce type de phrase est simpliste, direz-vous. Certainement. Mais celles que le sujet se redit sans cesse sont malheureusement aussi simplistes et pourtant pas sans effet. Comme d'un commun accord, le sophrologue et le sujet ont décidé de faire évoluer positivement la situation, ils commencent par corriger les mauvais messages et par utiliser ceux qui vont permettre une évolution. Réussir à se débarrasser des phrases négatives fait évoluer la vision de chacun sur sa vie, sur sa propre valeur. Et ceci est valable dans toutes les situations sociales : il est préférable de dire qu'on est en train de guérir plutôt que de mourir.

La première séance de sophrologie enregistrée est donc volontairement assez neutre et rassurante, car il est urgent de calmer l'angoisse, les troubles du sommeil qui reviennent fréquemment dans l'énumération des symptômes du sujet. L'audio donne l'habitude de se retrouver face à soi-même dans un climat de confiance et d'apaisement. On ne peut en effet régler ses problèmes en s'évitant. À chaque séance avec le sophrologue, l'utilisation des enregistrements est évoquée. Certains sujets utilisent le premier enregistrement une à deux fois par semaine pour revivre un moment privilégié de détente profonde et de paix intérieure. C'est leur bol d'oxygène.

Pour ceux qui ne connaissent pas de sophrologue ou qui ne peuvent entreprendre un entraînement suivi avec un praticien, j'ai mis au point une séance enregistré comprenant l'exercice de base de la sophrologie. L'essentiel de cet exercice est enseigné par le Dr Jean-Pierre Hubert. La sophronisation de base est soutenue par une musique spécialement écrite pour favoriser la détente. On peut l'utiliser pour travailler seul, sans avoir de contact avec un sophrologue. C'est déjà une bonne approche qui a le mérite de créer une habitude saine : celle de se mettre au clair avec soi-même, de minimiser les tracas quotidiens et de trouver en soi l'énergie pour améliorer son existence et se préserver de la dépression et de la maladie.

De nombreuses personnes s'endorment avec cette séance, car elle favorise la paix intérieure, elle évite le mentisme, c'est-à-dire le rabâchage des soucis, très répandu, et qui est l'une des causes de la difficulté de l'endormissement. Elle vient même se substituer au somnifère quotidien.

Faire face au stress, c'est concrètement retrouver le chemin de soi-même, l'accord entre le corps et l'esprit, la paix intérieure. Le sophrologue vous accompagne. Vous reprenez confiance en vous-même et dans la vie. Un sentiment d'amour de la vie vous habite. C'est une sensation soudaine et globale : vous aimez être en vie, vous aimez la vie, vous respirez la vie.

Chapitre 3

Vous aimez-vous ?

L'image de soi

Quelle image avez-vous de vous-même ? Vous aimez-vous ? Refusez-vous le visage, le corps que vous voyez le matin dans votre miroir ? Acceptez-vous vos propres réactions devant un événement, dans une situation donnée ? Vous comprenez-vous ? Le mal-être est immédiatement perçu. Il est vécu en arrière-plan des situations, c'est ce qui handicape dans la façon d'être avec les autres, c'est ce qui explique les difficultés d'agir et de communiquer. Le sujet ressent ce décalage avec autrui et avec la réalité. C'est une souffrance qu'il exprime devant le thérapeute.

Estelle, 25 ans, célibataire, secrétaire

« Je ne suis pas bien dans ma tête, je ne suis pas bien dans ma peau. La société m'écrase. Je ne fais pas partie de ceux qui savent tout, qui maîtrisent tout, qui sont toujours en compétition avec quelqu'un. Je me sens nulle. Je ne m'aime pas. Quand je me regarde dans la glace, le matin, je me trouve tellement de défauts que je n'ose pas affronter les collègues de bureau. C'est vrai qu'elles en rajoutent : elles s'habillent pour aller au travail comme si elles allaient dans une soirée, c'est à qui sera la plus séduisante. Et moi, avec mes kilos en trop, je ne peux pas m'habiller facilement. J'ai peut-être de beaux yeux mais je les cache derrière mes lunettes. Je suis trop petite. Souvent, je me sens agressée par le regard des autres, c'est pire que le mien dans la glace du matin.

C'est vrai, au fond, plus je vous le dis, plus je me déteste ! Je n'ai rien d'un mannequin, je le sais bien, mais je ne suis pas la seule. Et j'en connais qui sont aussi moches que moi et qui sont bien dans leur peau, elles ne font pas de comparaisons.

Mais ça ne date pas d'hier. Déjà, ma mère me comparait à ma sœur, et moi, je me comparais à ma mère, vous comprenez, c'est une longue histoire ! »

Oui, c'est une longue histoire : d'une part ce regard de l'autre, son acceptation, son amour, et d'autre part la genèse d'une personnalité. L'estime de soi, la confiance en soi, une sensation de pleine assurance dans la vie quotidienne ne sont pas innées : elles sont acquises au cours de la vie d'un être humain. L'histoire commence avant même la naissance et non pas dès le berceau. Le mal-être ressenti par l'adulte peut avoir son origine dans la vie intra-utérine. Encore rattaché par le cordon ombilical, le fœtus s'est nourri des échanges vitaux avec la mère. Il a souffert quand elle a souffert, il s'est apaisé quand elle a été calme, plus qu'un simple témoin, il a vibré avec elle. Attendu, accepté, il a eu tous les égards : nourriture saine, absence d'excitants, de drogues, de tabac. Si la grossesse s'est bien passée et si la mère a vécu sereinement cette période particulière, l'être qui naît a déjà un capital bien-être qui, sans qu'il s'en rende compte, lui sera utile.

Estelle se dévalue sans arrêt et se complaît dans cette attitude. Elle se plaint de son poids, mais se laisse aller à manger n'importe quoi : elle le sait et le dit. Encore jeune, désireuse de plaire, elle va au contraire s'autodétruire. Elle a de grosses difficultés relationnelles avec sa mère et tout le travail d'analyse va éclairer cette relation fondamentale pour l'identité du sujet et son équilibre.

Voyons un peu la genèse de la constitution de l'identité de l'enfant. Ainsi, nous serons plus éclairés sur les difficultés de l'adulte à trouver un équilibre et un épanouissement personnel.

Pourquoi suis-je ainsi ? Quel chemin ai-je parcouru jusqu'ici ?
Ai-je une mère ? M'a-t-elle attendu ? M'a-t-elle aimé ?
M'a-t-elle quitté ? Ai-je voulu la perdre ?
Faisons un pas dans la connaissance de soi.

L'auto-érotisme du bébé

Dans son berceau, le bébé est tout occupé de lui-même. Il joue avec ses doigts, ses mains, ses pieds, il rit, il s'aime. Il découvre tout un univers de plaisirs multiples. Son activité privilégiée est le suçotement : plaisir de la bouche, qui monte jusqu'à un point culminant et a le don de le faire dormir : c'est déjà une conduite sexuelle de plaisir. Les premiers mois de la vie de l'enfant commencent par une phase d'auto-érotisme.

Les informations qu'il reçoit ne sont que des sensations de plaisir ou de déplaisir. Quand l'objet qui le satisfait est présent, le sein ou le biberon, son visage rayonne. Quand on le lui retire, il pleure. Son monde est simple et plein, sans faille : ni dehors ni dedans. Il n'est que dans un monde de sensations. Les parties de son corps, le sein ou le biberon ne lui sont pas extérieurs. Il n'a aucun sens de l'espace dans lequel les objets et lui se trouvent. Il n'a pas non plus le sens du temps de son attente. Il est dans une espèce de fusion ou de confusion. Deux mouvements clairement identifiables caractérisent son mode d'action : attirance et désintérêt.

Bébé est plein de lui-même. Il a envie de vivre. Sa vie est reliée aux bons objets tels que le biberon ou le sein. Quand il a faim, il appelle au secours. Quand il est satisfait, il s'endort. Bébé est narcissique et c'est heureux. Ce narcissisme primaire est le garant de sa vie : il le pousse à vivre. Il n'est que pulsion de vie, que *libido*[6], énergie vitale.

La légende de Narcisse

Narcisse est un héros légendaire qui appartient à la mémoire collective de notre tradition occidentale, liée indissolublement à la culture gréco-romaine.

Narcisse vivait heureux dans la nature. Il avait l'habitude de prendre son bain dans un étang magnifiquement pur. C'était un être d'une grande beauté. Les jeunes filles, des nymphes, étaient folles d'amour pour lui. L'une d'entre elles, Écho, n'était pas inconnue des dieux : elle avait été complice de Zeus en écartant sa femme pendant qu'il courtisait l'une de ses sœurs. Elle aussi avait succombé aux charmes de Narcisse et se languissait. Malheureusement, punie par Héra, la femme de Zeus, elle ne pouvait parler la première et ne pouvait se taire si quelqu'un parlait. Or Narcisse semblait n'avoir aucun souci d'elle. Elle pleurait de chagrin, voyant l'être qu'elle chérissait indifférent à ses avances. Elle perdit espoir de le conquérir et chercha une aide morale auprès de la déesse Némésis qui fut touchée par ses prières. La déesse lui accorda ce qu'elle demandait : que Narcisse connaisse l'amour sans espoir !

Un jour, alors qu'il se penchait sur l'étang pour étancher sa soif, il aperçut un visage et comprit aussitôt que c'était le sien. Ce visage le remplit d'admiration et de joie. Il se trouva beau, aussi beau que la nature environnante. Il ne put résister au désir

6. Sigmund Freud, « La libido », *Trois essais sur la théorie de la sexualité*, 1905, trad. française Gallimard, 1923.

de revoir sans cesse cette image. Il s'ennuyait de lui-même. Il n'eut plus aucun goût pour le monde qui l'entourait. Rien ne pouvait le distraire de son visage : c'était un amour exclusif qui l'accaparait totalement. Il s'efforçait de s'embrasser et de s'étreindre, prenant le reflet de l'eau pour un corps véritable. Il finit par supplier les dieux de lui accorder la mort et, dans une dernière tentative d'étreinte amoureuse, il se noya : une fleur aux pétales blancs et au cœur de sang fleurit à cet endroit. En souvenir de ce héros, un nom lui fut donné : Narcisse.

Le narcissisme primaire

Le narcissisme est la base, le fondement, le pivot de toute personnalité : c'est une force de cohésion du Moi qui se construit, parallèlement au développement physique de l'individu. Le narcissisme nous parle d'un âge d'or où le besoin était immédiatement rassasié. En effet, Bébé est le centre de tous les regards, il est tout-puissant, car un seul de ses cris fait basculer l'univers : la mère accourt, il est transporté, changé, tapoté, embrassé, nourri, bercé. On répond immédiatement à son désir.

À ce stade, le nourrisson ressent d'abord du plaisir par chaque partie de son corps. Il n'a qu'une somme de sensations, morcelée en différents points, là où il est sensible. Ce n'est pas un hasard, puisque ce sont également ces parties du corps qui sont le plus souvent touchées pour ses besoins vitaux et son hygiène : la peau, la bouche, l'anus, le sexe qui, à ce stade, n'est qu'appareil urinaire. C'est donc grâce à l'attention de l'autre, grâce au toucher parental que le nourrisson ressent du plaisir.

On remarque aisément l'importance de la relation avec la mère : un enfant caressé, choyé, lavé, embrassé, ne peut être qu'un bébé heureux. L'enfant a un besoin vital d'être reconnu dans son corps. S'il est délaissé faute de temps, il aura une carence affective évidente : toute sa vie, il recherchera plus qu'un autre ce qui lui a manqué. Cette richesse d'amour ne pourra jamais être remplacée par les valeurs matérielles ; c'est pourquoi nous trouvons, dans la vie quotidienne, des êtres qui ont tout pour être heureux et qui ne trouvent pas le bonheur. Ils ont en eux ce manque d'amour qu'ils cherchent à combler, coûte que coûte.

Le stade suivant peu à peu se précise. L'intérêt du nourrisson va se déplacer de son propre corps pour aller vers la mère qui s'occupe de lui. On entend par *mère* la personne nourricière, qui peut être la personne substitut, n'importe lequel des parents ou un proche, par exemple. La mère sera le premier objet extérieur à lui. Elle sera alors l'objet de son désir et, comme telle, elle captera son amour ou sera cause de son agressivité si elle ne répond pas à ce désir. À l'aube de la naissance des sentiments, nous trouvons déjà l'ambivalence de la tension : amour et agressivité. En effet, vers six mois, le nourrisson qui a un développement sain manifeste de l'amour et de l'agressivité vis-à-vis de sa mère, d'une manière simultanée ou alternée.

C'est une réponse qui n'est pas différenciée, pas facilement repérable. Cette ambivalence constante est la preuve d'un fonctionnement normal. Les enfants privés de leur mère depuis plus de deux mois n'expriment plus ni amour ni agressivité. Ils se cognent la tête contre les barreaux de leur lit et se frappent eux-mêmes : leur agressivité s'est reportée sur eux, faute d'avoir pu trouver une issue vers un objet. René Spitz en déduit que nous avons la preuve de l'intérêt de cette agressivité primordiale et naturelle : elle est porteuse de pulsion de vie.

L'attachement à la mère

La première année de l'enfant est caractérisée par l'attachement à la mère, qui n'est pas acquis mais peu à peu élaboré. C'est dans la relation avec l'objet privilégié que représente la mère que se construit le Moi et que l'on peut trouver le germe des relations sociales de l'adulte.

Avant que la relation duelle mère-enfant ne s'établisse, le comportement affectif de la mère est capital. L'enfant ne parle toujours pas ; pendant les premiers mois ce ne sont qu'une symbiose, que des mouvements affectifs qui nourrissent le bébé. Il ne connaît pas encore la mère, il ne l'a pas réellement individualisée par rapport aux êtres qui l'entourent. Il reçoit ses messages qu'il fait siens, qu'il incorpore, qu'il investit. Il n'est tourné que vers lui-même, sans avoir conscience de sa personne. Mais peu à peu va s'élaborer la distinction entre lui et l'objet. Quels sont donc les signes d'un véritable échange ?

Le sourire, le signe de reconnaissance

Le sourire a été peu étudié par les psychologues de la précédente génération. Aujourd'hui, on se préoccupe de savoir ce qu'il signifie[7]. Dès les premiers jours, la bouche du nourrisson se tord en un sourire automatique : il s'essaie à sourire

7. René A. Spitz, *Le Non et le Oui*, Paris, PUF, 1994.

sans raison apparente. Le sourire ne s'adresse encore à personne. Puis, vers trois semaines, le nourrisson a reconnu la voix de la mère qui le nourrit. Et dès qu'il perçoit cette voix, il se met à sourire : c'est un sourire réflexe, conditionné par l'association nourriture-voix. C'est tout simplement une conduite d'apprentissage.

Mais vers trois mois, le sourire de la mère fait naître sur le visage du bébé un autre type de sourire qui, cette fois, est bien une réponse, un indice de lien : le sourire est alors compris par les observateurs comme un signe d'attachement, identique à celui des animaux envers leurs parents – on cite communément le poussin qui court après sa mère, comme s'il était relié par un élastique à la patte. Or le nourrisson, lui, est privé de cette possibilité physique, le sourire serait une conduite semblable à celle du poussin, mais cette fois symbolisée.

Par ce sourire, alors que le langage est encore absent, va s'ébaucher une communication qui met en valeur la capacité des deux partenaires, mère et enfant, de s'émouvoir et de se comprendre. À ce stade, quand le visage souriant de sa mère apparaît, le visage du bébé rayonne, ce qui fait naître d'ailleurs chez les spectateurs éventuels de la scène un sourire étonné. Ils assistent, émerveillés, à un début de communication, à l'ouverture d'une conscience d'autrui.

La mère, le premier objet

Pour le nourrisson, la mère prend une coloration affective, non pas de manière automatique, mais peu à peu, grâce à des gestes qui lui plaisent et qui nourrissent son plaisir : sucer le sein ou le biberon, geste premier, recevoir les baisers sur sa peau. Le contact le rend radieux. Le sourire et les gestes qui enrichissent la communication non verbale des deux partenaires participent donc à l'élaboration des sentiments de chacun d'eux. La mère est le premier *objet* pour l'enfant.

Lorsqu'on parle d'objet, il ne faut pas entendre une réalité concrète extérieure à l'enfant. Les psychanalystes s'accordent sur ce point : on ne parle en réalité que de l'image que l'enfant se fait de sa mère. La perception imaginaire de la mère est nette, mais elle n'est pas distincte de l'enfant : il n'y a pas d'espace entre lui et elle, il se l'approprie comme l'une de ses qualités, comme faisant partie de lui. Ainsi on peut dire qu'il y a une assimilation de la mère par l'enfant. Le sein et son image nourrissent l'enfant, font partie intégrante de son être. Il en est ainsi pour la bonté de sa mère. Il est alors en fusion avec elle : il ne peut être que bon puisqu'il se nourrit du bon lait de la bonne mère et que la bonne mère est en lui. On pourrait même dire : *est lui,* puisque la symbiose est totale. Il se percevra mauvais si sa mère le délaisse ou ne l'aime pas, toujours selon le même processus.

La sensation de sécurité

Se sentir aimé par la bonne mère, c'est donc se sentir bon, se sentir en sécurité. La bonne mère, c'est la sécurisation première pour le petit d'homme. L'estime de soi et la confiance en soi germent dans cette relation duelle primordiale. Le nourrisson n'est pas encore sujet, il ne se perçoit pas ainsi, mais il investit l'objet, le grand, l'unique, la mère. La cohérence des messages maternels, leur abondance, leur permanence, leur richesse affective sont de toute première importance. Maintenant, il connaît le désir de la mère à son égard. Il est l'objet du désir exclusif de la mère. Il est ce qui vient combler le manque de la mère.

La sensation de sécurité découle de ce qui vient d'être mis en évidence : c'est la mère qui la donne par ses soins continuels, par son contact, par ses étreintes, par ses caresses et par son sourire. L'amour de la mère n'est pas acquis pour l'enfant, il se construit dans des conduites et dans une communication circulaire remarquable. La mère, attentive à son enfant, satisfait ses besoins. Des processus réflexes se mettent en place : des indices de communication verbale ou non verbale vont être repérés de part et d'autre. Nous assistons là à une ébauche de socialisation : du cri à la réponse nourricière, de la voix à l'émergence du désir de l'enfant, chassé-croisé d'appels et de réponses ; nous sommes au cœur d'un dialogue, d'une possibilité d'écoute, d'un décodage de signaux qui préfigurent la capacité de communiquer de l'adulte.

L'apparition de l'angoisse

Lorsque, pour le bébé, la mère aura pris son individualité irremplaçable et parfaitement unique, surgiront alors l'angoisse et la peur de l'étranger. Rappelez-vous combien le visage d'un inconnu penché sur son berceau peut effrayer un nourrisson. L'angoisse est le signe d'un progrès dans le développement du psychisme qui se fait insensiblement. Elle est nécessaire. Au huitième mois, l'enfant recherche la mère qui s'est absentée et refuse le secours de quiconque n'est pas sa mère. On observe une réaction de détresse, signe d'une évolution qui vient de s'accomplir : la mère est maintenant constituée comme différente des autres.

La réaction de détresse de l'enfant séparé de sa mère dit bien le lien essentiel qui existe entre ces deux êtres, combien est grave alors l'absence de ce lien pour la maturation du psychisme de l'enfant. Si nous prenons l'exemple d'un enfant mal aimé par sa mère, nous constatons l'effet négatif de ce manque d'amour : l'enfant se sentira dévalorisé, *non sécurisé*, et la blessure sera difficile à cicatriser. La carence de la mère entraîne chez le bébé une mélancolie qui, si elle dure, diminue gravement ses facultés intellectuelles : plus encore, il dépérit. Si la carence persiste, l'enfant perd la pulsion de vivre jusqu'à en mourir. Dans les milieux hospitaliers, lorsque l'enfant est tenu à l'écart de sa mère, on essaie de trouver des vêtements lui ayant appartenu afin de le rassurer. Bien qu'il n'ait pas encore la *connaissance* de cette mère, il en a conservé toutes les sensations olfactives : dans le vêtement maternel, il reconnaît l'odeur du corps, le parfum ; cela suffit pour qu'il croie en sa présence.

La quête de l'identité et l'image du miroir

Dès l'âge de six mois, le bébé, qui ne sait encore ni marcher ni rester seul debout, est porté par sa mère ; c'est alors qu'il surprend son image dans le miroir. On assiste à une véritable jubilation[8] : l'enfant est manifestement heureux au plus haut point, il pousse de petits cris, rit, veut attraper son image ; le plaisir est à son comble quand sa mère lui répète : « C'est toi, tu es beau, tu es très beau ! » Ces affirmations associées à son prénom sont d'une importance capitale. L'enfant assume maintenant sa propre image. C'est un stade essentiel pour la quête de l'identité. L'enfant prend une certaine conscience de son corps, de son individualité *imaginaire*, image parmi d'autres, mais qu'il reconnaît : « C'est moi. » Au départ de la vie, l'identité se construit par rapport à cette image dans le miroir, renforcée par l'approbation de la mère. En outre, pour s'assurer de son image et pour s'aimer lui-même, il a besoin du plaisir de la mère devant sa jubilation. Plus elle est heureuse, plus il est content et plus il existe comme être unique et irremplaçable. Image et nom propre associés servent d'assise à la construction du Moi. À ce stade, son narcissisme primaire sort renforcé : il s'aime à travers cette image du miroir. Il recherchera toujours ce comportement d'acceptation de la mère pour ancrer ses nouvelles expériences dans ses prochaines années et pour augmenter son désir, son énergie de vie.

---

8. Jacques Lacan, « Le stade du miroir », *Écrits*, t. 1, Paris, Points/Seuil, 1966.

La reconnaissance de la mère va être le coup d'envoi de la constitution de l'idéal du Moi. Combien la participation de la mère favorise les expériences de l'enfant qui recherche son identité ! Combien elle influence profondément son psychisme et la sensation qu'il a de lui-même ! Par l'image de son corps dans le miroir, il complète les sensations déjà enregistrées.

À ce stade, l'enfant en reste encore à des sensations physiques, sans durée. Il ne vit que dans le présent, qui lui apporte ce dont il a besoin. C'est un petit être complètement dépendant des humeurs de sa mère, des gestes de tendresse ou de répulsion, seulement esquissés dans des mimiques, voire dans de brusques accès d'impatience ou de colère, lorsque bébé doit être encore changé, par exemple. La bonne santé psychique, morale et mentale de la mère se communique directement, immédiatement, instinctivement à l'enfant.

L'image du miroir donne à l'enfant la relation de son corps propre et de l'environnement. Il acquiert également, par le prénom prononcé, une existence privilégiée, unique, dans la famille. Symboliquement, il est situé.

Le choix du prénom

Aimer son prénom est un indice de bonne relation avec soi-même. Le prénom est intimement lié à l'histoire individuelle. Dans son berceau, Bébé entend son prénom sous toutes les tonalités ; il est associé à des sensations agréables et à des images d'amour. Souvent, la mère n'utilise pas le prénom mais des surnoms de toutes sortes, au hasard de son imagination. Il est bon que l'enfant puisse associer son prénom aux bons objets.

Pendant des séances de sophrologie au cours de sa grossesse, la mère visualise le bébé à naître et laisse venir à elle un prénom qui semble en harmonie avec cette naissance. Le choix du prénom par les parents est important, car il apporte un éclairage sur les désirs, les fantasmes de la mère et du père.

Au cours de la vie d'adulte, le changement de prénom a une incidence sur le comportement de la personne. Il vise souvent à développer des potentialités que l'enfant et l'adolescent n'avaient jamais pu mettre en évidence. En effet, un prénom mal ressenti par celui ou celle qui le porte est un handicap pour la confiance en soi : comme un vêtement étriqué ou trop vieux ou trop pompeux, quelque chose qui empêtre, dévalorise ou ridiculise le jeune homme ou la jeune fille. Un changement de prénom n'est pas anodin. Il entraîne des résurgences de l'inconscient, des blocages ou des résolutions nettes. Le danger pour les petits enfants est sérieux. Françoise Dolto nous donne l'exemple frappant[9] d'un enfant orphelin, recueilli à onze mois et adopté par un couple qui changea son nom propre civil. Ils pensaient certainement que l'enfant, étant petit, n'aurait pas de difficulté à accepter ce changement. Ce ne fut pas le cas : l'enfant éprouva un handicap sérieux à l'apprentissage de la lecture. Françoise Dolto retrouva dans les archives le vrai prénom de l'enfant. Celui-ci ne reconnut son prénom que crié à la cantonade, comme pour un appel. Il aurait donc enregistré cette vibration particulière de son prénom projeté dans l'espace.

PAUSE RESPIRATION

- **Quel bébé étiez-vous ?**
- **Qui s'occupait de vous ? Qui vous nourrissait ?**
- **Que vous a-t-on dit sur votre comportement de bébé ?**
- **Qui a choisi votre prénom ? L'aimez-vous ?**
- **Quel prénom auriez-vous choisi ? Pourquoi ? Que vous suggère-t-il ?**
- **Étiez-vous un bébé heureux, angoissé, souffrant ?**

Identification et Moi idéal

Grâce à l'identification première de l'image dans le miroir, l'être humain va devenir un sujet. C'est par le langage de la mère que l'identification a été facilitée. Ce sera grâce à ce langage que l'être humain pourra conquérir son existence à part entière, car il est encore en quête, à la recherche de son identité véritable.

L'enfant a une vision globale de son image que le miroir reflète. À ce stade, le Moi n'est qu'une impression, une trace, une *empreinte*. Viendront ensuite les stratifications successives des expériences imaginaires qui se superposeront dans l'inconscient du sujet et constitueront un idéal de son Moi. Cet *idéal* – entendez par là un ensemble d'images – se forme à partir de cette première image de lui dans le miroir. Il est donc bien issu de son narcissisme, de cette quête de lui-même, à la manière de Narcisse. Pour se voir, pour prendre conscience de son Moi, le petit d'homme

9. Françoise Dolto, *L'Image inconsciente du corps*, Points/Seuil, Paris, 1984.

doit passer par le truchement des images. Ce n'est que par cette illusion première, cette tromperie de l'œil qu'il pourra se constituer comme personne, détenteur du pronom « je » : ce phénomène reste, bien sûr, inconscient. Pour le psychanalyste, le monde n'est pas composé d'êtres et de choses, mais seulement d'images. Nous ne percevons pas l'objet réel, mais l'image de l'objet. Les dimensions extérieure et intérieure n'existent pas : le Moi se place dans l'image de l'autre.

L'identification imaginaire du Moi ne peut être séparée du narcissisme primaire : le Moi s'aime à travers les images de l'autre, image de la mère puis celles qui viennent de son entourage. C'est à travers cette identification que le moi s'enrichit des qualités de l'objet, en les faisant siennes, en les incorporant. L'idéal du Moi est ainsi aux origines de la constitution du Moi.

Moi, pas l'autre

En face de lui, l'autre dans le miroir, c'est lui-même, son double. Il s'identifie à ce double, il reconnaît et assume cette image qui n'est pas véritablement lui, ce n'est qu'un reflet, et il la prend pour son propre Moi ; l'illusion est inhérente à la perception première de son existence de sujet. Le Moi, dans le même temps qu'il apparaît, est méconnu. Cette image n'est qu'un *leurre*. L'être humain, pour la première fois, se découvre à travers son reflet. Sa première expérience de lui-même est une tromperie. Il fonde son identité sur une illusion.

À deux ans, l'enfant a encore de la difficulté à se différencier d'autrui. Il semble se confondre avec sa propre mère. Quand on la menace, il se sent lui-même menacé[10]. Au contraire, à trois ans, il joue avec l'adulte : « C'est moi le plus fort », répète-t-il, lorsqu'il se mesure à l'adulte dans ses jeux.

Entre deux et trois ans, la socialisation va initier un certain nombre de conduites, au fur et à mesure que se développe une réelle autonomie pour l'enfant : la marche et le langage. Sa volonté de marcher seul, de prendre un objet interdit, par exemple, est une manifestation de son « petit caractère », dit sa mère. En fait, il est en train de prendre conscience qu'il est un individu différent des autres : « C'est moi, pas l'autre », serait-on tenté de dire. Vers trois ans, l'enfant commence à pouvoir dire « je » au lieu de « il » quand il parle de lui-même.

10. Henri Wallon, *Les Origines du caractère chez l'enfant*, Paris, PUF, 1954.

Le jeu, qui implique de se conformer à des règles, va permettre de socialiser l'enfant. Des expériences ont utilisé le jeu d'échecs pour apprendre les règles sociales aux enfants des rues qui n'avaient plus aucun repère moral. L'enfant qui joue aux parents, à la maîtresse, au docteur apprend à s'identifier aux rôles d'autrui. Même seul, il joue plusieurs rôles en alternance. L'exemple le plus frappant, c'est lorsqu'il joue le rôle de sa propre mère lui donnant des ordres : il tend à se voir comme elle le voit, il fait siennes les paroles qu'elle lui a adressées et dont il se souvient ; en la mimant, il se prend lui-même comme objet de sa mère.

La parole implique un rapport à autrui, visé comme autre que soi-même, mais les mots reviennent à soi. La réponse apprend à l'enfant ce qu'il est pour l'autre : le langage le forme, le renvoie à lui-même comme s'il était un autre. La perception de soi passe bien par le langage et le regard de l'autre.

Étudions maintenant deux enfants face à face : l'un mime l'autre comme s'il était son image dans le miroir. La confusion est certaine entre l'un et l'autre, car quand l'un tombe, l'autre pleure. Il y a donc identification de l'un et de l'autre : il est un objet pour l'autre et l'autre est un objet pour lui ; c'est dans cette interaction que le petit d'homme se forge une expérience de la conscience de soi. Celle-ci ne peut apparaître que lorsque l'enfant devient objet pour l'autre et aussi objet pour lui-même. Il adopte le point de vue de l'autre qu'il intériorise.

Autrui qui modifie le sentiment de nous-mêmes est un partenaire irremplaçable pour la constitution de notre personnalité. Nous sommes constamment influencés par ce qu'autrui pense de nous : il fait office de miroir, et nous nous conformons à ce que nous imaginons qu'il pense de nous ; c'est donc encore une image que nous élaborons de l'opinion d'autrui qui modifie le sentiment de nous-mêmes[11]. On désire être ce qu'autrui aimerait que l'on soit. Cette conformité implicite avec le jugement d'autrui est d'abord valable chez l'enfant qui ne veut pas perdre l'amour de ses parents, mais elle est présente dans de nombreux comportements d'adultes : c'est ainsi que se développe l'idéal du Moi, cet ensemble d'images que nous acceptons comme si c'était bien nous-mêmes.

---

11. Jacques Lacan, *op. cit.*

Camille, vingt-trois ans, célibataire, étudiante en économie politique

« J'ai toujours été conforme à l'image que mes parents me renvoyaient : ils me voulaient sage, sans histoire, bonne élève. J'ai fait des efforts surhumains pour leur plaire. J'avais toujours l'impression que je n'étais pas assez bien pour eux. Et puis un jour, je me suis rendu compte que je n'étais pas du tout la petite fille qu'ils souhaitaient : moi-même, je n'étais pas aussi parfaite qu'ils le voulaient. Alors, là, je ne l'ai pas accepté, je ne m'aimais plus. Pour concrétiser cette impression, j'ai pris le dégoût de moi-même, j'ai refusé de me regarder. Je suis devenue très agressive envers ma mère, je lui en voulais. C'est comme si on m'avait mis un corset, on serre, on serre toujours, et je me crois mince. Et puis un jour, c'est devenu insupportable, ce n'était pas ma vie, ce n'était pas moi, j'étais une autre. J'avais tout à reconstruire. Je ne me retrouvais plus. Je n'étais pas du tout sage, ils ne m'ont pas comprise. Pour eux, j'étais comme folle. Je ne correspondais plus à ce qu'ils pensaient de moi. En fait, ils n'avaient de moi qu'une image, j'étais leur idéal, une somme d'images inconscientes qu'ils avaient cristallisées à leur insu, et qui devaient être moi. Mais je n'étais pas ces images-là, j'étais faite d'autres images. Je n'avais pas cet idéal. Ils voulaient pour moi une grande carrière. J'en étais incapable. C'est à force de privations que j'avais acceptées pour leur faire plaisir que j'ai eu des places de première. Je pleurais quand j'étais troisième. J'ai gâché ma vie pour leur plaire. J'ai fait cela pour qu'on m'aime. »

PAUSE RESPIRATION

- **Quelles sont les premières images de vous-même ? Celles que vous connaissez ?**
- **Celles qui vous ont été données ?**
- **Quelles ont été, quelles sont vos relations avec votre mère, vous a-t-elle valorisé, aimé, dévalorisé, rejeté ?**
- **Aujourd'hui, pouvez-vous faire le point facilement avec elle ?**
- **Avez-vous un souvenir d'enfance heureux ou non, agréable ou non ?**

Aurélie, trente ans, célibataire, ingénieure

« J'étais petite, j'étais pourtant sur les toilettes des grands. J'ai appelé ma mère pour m'aider, elle m'a répondu :

"Démerde-toi."

Ça m'a terriblement choquée, j'ai vécu ça comme une trahison. Elle me laissait tomber. Je m'en souviens comme quelque chose de grave pour moi, comme si c'était hier. Quelquefois, ça me revient quand j'ai quelque chose à résoudre dans ma vie. J'entends ma mère. Elle, elle ne se souvient pas de cela. Je ne peux pas vérifier quel était alors mon âge. Environ trois ans.

Un autre souvenir, très fort : c'est une odeur. J'étais dans un lieu que je ne peux pas identifier. J'étais très petite, l'odeur de ce lieu est très particulière. C'est l'odeur de ce lieu qui m'est restée, que je reconnaîtrais entre toutes. Je vois en même temps du bleu marine, associé à cette odeur. J'en ai parlé à ma mère. Quand mes parents habitaient Rouen, nous étions dans un appartement situé au deuxième étage d'un immeuble. Je devais avoir entre un et deux ans, j'étais dans un landau bleu marine et ma mère avait l'habitude de s'attarder dans la cage d'escalier, près des boîtes aux lettres. C'est cette odeur particulière qui se dégageait de cet endroit précis qui s'est fixée dans ma mémoire. Je peux, avec l'aide de mes parents, dater ce souvenir : j'avais entre un et deux ans. »

L'intérêt de l'autre, coûte que coûte

L'autre est impossible à nier. Il est l'élément moteur du développement de chacun ; c'est par lui que tout arrive : les sentiments par nature ambivalents témoignent de la difficulté des interactions humaines. Les dimensions intérieure et extérieure du Moi n'existent pas. Le Moi se loge dans l'image apparemment extérieure de l'autre. Il y a, bien sûr, des sélections d'images, en fonction de leur prégnance : l'image qui s'impose d'elle-même.

L'absence du regard de l'autre, de sa reconnaissance est insupportable : coûte que coûte, il faut s'attacher l'autre pour exister soi-même. Cet amour captatif des premiers mois du petit d'homme se retrouve à l'âge prétendument adulte, au moment où l'amour devrait avoir perdu cette agressivité primaire. Coûte que coûte : l'expression en dit long. La personne qui n'aura reçu que peu d'amour dans les premiers mois de sa vie peut avoir, dans sa vie d'adulte, des comportements particuliers : rechercher abusivement l'intérêt d'autrui, se faire remarquer, séduire, tenter de capter l'autre pour se l'attacher par tous les moyens. Acheter l'autre pour être sûr qu'il lui sera éternellement reconnaissant, faire tourner le monde autour de soi, ne penser qu'à soi-même, « ramener tout à soi », dit-on communément.

Manger l'autre, se l'incorporer, comme le bébé dévorerait volontiers le biberon ou le sein de sa mère. Nous rencontrons souvent ces personnes possessives, agressives, qui pompent notre énergie, des vampires, des ventouses. On en sourit, mais ce comportement est facilement repérable dans les conduites d'adultes qui régressent à ce stade dans les moments éprouvants de leur vie.

Ce comportement, très visible chez Estelle[12], est fort répandu. Il a le don d'éloigner les personnes de l'entourage qui ne comprennent pas cette tension exagérée vers l'autre. En fait, l'amour pour la mère dès les premiers âges de la vie est une nécessité pour la prise de conscience de soi qui sera le noyau du développement ultérieur de la personnalité. Dans ce changement de perspective, de soi vers l'autre, il y a perte d'amour de soi, mais largement compensée par l'amour de la mère qui redonne au centuple ce que l'enfant a perdu. Si un arrachement à soi-même appauvrit dans un temps, il y a en retour un enrichissement grâce à l'apport extérieur d'amour : c'est l'échange fructueux que l'on retrouve dans tout acte d'amour.

Mais cet arrachement demande que l'on se quitte et que l'on maîtrise l'angoisse de la séparation. C'est bien la difficulté de l'adulte qui a mal vécu sa relation avec sa mère. Insatisfait, il reste à un stade narcissique, que l'on appellera *secondaire*, dans la mesure où il conserve les caractéristiques du narcissisme primaire du premier âge. Tout l'amour ou une grande partie de l'amour, au lieu de se reporter sur un autre objet, c'est-à-dire une personne, revient sur soi. Ce narcissisme secondaire est le

12. Voir témoignage p. 42.

symptôme d'une névrose qui cache un traumatisme, des événements conflictuels qu'il nous appartient de mettre au clair dans une thérapie individuelle.

Combien de couples sont liés ainsi dans une relation dévorante, et alors qu'ils sont censés être arrivés à leur plein épanouissement, ils conservent des conduites de leur prime enfance. Ils sont restés au stade oral, stade du narcissisme primaire, de l'ambivalence des sentiments, d'agressivité et d'amour alternés.

Le jeu symbolique de la bobine[13] ou comment conjurer l'angoisse ?

Cette question surgit dans de nombreux témoignages de personnes qui ont vécu une carence maternelle. La maîtrise de leur angoisse est vitale. Le bébé sain apprend, grâce à un geste symbolique, à conjurer l'angoisse quand sa mère le quitte. À la fin de la première année, l'enfant joue au jeu de la bobine. Une bobine est attachée à un fil ; il la lance par-dessus les rebords de son lit. La bobine disparaît : « Partie ! », crie-t-il. Il tire sur le fil et la bobine réapparaît : « Voilà ! », et il exulte.

Répétition inlassable de ce va-et-vient. Répétition féconde : il se rend maître de l'absence ou de la présence de la bobine devant ses yeux. S'opère alors un travail de l'intelligence naissante : il s'est identifié à la mère qui part et revient sans raison. Il a renversé la situation : il ne subit plus le départ, l'absence, il le commande, puisqu'il peut faire venir cette bobine à lui quand il le décide. Il prend conscience de son pouvoir. Il comprend le mécanisme qui tire la ficelle de la bobine mère. Il se met symboliquement à la place de la mère attirée par l'enfant qui est un autre pour elle. Et lui, à ce moment-là, a pris de la distance avec lui-même. Il s'est quitté pour se voir comme un autre par le truchement de cette bobine. Il est le maître du jeu, ce qui nous renvoie à une autre dimension : il acquiert, peu à peu, la maîtrise du *je*. Le geste est un langage. Par cette représentation symbolique, il inaugure l'avènement du langage qui sera l'élément indispensable à son développement social et psychique.

Ne vous oubliez pas. L'amour-propre de l'adulte est possessif, égocentrique. Il se désintéresse d'autrui. L'amour de soi est une attention légitime : sans lui, une prise de conscience de soi serait impossible.

---

13. Sigmund Freud, « Le jeu de la bobine », *Essais de psychanalyse*, Paris, Petite Bibliothèque Payot, 1963.

Marie, trente-cinq ans, célibataire, comptable

Marie souffre de dépression. Bien qu'elle assure un travail qui lui plaît et qui mange son temps, elle s'ennuie. Elle ne veut pas de lien affectif prononcé, elle ne veut pas s'engager dans une relation amoureuse : elle a peur de souffrir. Elle préfère se priver de l'attachement d'un être. Elle occulte l'envie de vivre avec un partenaire. Elle aime être seule. Elle ne s'aime pas. Elle est même indifférente à elle-même : le maquillage, les vêtements ne l'intéressent pas. Les relations avec sa mère sont inexistantes ; elle se sent mal aimée par rapport à ses deux frères plus jeunes qu'elle. D'ailleurs, elle a préféré s'éloigner et travailler dans une autre région.

La privation du lien maternel provoque une réaction d'indifférence vis-à-vis de soi, comme si l'être ayant trop souffert se prive d'aimer pour ne plus souffrir ; c'est une réaction fréquente dans les cas de dépression, de choc affectif : l'être humain préfère s'abstenir d'un lien profond qui risquerait de le faire souffrir et qu'il ne pourrait supporter. Il faut chercher la racine de cette dépression dans la carence maternelle. Il est de toute urgence d'être à l'écoute de la parole de Marie, qui dira cette carence pendant la séance de sophro-analyse.

PAUSE RESPIRATION

- *Est-ce que je peux m'aimer, me trouver des qualités ?*
- *Est-ce que je m'aime assez pour supporter la solitude ?*
- *Est-ce que je n'aime que moi et ne supporte personne ?*
- *Est-ce que j'ai toujours besoin d'être soutenu ?*
- *Est-ce que je communique avec l'autre ?*
- *Est-ce que je peux vivre éloigné de mes parents ?*
- *Est-ce que je me sens exclu, rejeté, dévalorisé ?*
- *Est-ce que j'ai envie de crier pour exister ?*

« Vous aimez-vous ? » Ce n'est pas une question anodine. Elle remet en cause les bases de la personnalité, sa construction tout au long du développement de l'individu, les failles, les ruptures, les blessures. La racine des souffrances d'aujourd'hui est à retrouver dans le déroulement de la maturation inconsciente du sujet. L'amour de soi passe par la reconnaissance de son corps, par l'affirmation de son identité et par l'estime de soi. Cette question pose le moi face à autrui à travers les identifications inconscientes du sujet.

L'ENRACINEMENT ET LE SCHÉMA CORPOREL : L'ARBRE

Debout, les pieds légèrement écartés, les genoux légèrement pliés, épaules basses, les bras le long du corps, la tête droite, les yeux fermés, nous commençons une relaxation dynamique.

Respiration profonde et abdominale pendant une minute environ.

Reconnaissance du point hara, situé environ à trois doigts en dessous du nombril, dans le creux du ventre, centre énergétique, lieu de la vie inconsciente et instinctive.

Puis nommez les lieux du corps en partant du visage jusqu'aux pieds enracinés dans le sol : visualisez votre corps, segment après segment. Prenez conscience de votre verticalité, de votre colonne vertébrale, de votre stature, de votre anatomie complète, de vos sensations diverses. Vous prenez conscience, ici et maintenant, de votre schéma corporel.

Prenez conscience, à présent, de la lourdeur de vos bras, comme s'ils étaient attirés par la gravitation terrestre. Conservez les tensions nécessaires à votre position debout. Prenez peu à peu conscience de l'enracinement profond de votre corps, ici et maintenant, en toute sécurité, en toute confiance.

Laissez venir en vous l'image d'un arbre puissant, un chêne, par exemple, qui a des racines profondes, un feuillage abondant.

Exercez vos sensations. Vous voyez sa forme, ses couleurs, vous entendez le feuillage, vous le ressentez, vous touchez le tronc de l'arbre, vous prenez conscience de sa force, de sa puissance.

Peu à peu, vous acceptez d'être l'arbre. Vous entrez dans cette image. Vous ressentez une grande force naturelle. Vous vous sentez ancré dans le sol. Vous vous sentez fort. Vous prenez conscience alors de l'espace autour de vous. Vous élargissez votre horizon. Vous laissez venir à vous un lieu, un espace libre, ouvert sur le ciel, un espace naturel, apaisant.

Bienfait de cette image, sensation de paix, de force, d'énergie, prise dans le spectacle de la nature.

Laissez venir les images qui s'associent librement en vous, parfaitement détendu et apaisé. Peu à peu, vous quittez ces images, puis

cet arbre, pour reprendre contact avec le corps, ici et maintenant, vivifié par la représentation imagée de l'arbre, symbole universel de vie, de plénitude, d'enracinement énergétique, de dynamisme.

L'enracinement est un exercice bioénergétique[14] qui permet de se laisser aller. L'humain enraciné a « les pieds sur terre », il sait où il est, ici et maintenant, il sait qui il est, il a le sens des réalités.

Cet exercice est toujours bénéfique pour les personnes qui ont des difficultés à avoir confiance en elles. Lorsqu'il est mené plusieurs fois, à une semaine d'intervalle, par le sophrologue, il apporte une sensation de bien-être, de calme intérieur et un renforcement de la personnalité.

Tout exercice est suivi d'un dialogue : la personne sophronisée fait part de ses impressions, de ses images, de ses associations, qui servent de matériau pour la compréhension des conflits inconscients du Moi. Voici l'exemple d'Edwige :

« Je vois autour de l'arbre une grande clairière. Un léger vent qui dessine sur l'herbe des dessins. Les branches laissent passer la lumière. Les racines sont très profondes, j'ai l'impression de voir les racines sous mes pieds. Je me sentais bien ancrée, forte, je ressentais un bien-être total. »

Cette image de l'arbre et cet exercice du corps permettent un ancrage nécessaire au travail global que fait le sujet sur lui-même. Prendre conscience de soi commence par un vécu corporel : accepter son schéma corporel, qui est le schéma de l'espèce humaine. La station debout fait prendre conscience du progrès qu'elle a accompli : la conquête de la verticalité a libéré l'humain et lui a permis d'utiliser ses mains. Le schéma corporel comprend également l'anatomie particulière de chacun, ses sensations diverses et le sentiment de son unité, de son individualité. Il inclut les opérations, les prothèses et les handicaps.

Il est nécessaire de retrouver le schéma corporel, d'intégrer les modifications éventuelles. C'est une réalité dont on doit tenir compte. Françoise Dolto cite le cas des petits infirmes auxquels les parents doivent expliquer leur handicap dans une

14. Alexander Lowen, *Pratique de la bioénergie*, Paris, Sand et Tchou, 1978.

communication délivrée, le plus possible, d'angoisse[15]. Faire accepter un schéma corporel modifié, en parler librement est une étape importante. L'atteinte à l'intégrité du schéma corporel est souvent niée par le sujet lui-même et par son entourage. « On fait comme si rien n'avait changé », dit-on. Le sophrologue peut intervenir alors pour aider à faire naître cette parole étouffée par l'angoisse.

Mais le corps, pour chacun de nous, n'est pas un objet, c'est une image que l'on porte en soi, qui n'a pas grand-chose à voir avec le corps réel. Il est des mannequins qui ne se trouvent pas beaux, ne s'aiment pas. Le petit infirme, avec un schéma corporel atteint, pour parvenir à son équilibre, doit développer une image d'un corps sain qu'il symbolisera dans ses jeux et dans son langage. Le problème se situe donc dans le vécu négatif de l'image que l'on se fait de soi-même.

Chaque personne arrive avec son image du corps, c'est-à-dire un assemblage d'images accumulées tout au long de son histoire personnelle. Faire évoluer l'image du corps est un travail qui se fait lentement avec le patient lui-même. Il consiste à faire ressentir physiquement l'image que l'on a de soi, que l'on a portée à son insu, inconsciemment. Il s'agit donc de faire émerger ces images pour les accepter ou les rejeter. L'image du corps est liée aux pulsions de vie et de mort, ce sont les désirs, les identifications, les conflits qui ont apporté des dysfonctionnements psychologiques. Au cours des séances de sophrologie, l'image du corps évolue et devient positive. Le sujet, peu à peu, reconnaît qu'il parle de lui, qui n'est en réalité qu'un être *imaginaire*, c'est-à-dire fait d'images qui ne le comblent pas. Ce n'est qu'à ce prix que la véritable identité peut surgir, plus conforme à son désir.

La verticalité ancrée est très dynamique, elle permet la suggestion de la lutte pour la vie. C'est une lutte légitime, car bon nombre de personnes qui viennent voir un sophrologue ont de la peine à vivre, à laisser vivre leur vraie personnalité en elles, à laisser émerger leurs désirs et, finalement, à agir. Écoutons ce témoignage éclairant de Marie, après l'exercice de l'arbre :

15. Françoise Dolto, *op. cit.*

« Toute ma culpabilité, toutes les sensations que j'éprouvais, le manque de confiance en moi, cette façon de me laisser marcher sur les pieds, de toujours me taire par peur des réactions des autres, que j'anticipe et qui m'arrêtent, je n'ai plus envie de tout ça. Je ne veux plus qu'on me dise ce que j'ai à faire. Je ne m'exprime pas assez. J'ai envie de m'aimer parce que, vraiment, je ne me suis pas aimée jusqu'ici. »

VIVRE L'ACCORD AVEC SOI

- **Retrouver la communication avec soi.**
- **Travailler le sourire intérieur.**
- **S'accepter tel que l'on est.**
- **Travailler le schéma corporel, vivre avec la totalité de son corps.**
- **Développer la confiance en soi, développer la paix avec soi-même.**
- **Laisser émerger l'image du corps.**
- **Affirmer son désir d'exister pleinement.**

Chapitre 4

Avez-vous des phobies, des angoisses ?

Qui n'a jamais eu peur de sa vie ?

« Peur nocturne, peur de la solitude, peur du noir, cauchemars, rêves éveillés. Les yeux rivés sur les rideaux de la chambre, le craquement du bois, d'une porte, d'un plancher. Un souffle, plutôt un essoufflement. Au loin, un chien aboie, quelqu'un est là tout près, j'entends sa respiration. L'obscurité a changé : quelqu'un vient. Mon cœur bat à toute allure, j'ai mal, j'ai peur, je tremble, mes jambes flageolent, j'ai envie de crier mais je suis muette, pétrifiée par la peur. On dirait un halètement, c'est peut-être un chien, ou quelqu'un qui court, l'autre le poursuit, j'ai peur, j'ai peur, c'est ce qui résonne dans ma tête, la peur de ma peur. Oui, je suis sûre que le rideau a bougé ; oui, quelqu'un me regarde, je vois des yeux, une lampe peut-être, quelqu'un aux aguets, je me cache sous les couvertures, le drap sur ma tête. Personne n'est là pour me consoler, je suis seule au monde. Une forme au fond de la chambre, c'est un homme, il grimace, il est bossu, un fantôme, quelqu'un qui me veut du mal, ma gorge se serre, je suffoque. Il faut atteindre la lampe sans bruit. Mon Dieu, il faut que j'allume, il le faut.

C'est fait. Une nappe blonde couvre l'espace de la chambre. Les meubles sont là paisibles, le rideau n'a pas bougé. J'écoute, tendue, le cœur arrêté aux bruits du plancher. Rien n'a changé de place. Une détente extraordinaire se fait enfin, c'est une jouissance physique, un bien-être qui s'enracine, confiant dans la certitude des angles du plafond, confiant dans l'équerre des murs de la chambre, confiant dans la verticalité de la lampe, accrochée dans l'exact milieu de la surface immaculée. La lumière protège mon espace, apaise les ondes de mon cerveau, enveloppe mon corps d'une chaleur maternelle. Je respire. »

Ces peurs d'enfant, ce sont les miennes. Ne sont-elles pas aussi les vôtres ? Quand nous parlons de la peur, les langues se délient. Nous avons tous eu à combattre la peur de la nuit et de la solitude. Adultes, nous en rions. Mais d'autres peurs, d'autres phobies, d'autres angoisses diffuses, tenaces, vénéneuses ont fleuri dans notre imaginaire et envahissent notre quotidien.

Cinq mots pour un mal-être

Devant un danger précis, vrai ou imaginaire, la **peur** vous agrippe à la gorge et devient peu à peu une **terreur** qui vous submerge : les monstres et les ogres sont aux portes de l'ombre. Une **angoisse** vous étreint, c'est le corps tout entier qui se défend, qui se vide de son sang, qui se glace ou se consume : l'angoisse est toujours une manifestation du corps, quel que soit son objet. L'**anxiété** de l'esprit et l'angoisse ne sont jamais totalement séparées, car le corps et l'esprit, dans ces états particuliers, sont liés immédiatement, sans le secours du langage, qui n'est là que désarticulé, incohérent et répétitif.

L'**inquiétude** est une anxiété qui connaît son objet et que l'on peut rattacher aux anxiétés normales que chacun peut éprouver dans sa vie quotidienne : nous sommes inquiets si notre enfant est en retard. Si son retard se prolonge, nous devenons anxieux, c'est une marque d'attachement légitime. Nous avons peur qu'il lui arrive malheur. Cette anxiété peut se maîtriser par des exercices de respiration régulant les échanges vitaux du corps, évitant ainsi une panique physique qui perturbe l'efficacité d'une action.

Anxiété ou angoisse ? Les termes sont distincts en français, mais pas en allemand ou en anglais. Dans ces deux langues, le même mot traduit des phénomènes physiques et psychiques, alors que la langue française les distingue. L'angoisse est toujours liée à des manifestations physiques, l'anxiété est surtout psychologique, sans issue et diffuse. Mais, dans la pratique, les personnes qui viennent consulter le sophrologue utilisent indifféremment l'un ou l'autre. Ce qui est marquant, c'est la panoplie du vocabulaire employé, l'abondance des images et la prolifération des idées que suscitent ces phénomènes.

La sophrologie et l'angoisse

Que demande le sujet qui franchit la porte du cabinet d'un sophrologue ? Quel qu'il soit, il demande en priorité d'être rassuré, d'être remis en confiance. Il attend de la sophrologie des moyens, des méthodes pour calmer son angoisse, pour résoudre ses problèmes. Il demande d'y voir clair dans sa propre vie. Il exprime son mal-être à peu près dans ces termes : « Mais qu'est-ce qui se passe ? Mais qu'est-ce qui me prend ? » Il se sent le jouet de ses pulsions, il a peur : il se sent aux prises avec des forces qu'il ne maîtrise pas, il est submergé par des émotions face à des événements qu'il n'a pas prévus.

Pour certains, c'est un vrai cyclone auquel ils n'étaient pas préparés qui dévaste leur vie : séparation, divorce, maladie, mort, chômage, déménagement et restructurations diverses. Pour d'autres, c'est un long chemin qui finit par se perdre dans des marais, des tours et des détours : aucun repère, tout est enchevêtré. Il faut débrouiller un écheveau, débroussailler un terrain laissé à l'abandon. Ils ont vécu dans le brouillard, sans savoir, sans écouter, sans réfléchir : une prison d'ennui et un lacet de répétitions quotidiennes, de gestes sans intérêt. Ils ont agi en aveugles, se fiant aux astres qui finissent bien par nous livrer un sens, disent-ils, ne serait-ce que la nuit et le jour, la lune pleine et la lune noire.

D'autres ont cru connaître le chemin et les voilà au bout d'une route qui ne mène à rien : « J'ai perdu vingt ans de ma vie », pleurent-ils. « Qu'est-ce que je peux faire, maintenant ? » C'est le désespoir, les larmes, l'envie d'en finir vraiment, de mourir. « Avoir été si nul ! » Comment, avec ce seul constat, éclairer la route ? Alors, c'est le trou noir, l'angoisse fondamentale, celle qui pose le droit à l'existence, le droit au suicide, et qui révèle le désespoir de n'avoir pu rencontrer ce que les autres disent être la vie. Ceux-là s'accrochent à tout, à une branche qui se casse, au reflet d'une lampe sur un miroir qu'ils ont pris pour un rayon de soleil, et tout s'éteint. Ils sont prêts à tout pour que quelqu'un donne un sens à leur existence : ce sont les victimes tout offertes des sectes, des marabouts, des voyants et des diseuses de bonne aventure.

D'autres ont pris conscience de leur cheminement mais, à chaque obstacle, ils trébuchent. Il faut les prendre par la main pour les faire avancer, et pendant le trajet, ils parlent et disent que c'est difficile, que c'est trop long, que ce n'est pas possible de souffrir autant ; ils avancent, accrochés à la main qui les aide, à la voix qui les guide, jusqu'à ce que leurs forces reviennent, jusqu'à ce qu'enfin, un jour, ils fassent un pas, seuls ; jusqu'à ce qu'ils acceptent de regarder autour d'eux *l'objet de leur désir* qui retiendra leur attention, qui les fera vivre indépendants et rassurés.

Le sophrologue sent bien qu'il ne peut se soustraire à un travail de réflexion sur sa propre démarche. Au cours de sa formation, l'analyse didactique lui a permis de se connaître, de s'accepter, de percevoir ses propres limites et de comprendre l'originalité et la spécificité de sa personnalité. Le sophrologue doit être sophro-analysé par un autre sophrologue qui aura fait la même démarche.

La technique propre à la sophrologie, qui part du relâchement rapide des tensions du corps pour parvenir au niveau sophroliminal au bord du sommeil, dans une conscience modifiée, permet de réaliser une concentration intérieure et de développer des images dont le symbolisme nous donne l'accès rapide à l'inconscient. La liberté de parole et les associations sans aucune censure sont les règles de la sophro-analyse, comme de toute psychanalyse classique. Mais le sophrologue fait face au sujet, l'écoute et communique avec lui. La relation empathique[16] est activée.

Le sophrologue ne peut se passer de l'analyse didactique. S'il veut aider l'autre à faire advenir à la conscience sa part d'ombre, il lui faut être au clair avec lui-même. En effet, on ne peut aider un être en difficulté qu'avec une expérience intime, profonde, du chemin qu'il est en train de prendre, pour l'avoir déjà soi-même emprunté. On ne peut l'aider que si l'on a en soi une assurance, une certitude qui ne peut être livresque : celle du sens de sa propre marche. La connaissance de soi, premier précepte de Socrate, inscrit sur le fronton du temple de Delphes au ve siècle avant J.-C. et le développement de la conscience qui en découle sont les exigences de base. La devise de la sophrologie contenue dans les premiers textes de 1970 énonce clairement sa filiation avec la recherche du philosophe grec : « Afin que la conscience soit connue. »

La peur du patient ne doit pas rencontrer la peur et la fragilité d'un praticien. Le sujet est demandeur. Il veut ressentir la sérénité du sophrologue, due à une expérience maîtrisée. Il attend de lui une vue réaliste de ses problèmes et un optimisme qui l'aidera à améliorer sa perception de la vie. Un sophrologue qui n'a pas vécu une dépression, qui n'a pas connu la souffrance psychique intense, qui n'a pas évoqué un jour le suicide aura une perception bien intellectuelle et bien lointaine

---

16. L'empathie est la compréhension du monde de l'autre comme s'il était perçu de l'intérieur, communication affective, intuitive, semblable à celle de la mère et de l'enfant. Cf. Carl Rogers, *Le Développement de la personne*, Paris, Dunod, 1972.

du malaise de l'autre. Est-il nécessaire d'avoir connu toutes les angoisses pour aider un être ? Pas tout à fait, mais il paraît indispensable d'avoir, en complément d'une formation sérieuse, l'esprit assez curieux de l'humain, le cœur assez ouvert pour écouter et pour donner, l'intelligence intuitive qui redouble la connaissance logique et rationnelle de l'expérience.

Il n'y a pas de vrai changement sans relation transférentielle, et celle-ci ne se fait que dans la dualité. La personnalité du sophrologue est essentielle, en ce sens qu'elle est un des pôles du transfert.

Qu'est-ce que le transfert ?

Le transfert est une relation particulière, intense, entre l'analyste et le sujet. On ne peut nier son existence qui est fondamentale pour le traitement ; c'est un attachement affectif particulier. Il existe à des degrés divers dans toute relation d'enseignement, quel que soit le domaine. C'est le phénomène relationnel qui lie celui qui demande et celui qui est supposé détenir un savoir susceptible de combler cette demande.

Le transfert n'est pas possible sans la mise en confiance de départ : confiance, empathie, sympathie. La confiance se situe d'abord dans la main qui secourt, dans le regard qui fixe, dans la physionomie tout entière : c'est une impression globale et immédiate qui s'exprime ou qui se vit simplement dans un jugement sans appel : « Il ne me plaît pas, je ne peux plus le voir », ou « J'ai une confiance absolue. » Le transfert en sophrologie est une alliance de deux personnes, de deux sujets et de deux inconscients.

Bien sûr, au cours du traitement, le transfert implique des ambivalences de sentiments nécessaires à la mise à jour du sujet, de ses propres conflits refoulés. Nous retrouvons des situations décrites par les psychanalystes : les résistances font partie du travail. Mais le combat n'a rien à voir avec la personnalité du sophrologue qui sert de miroir à la lutte que mènent les pulsions inconscientes du sujet.

La relation transférentielle qui existe dans un traitement de sophrologie ressemble à celle d'une cure psychanalytique : au départ, il se produit une régression narcissique sans laquelle il ne pourrait y avoir un véritable travail analytique, si court soit-il.

Le transfert est une relation affective particulière qui n'a pas de lien avec une relation parentale vécue historiquement par le sujet, que l'on ne peut donc situer dans son histoire personnelle, qui peut avoir des effets spectaculaires sur la guérison de certains symptômes. On note fréquemment une détente, un relâchement des tensions internes du sujet au début du traitement : « C'est une lune de miel », notait Freud. Puis la charge émotionnelle diminue progressivement, à mesure que la maturation des conflits se fait.

Le processus lui-même de la cure est basé sur « une fusion narcissique entre d'une part l'analyste et l'analysé et d'autre part la situation analytique elle-même[17] ». L'analyste est à la fois le père et la mère. La situation transférentielle est vécue alors comme un paradis, et le sujet se retrouve sur le mode narcissique des premiers mois du nourrisson, mode fusionnel, d'avant l'angoisse. Le besoin d'être aimé est ainsi comblé dans la relation transférentielle.

Dans la cure habituelle, les défoulements se font dans l'ordre inverse des refoulements. Le sujet revit les conflits et les inhibitions de son passé et l'analyste sert de support à ses projections. L'analyse permet au patient de retrouver sa propre histoire, de se l'approprier par la parole qui rend possible le transfert. Le sujet sophro-analysé donne au sophrologue une position privilégiée, celle du savoir. Jacques Lacan nomme l'analyste « le grand Autre[18] », qui permet la parole du patient, cette parole n'étant possible que par référence à un grand Autre extérieur aux deux protagonistes. Le sujet appelé « l'analysant » a la tâche de parler, d'associer. C'est lui, en dernier lieu, qui va déchiffrer les termes de sa demande adressée à l'Autre.

L'inconscient du sophro-analyste entre dans le transfert autant que celui du sophronisé. C'est pourquoi il est si nécessaire d'avoir au préalable été analysé : le contre-transfert, qui est la réponse de l'analyste au transfert de l'analysé, active les conflits inconscients de l'analyste. L'éthique thérapeutique exige de continuer l'engagement dans des supervisions entre thérapeutes pour répondre au transfert par un contre-transfert bien géré. L'enjeu est de taille : aussi forte que soit la relation transférentielle, le sophrologue ne se prend pas pour un gourou, pour un être omniscient, omnipotent, indispensable dans la relation transférentielle ; il n'a pas à

17. Belà Grunberger, *Le Narcissisme*, Paris, Petite Bibliothèque Payot, 1972.
18. Jacques Lacan, *La Relation d'objet. Séminaire*, livre IV, Paris, Seuil, 1994.

renforcer une relation entre personnes, car il n'est pas un sujet pour l'analysant mais un *objet*. Il n'a donc pas à se complaire dans une image idéalisée de lui-même. Il ne doit pas être une image ou un rôle, il doit être ce qu'il est.

Cette présence à lui-même authentique dans l'ici et maintenant de l'écoute est particulière. Carl Rogers la qualifie de « congruente ». Elle est indispensable pour réussir avec le sujet une entreprise de liberté et d'autonomie. L'éthique personnelle du sophrologue tient en ces mots : « Penser ce que l'on dit et dire ce que l'on pense. » Cette congruence va faciliter la parole authentique du patient et sa motivation au changement. Le sujet doit pouvoir se passer du sophrologue assez rapidement. La sophrologie est une thérapie courte. Elle évolue de trois mois à un an, en moyenne.

Un jour, en effet, si le travail de *re-naissance* est bien mené, le sujet connaîtra l'apaisement de son angoisse, l'acceptation d'un passé, la connaissance des mobiles de ses actes, la remise en route, l'espoir dans l'avenir. L'entraînement sophronique a le même but que celui qu'Anna Freud assignait à la psychanalyse : supprimer les troubles et rétablir l'intégrité du Moi[19]. Il aura les moyens d'être heureux et de vivre la vraie vie, celle qui crée une existence authentique, où le sujet se reconnaît comme auteur de sa propre vie, où il se sera retrouvé comme personnalité unifiée, basée sur l'équilibre du corps et de l'esprit réconciliés.

L'anamnèse

Au terme de cette clarification, il est nécessaire de faire une distinction entre les types d'interventions en sophrologie, qui se recoupent au cours d'un traitement et qui seront menés en fonction de l'anamnèse[20]. L'anamnèse est déjà un acte : c'est le point de départ d'une prise en charge, la formulation de la demande du sujet et les renseignements qu'il communique spontanément ou qu'il donne au cours d'un questionnaire plus ou moins formel. Ces renseignements sur l'histoire du sujet, son vécu quotidien sont nécessaires pour conduire le protocole de la relation d'aide.

Classiquement, le sophrologue doit rapidement connaître les réponses aux questions qui situent le sujet dans sa démarche et mesurent ses tentatives pour surmonter

19. Anna Freud, *Le Moi et les Mécanismes de défense*, Paris, PUF, 1993.
20. Dr Jean-Pierre Hubert et Raymond Abrezol, *Traité de sophrologie*, t. 2, Paris, Le Courrier du Livre, 1985.

jusqu'alors ses problèmes. La consultation dure environ une heure. Certains sophrologues donnent une fiche d'anamnèse plus poussée que les sujets remplissent chez eux.

1. Prenez-vous des médicaments ? Pour quelles raisons ? Qui est votre médecin traitant ? Lui avez-vous fait part de votre démarche ?

La collaboration avec l'équipe de santé est indispensable dans de nombreux cas. La sophrologie poursuit le même but que le médecin allopathe : rétablir le bien-être de la personne. Il est bon de s'entendre avec les partenaires d'un même projet ! Dans de nombreux cas, la personne qui vient dans un cabinet de sophrologie veut diminuer, voire supprimer, ses doses de tranquillisants et se prendre en charge.

2. Avez-vous déjà été (ou êtes-vous en ce moment) traité par un psychanalyste, par un psychologue, par un psychothérapeute ?

La psychanalyse a des règles précises. Pendant la cure qui dure des années, le psychanalyste fait prendre conscience au patient des conflits entre ses pulsions et la réalité extérieure. Tout se passe au niveau de la parole : le psychanalyste est souvent silencieux, attentif au silence, aux résistances et à la verbalisation du sujet qui tente de réduire les refoulements inconscients.

Le psychologue travaille dans différentes catégories socioprofessionnelles. Il utilise de nombreux tests, fait des entretiens où il conseille, où il informe les personnes sur leur mode de fonctionnement.

Le psychiatre est un médecin qui traite les maladies mentales avec des médicaments, sans rechercher l'adhésion, la confiance et le dialogue du patient, le considérant comme un cas plutôt que comme une personne.

La psychothérapie recouvre un ensemble de pratiques qui peuvent aller jusqu'à une analyse psychanalytique. Généralement, les psychothérapeutes sont des praticiens du changement : ils utilisent des méthodes de questionnement visant à faire connaître au sujet les stratégies de ses actes, à les modifier. Ils prennent appui sur le fonctionnement intellectuel du sujet, sa capacité à changer et cherchent à développer une motivation pour atteindre des objectifs précis.

La sophrologie est une méthode qui s'adresse à la personnalité tout entière. Elle a une vue globale, *holistique* de la personne. La *psyché*, dont la signification est l'âme ou vie mentale, ou « l'ensemble des composants relationnels et émotifs du Moi[21] », ne s'étudie pas séparément. Le corps est un révélateur de l'esprit. Le corps dit ce que la raison du sujet ne veut pas entendre. L'inconscient parle à travers le corps. La tâche du sophrologue sera de défaire les *cuirasses* engendrées par le mal-être, qui sont des armatures musculaires et tentent de rigidifier des attitudes pour ne pas se laisser aller. Elles révèlent des blocages psychiques. Ces cuirasses sont un « mur qui sépare l'être humain de la vie[22] ». Le corps doit être reconnu, accepté et épanoui. Le sophrologue aide le sujet à réunifier son corps et son esprit dans une écoute attentive et bienveillante des diverses composantes de sa personne. Les techniques respiratoires et bioénergétiques, la relaxation physique et mentale assortie de suggestions positives amènent peu à peu le sujet à prendre conscience de ce qu'il se cachait à lui-même, et à retrouver un équilibre entre le corps, le cœur et l'esprit pour faire face à la vie quotidienne. Il faut trois mois environ pour enregistrer un changement positif et durable dans les comportements et dans l'attitude du sujet.

Selon les demandes, le sophrologue est un praticien comportementaliste quand il explique les mécanismes du raisonnement qui ont créé une situation porteuse d'angoisse, quand il travaille à corriger un comportement conditionné et à substituer aux pensées automatiques négatives des messages positifs et porteurs d'un projet. Il peut être amené à faire une recherche plus poussée du mal-être du sujet et utilise alors les techniques et le matériau des psychanalystes. Sa technique est globale quant à son objectif et à ses méthodes.

3. Avez-vous déjà pratiqué des méthodes de relaxation, du yoga ?

Le yoga est apparenté à la sophrologie. Les origines de l'un et de l'autre sont orientales : en sophrologie, on retrouve la respiration abdominale, quelques gestes du yoga, mais aucune posture. Le yoga développe un état de calme et fait une large place à la méditation et au détachement du monde extérieur. La sophrologie est dynamique et vise à développer des potentialités pour faire face à la réalité quotidienne. Elle s'apprend dans des séances individuelles ou en groupe, mais son efficacité

---

21. Définition du dictionnaire *Larousse*.
22. Wilhelm Reich, *La Révolution sexuelle*, Paris, Plon, 1968.

s'éprouve en plein stress : prise de conscience des tensions et de leur bien-fondé ou de leur nocivité dans une situation donnée. Elle développe la présence à soi-même ici et maintenant, présence ancrée dans le corps physique, réel. La relaxation et la méditation sont là pour préparer à l'action et à l'engagement dans la vie sociale. La sophrologie est également une philosophie et un art de vivre.

4. Qu'est-ce qui vous a décidé à venir ? Avez-vous une ou des demandes précises ?

Nous sommes au seuil de la relation d'aide. Cette demande du premier jour peut en cacher une autre, essentielle, qui parviendra à la conscience du sujet dans le cours du traitement. C'est le plus souvent le symptôme du mal-être qui est évoqué. La disparition du symptôme demandée par le patient est à prendre avec circonspection. Le symptôme est un langage qui a une grande importance et dont la suppression rapide est à déconseiller. L'insomnie, un eczéma, une phobie simple, une irritabilité gênante pour l'entourage peuvent en effet être améliorés dans de nombreux cas, mais ils peuvent aussi révéler des perturbations plus profondes qu'il sera nécessaire de diagnostiquer. L'insomnie cache fréquemment une anxiété latente. Dans ce cas, lorsque les premières investigations sont faites, il est bon de procéder à une étude des phénomènes anxieux.

L'anxiété est difficile à cerner car elle se cache souvent derrière une façade de raisons légitimes, d'événements traumatisants qui la justifient. L'anxiété est ainsi comprise comme une réaction aux situations, alors qu'elle est devenue pathologique. Par ailleurs, certains tempéraments plus ou moins anxieux présentent le trait de caractère de s'angoisser facilement.

- ***Est-ce que je me trouve angoissé à propos de tout et de rien ?***
- ***Est-ce que je souffre dans mon corps ? Douleurs diverses ? Crises d'urticaire ? Eczéma ? Gastrite ? Palpitations ? Impossibilité de dormir ?***
- ***Est-ce que mon conjoint, ma famille, mes amis, remarquent cette anxiété ? Est-ce qu'elle me dérange dans ma vie sociale et professionnelle ?***

La distinction entre l'anxiété et la dépression pose quelques difficultés car elles vont souvent ensemble. La faculté de sophrologie de Paris utilise l'échelle du thérapeute sud-africain Joseph Wolpe[23] qui, après une séance de relaxation, demande au patient de hiérarchiser ses peurs sur une échelle allant de 0 à 4. Selon certains sujets, les réponses commentées peuvent être réparties sur deux séances, car elles sont l'occasion d'affiner l'anamnèse.

Après ce questionnaire, il est nécessaire de faire une sophronisation de base pour apaiser le sujet. On recouvre ainsi les sensations de malaise qui reviennent, réactivées par le test. La sophronisation de base, déjà décrite au deuxième chapitre, est une technique *recouvrante.*

L'ÉCHELLE DE JOSEPH WOLPE

Les cinq points de l'échelle se présentent comme suit :
⓿ Non, jamais.
❶ Parfois, un peu, de temps en temps.
❷ Oui et non, moyennement, incertain.
❸ Souvent, plutôt oui, beaucoup.
❹ Oui, toujours, certainement.

Choisissez un moment et un lieu favorables pour ce questionnaire. Répondez aux questions suivantes spontanément et rapidement en donnant une note de 0 à 4. L'un de ces points vous dérange-t-il ou vous est-il désagréable ?

❶ Le bruit d'un aspirateur ?
❷ La vue d'une plaie ouverte ?
❸ La solitude ?
❹ Être dans une pièce inconnue ?
❺ Des voix fortes ?
❻ Une personne morte ?
❼ Parler en public ?
❽ Traverser une rue ?
❾ Des personnes semblant souffrir d'une maladie mentale ?
❿ Tomber par terre ?
⓫ Conduire une voiture ?

23. Joseph Wolpe, *Pratique de la psychothérapie comportementale*, Paris, Masson, 1975.

⓬ Être tenu pour le meilleur ?
⓭ Aller chez le dentiste ?
⓮ Entendre le tonnerre ?
⓯ Entendre hurler les sirènes ?
⓰ Vivre un échec, être inefficace ?
⓱ Entrer dans une pièce où se trouve déjà une assemblée ?
⓲ Un sommet de montagne ?
⓳ Regarder en bas du sommet d'un gratte-ciel ?
⓴ Des vers de terre ?
㉑ Des figures de fantaisie ?
㉒ Des personnes étrangères ?
㉓ Une injection ?
㉔ Des chauves-souris ?
㉕ Voyager en train ?
㉖ Voyager en car ?
㉗ Passer un pont sur l'eau ?
㉘ Avoir faim ?
㉙ Des personnes en prison ?
㉚ Des insectes volants ?
㉛ Regarder faire une injection ?
㉜ Du bruit inattendu ?
㉝ Un temps brumeux ?
㉞ La foule ?
㉟ Des paysages largement étendus ?
㊱ Des chats ?
㊲ Être spectateur d'une bagarre, d'un conflit ?
㊳ La présence de simples d'esprit ?
㊴ Des oiseaux ?
㊵ Regarder des eaux profondes ?
㊶ Être observé lorsque vous travaillez ?
㊷ Un animal mort ?
㊸ Des armes ?
㊹ La saleté, la boue, des excréments ?
㊺ Des insectes rampants ?

46 Regarder une bataille ?
47 Des êtres humains repoussants ?
48 Le feu ?
49 Une personne malade ?
50 Des chiens ?
51 Être critiqué ?
52 Des formes, figures extraordinaires ?
53 Vous retrouver en fauteuil roulant ?
54 Regarder des opérations chirurgicales ?
55 Une personne affamée ?
56 Une souris ?
57 La vue du sang ?
58 Prendre congé d'un ami ?
59 Une pièce fermée à clef ?
60 La description d'une opération chirurgicale ?
61 Être exclu d'un groupe ?
62 Prendre l'avion ?
63 Une odeur de médicament ?
64 Vous sentir infériorisé ?
65 Des serpents inoffensifs ?
66 Un cimetière ?
67 Être ignoré ?
68 L'obscurité ?
69 Des sentiments ?
70 Une personne nue ?
71 La foudre ?
72 Le médecin ?
73 Des personnes difformes, impotentes ?
74 Faire des erreurs ?
75 Avoir l'air idiot ?
76 Perdre le contrôle ?
77 Vous évanouir ?
78 Avoir des nausées ?
79 Une araignée ?
80 Avoir la responsabilité de décision, devoir décider ?

81 Un couteau, un objet aiguisé ?
82 Devenir fou ou folle ?
83 Faire l'amour ?
84 Vous soumettre à des tests écrits ?
85 Être touché par quelqu'un ?
86 Être différent des autres ?
87 Être une nullité en société ?

L'échelle Wolpe contient 87 questions auxquelles la note maximale peut être de 4 pour chacune d'elles. Le test totalise donc 348 points. Une personne « normale » peut avoir entre 70 et 90 points, avec 40 indications zéro. Voici la répartition des questions :

- **Perturbations caractérielles. 112 points, 28 questions :**
  - 3, 4, 7, 12, 16, 22, 29, 31, 41, 44, 45, 46, 49, 50, 51, 55, 57, 61, 64, 67, 70, 75, 76, 80, 83, 84, 86, 87.
- **Domaines de la peur et des phobies. 184 points, 46 questions :**
  - 2, 6, 8, 9, 10, 11, 13, 14, 17, 18, 19, 20, 21, 22, 23, 24, 25, 26, 27, 30, 34, 36, 37, 38, 39, 40, 42, 43, 45, 46, 48, 49, 51, 53, 56, 59, 62, 65, 66, 68, 69, 71, 79, 81, 82, 83.
- **Perturbations du système nerveux central (SNC)[24]. 48 points, 12 questions :**
  - 1, 5, 15, 28, 32, 33, 54, 57, 63, 69, 77, 78.
- **Domaine schizoïde[25]. 56 points, 14 questions :**
  - 1, 19, 21, 22, 30, 32, 36, 39, 52, 56, 71, 79, 81, 82.
- **Domaine dépressif. 100 points, 25 questions :**

---

24. SNC : système de la vie de relation, ensemble de centres nerveux comprenant la moelle épinière, le tronc cérébral et le cervelet.
25. Caractère schizoïde : prédisposition au repli sur soi, difficultés d'adaptation aux réalités extérieures.

- 2, 3, 6, 9, 13, 16, 18, 29, 33, 40, 42, 47, 49, 51, 54, 55, 58, 61, 64, 66, 67, 73, 76, 83, 87.

- **Domaine hystérique[26]. 164 points, 41 questions :**
  - 1, 5, 13, 14, 15, 17, 20, 23, 24, 25, 26, 27, 30, 31, 35, 36, 37, 43, 44, 45, 46, 48, 53, 56, 57, 60, 62, 63, 65, 70, 71, 72, 73, 77, 78, 79, 80, 81, 82, 83, 85.

- **Domaine de la contrainte névrotique. 112 points, 28 questions :**
  - 4, 8, 10, 11, 13, 17, 19, 25, 26, 27, 28, 35, 39, 45, 48, 50, 53, 59, 62, 68, 69, 74, 75, 80, 83, 84, 85, 86.

Pour calculer le pourcentage obtenu à chacune des sept catégories de questions, il faut opérer le calcul suivant :

$$\frac{\text{Nombre de points obtenus x 100}}{\text{Nombre total des points de la série}} = \text{N \%}$$

La phobie scolaire

La peur la plus courante chez les jeunes est la peur de l'école, de l'enseignant. Tout le monde connaît cet arrachement de l'enfant qui va pour la première fois à l'école. À nos yeux d'adultes, ce premier jour leur ouvre la porte de l'avenir, de multiples joies, des découvertes de l'intelligence, des amitiés, des passions. L'enfant, lui, ne voit que la séparation d'avec sa mère, la peur de l'étranger. Puis la peur se calme quand l'enfant trouve des compensations : jeux, gratifications de toutes sortes, estime de l'enseignant et attention redoublée des parents, le soir, lorsqu'il raconte sa journée.

Cette peur resurgit lorsqu'il subit des vexations, des humiliations, des rejets de la part de ses camarades ou de l'enseignant. Ces expériences négatives sont très vivaces et sont vécues à différents degrés par les enfants. En thérapie, il arrive fréquemment

26. Caractère hystérique : suggestibilité, dramatisation, hyperémotivité.

d'évoquer les premières atteintes de l'image de soi, les blessures narcissiques de la petite enfance, situées dans la période de l'école primaire.

Un kinésithérapeute âgé de cinquante ans racontait une scène douloureuse qu'il avait du mal à effacer de sa mémoire. Il en ressentait encore l'émotion et la situait à l'origine de sa timidité sociale. Il n'avait pas osé demander à sortir pendant la classe malgré un pressant besoin d'uriner : ce qui devait arriver arriva ! L'enseignante lui avait mis un écriteau dans le dos qui signifiait son forfait. Il ne se souvient plus des termes exacts qui y étaient inscrits. Il dut faire plusieurs fois le tour de la cour, vers laquelle tous les regards pouvaient converger. L'écriteau fut un poids dans sa vie. Cette humiliation ressentie cruellement par l'enfant n'est pas assez prise au sérieux par l'adulte ignorant, inconscient de la portée de ses gestes. Combien d'adultes racontent les châtiments injustifiés de la période scolaire ! L'école est une usine à fabriquer et à entretenir l'angoisse : pas seulement celle des enfants mais également celle des enseignants et, en dernier lieu, celle des parents qui s'inquiètent déjà de l'insertion sociale de leur progéniture.

L'angoisse scolaire n'est pas l'apanage exclusif des élèves en échec. Elle peut revêtir des formes multiples et apparaître par intermittence. Elle se cache sous diverses expressions : trac, peur des contrôles, peur des trous de mémoire. C'est une anxiété généralisée.

Le trac

Le trac est un terme généralement employé pour décrire un état de panique propre aux comédiens et aux gens du spectacle en général. Mais il est assimilable à une anxiété sociale.

De nombreux historiographes ont rapporté ce mot célèbre de Sarah Bernhardt à qui l'on présentait une jeune fille qui voulait faire du théâtre. La mère n'en finissait pas de faire l'étalage des qualités de sa fille : « Et puis, elle n'a pas le trac ! — Eh bien, madame, revenez avec elle quand elle l'aura ! », répliqua la grande comédienne. Un trac célèbre était celui de Louis Jouvet. Il était toujours malade avant d'entrer en scène, à chaque fois. La célébrité n'a pas supprimé ce handicap.

Le trac paralyse. Le cerveau se vide. C'est la douleur au ventre, la bouche sèche, les palpitations. Peur de ne plus rien savoir du texte, peur de ne pas entrer dans la peau du personnage, peur du public, surtout peur d'un public connu. Peur de perdre la face devant des personnes que l'on aime ou que l'on estime au plus haut point. Et puis, la première tirade lancée, c'est le déclic : « l'autre » a pris la place et le texte vient comme s'il n'avait jamais été appris. On entre dans un mécanisme dont on connaît toutes les ficelles, les silences, les mouvements, les distances entre les comparses et même leurs répliques. Mais le trac peut revenir à tout moment si, dans le mécanisme bien huilé qu'est un spectacle, se glisse un élément qui ramène l'acteur à sa réalité propre, celle de la ville et non pas celle de la scène : un acteur qui se trompe, un mouvement qui perturbe, une réaction intempestive dans le public, par exemple ; donc, une partie de soi maintient l'autre – le personnage – en équilibre. Et l'expérience de l'acteur permet de contrôler la création perpétuelle qu'est le jeu théâtral.

L'étudiant connaît, lui aussi, le trac, le trou noir, la peur au ventre. Brusquement, avant l'épreuve, il ne sait plus rien. Ce qui remplit son cerveau, c'est l'angoisse. Certains ne peuvent même pas prendre leur petit déjeuner le jour d'un contrôle de connaissances. Ils s'imaginent qu'ils ont oublié de faire une partie de leur programme et, s'ils ont fait volontairement une impasse, ils sont dévorés par l'impression irrépressible que c'est sur celle-là justement qu'ils vont tomber, au sens propre du terme. Il semble que ce soit les meilleurs qui aient le plus peur, peut-être parce que leur chute sera plus cuisante, leur amour-propre étant mis en jeu avec plus de force.

Le sportif de compétition est semblable à l'étudiant ; que la performance soit physique ou intellectuelle, le mécanisme est le même. Temps de préparation, apprentissage, maîtrise des apprentissages, performances, contrôles, épreuves et récompenses ou échecs. Peur du résultat final. La peur de l'échec, c'est le grain de sable dans le mécanisme du champion : manque de confiance en soi, en sa régularité, peur de son émotivité ; il est certain qu'un organisme vivant n'est jamais stable, il tend vers un équilibre, il est sensible. Et cette sensibilité s'accorde mal avec la régularité des mètres et des chronomètres. Il faut donc apprendre à maîtriser ses émotions, les images cérébrales qui créent ces émotions. Il est nécessaire de pratiquer alors une substitution d'images pour arriver à une substitution d'émotions.

La maîtrise des techniques propres à l'épreuve physique, au jeu théâtral ou à l'acquisition intellectuelle implique une bonne concentration, une combativité, une image de soi positive. La sophrologie est alors tout indiquée pour se perfectionner. Elle stimule la confiance en soi et le dynamisme dans un temps relativement court. Dans ces objectifs de performance, elle s'adresse particulièrement aux jeunes. Les enfants et les adolescents sont très souvent angoissés. Selon une statistique récente, un enfant se suicide toutes les quatre heures dans le monde. Il ne faut pas traiter à la légère les peurs des jeunes, leur manque de confiance dans leurs capacités et leur angoisse de l'avenir. Voici un exemple typique :

Roxane, dix-huit ans, lycéenne

Première séance

Résultat de l'anamnèse

Le père et la mère sont angoissés. La famille vit en cocon et échange peu avec l'extérieur. Dans la première séance, l'anamnèse révèle – outre des problèmes d'insomnie pour lesquels Roxane vient consulter – des poussées d'eczéma intermittentes, de petites crises de boulimie, un poids légèrement supérieur à la moyenne, des règles irrégulières. Tout cela est volontairement minimisé, elle en a un peu honte. C'est une excellente élève. Ses parents lui recommandent la sophrologie plutôt que l'utilisation de somnifères qui risqueraient de diminuer sa vigilance pendant les cours et d'influer sur sa mémoire.

Les relations avec les pairs sont limitées. Roxane avoue qu'elle se dévalorise tout de suite devant ses camarades ; elle prend prétexte de son poids qui, en fait, n'est pas excessif. Son corps ne lui plaît pas. Elle dessine son corps sans pieds, sans mains, sans forme vraiment, pas de visage, par contre le nombril est très marqué. Elle est très rêveuse, toujours dans les nuages, peu présente dans la vie quotidienne. Elle est très attachée à ses parents et se dit encore moins angoissée que sa mère, qui a fait une grosse dépression l'année précédente. Roxane dort mal à cause d'une angoisse de l'échec lors des examens et des contrôles.

« J'ai l'impression d'avoir tout raté quand l'épreuve est terminée, et si j'ai confiance, je n'arrive pas à l'extérioriser, je préfère ne pas le dire, de peur de me tromper. J'aimerais être reconnue par les autres, j'aime bien qu'on ait besoin de moi, je n'aime pas être seule, j'aime communiquer. Mais je m'y prends mal. Je me sens un peu seule, ça va quand même, mais ça pourrait être mieux, je m'en contente. »

Analyse des stratégies d'apprentissage

En tant que sophrologue formée aux techniques de pédagogie, je vérifie la gestion mentale[27] de Roxane pendant l'apprentissage et la mémorisation de ses cours. C'est une élève attentive en classe, qui comprend parfaitement les messages, qui sait réfléchir, qui sait imaginer des solutions. Elle a donc une excellente perception du cours. C'est sous forme d'images visuelles que le message est retenu. Ses notes sont claires et complètes. Elle fait des plans, des fiches. Je lui donne quelques conseils complémentaires qui visent à rendre plus prégnant le plan de son cours. Elle sait prendre le temps de l'évocation et s'approprie parfaitement le cours.

Le projet de la restitution de la leçon est excellent. Pour cela, elle utilise la visualisation et même la projection mentale de la scène du contrôle avec restitution réussie. Roxane est le type d'élève qui connaît ses stratégies de réussite sans avoir eu besoin de la gestion mentale d'Antoine de La Garanderie. Ce qui se comprend parfaitement, puisqu'il a lui-même expliqué sa méthode à partir des observations des meilleurs élèves.

Nous avons là un exemple frappant qui démontre qu'il ne suffit pas d'être excellent pour avoir confiance en soi. Bien au contraire. Cette excellence engendre aussi une angoisse caractérisée dont l'anamnèse a fait découvrir les symptômes.

La séance se termine par l'apprentissage de la respiration abdominale et un exercice donné par le Dr Jean-Pierre Hubert dans ses cours de sophrologie.

---

27. Antoine de la Garanderie, *Pédagogie des moyens d'apprendre*, Paris, Centurion, 1982.

Deuxième séance

La sophrorespiration synchronique

Nous utilisons l'exercice que l'on nomme sophronisation de base[28]. « Le monde qui vous environne n'a plus d'importance, seul compte maintenant votre travail sur vous-même » : c'est la phrase que je reprends à chaque début de séance afin de créer un rituel et un conditionnement rapide.

Roxane a atteint un niveau de conscience modifiée, au bord du sommeil. Sa respiration est calme et régulière. Elle est confiante, en sécurité. À chaque expiration, le ventre se creuse et Roxane prononce ou visualise mentalement un mot qui lui vient à l'esprit et qui évoque pour elle le calme, la sérénité, la confiance en elle.

Puis je demande une respiration synchronisée, non plus avec un mot mais avec une scène, une diapositive évoquant le projet de restitution du cours, une bonne note sur une copie, par exemple, ou des félicitations du professeur... Sur le temps de l'expiration, Roxane voit 18/20 pour son prochain contrôle.

Je pratique la désophronisation, c'est-à-dire la reprise dans le monde quotidien « dans un flot d'énergie positive », phrase rituelle de fin de séance.

Je lui demande de faire cet exercice aussi souvent qu'elle le peut et surtout avant le contrôle prochain, à sa table de travail. Je lui donne l'audio de cet exercice que je viens d'enregistrer avec elle et qui est un bon support et un moyen rapide de conditionnement positif, accepté par Roxane dont la demande a été une plus grande efficacité dans la maîtrise de ses émotions. Cela n'a donc rien à voir avec un lavage de cerveau. C'est un déconditionnement des pensées négatives dont Roxane était esclave et voulait se débarrasser.

L'enregistrement n'est utile que dans un premier temps ; par la suite, il doit être abandonné. Le sujet peut lui-même développer des stratégies positives dans la mesure où il a compris le mécanisme. En effet, l'enregistrement favorise le conditionnement : la voix volontairement apaisante entre profondément dans l'intimité du sujet. C'est un moyen efficace. Mais lorsque le sujet a dépassé un stade, le message, qui a été enregistré un jour précis, en s'appuyant sur un vécu défini, perd sa valeur,

28. Voir le chapitre 2, p. 26.

et il est même déconseillé d'y revenir : le vrai travail se fait ici et maintenant, dans une dynamique de projet vers l'avenir, dans un progrès, une marche en avant.

Troisième séance

Technique mentale recouvrante : la sophro-acceptation progressive

Qu'est-ce qu'une sophro-acceptation progressive ? Cette appellation est d'ordre pratique, elle permet de repérer exactement ce que l'on fait : apprendre à s'accepter et à accepter progressivement une situation donnée et future dans un état sophronique, c'est-à-dire modifié. Le vécu que l'on anticipe dans un état modifié permet de trouver des ressources psychiques et énergétiques pour supporter la situation, le moment venu. C'est une préparation excellente pour réaliser n'importe quel projet qui nous motive. Nous abordons des techniques dites « recouvrantes », qui enveloppent les phénomènes anxieux par une suggestion de bien-être, de calme, de sérénité. Le point de départ de la séance est toujours l'exercice fondamental de la respiration abdominale qui induit une détente musculaire. Roxane prend conscience de son schéma corporel, ici et maintenant. La suggestion se précise : « Vous vous sentez de mieux en mieux dans votre corps, vous entretenez avec votre corps un dialogue bienveillant. Vous coopérez avec lui. Vous approfondissez votre détente. »

Roxane atteint alors le niveau sophroliminal, au bord du sommeil. Puis elle est invitée à trouver des images et des situations positives qui renforcent sa confiance, qui lui rappellent des moments agréables, des situations vécues, des sensations de plaisir. Elle se voit elle-même sur son écran intérieur. C'est une image précise qui apparaît. Elle voit son professeur de mathématiques qui la félicite d'avoir trouvé la première la solution à un problème posé à toute la classe. Elle en a tiré de la fierté : « Là, je me suis sentie bien, complètement. »

Je lui propose alors de se voir dans une situation assez proche et de la vivre paisiblement : le contrôle de physique de la semaine suivante. Roxane visualise la salle, sa place, se voit écrire. Je lui suggère de se sentir en confiance, en pleine possession de ses moyens et de se voir exprimer sa satisfaction à la fin du contrôle.

Nous terminons par une désophronisation, c'est-à-dire un retour dans le monde quotidien : « Vous vous faites à l'idée de la reprise, en utilisant la technique habituelle, à votre rythme, en gardant les yeux fermés jusqu'à la fin de l'exercice. »

Cette technique recouvrante peut très vite devenir découvrante et nous donner des indications sur l'histoire du sujet, venant compléter l'anamnèse. Dans la discussion qui suit cette technique, nous sommes toujours à l'écoute de ce qui peut justement se découvrir : les perceptions négatives du corps, les difficultés de visualisation positive, les images parasites, les souvenirs oubliés qui brusquement surgissent sont des matériaux à ne pas manquer.

Phase de réflexion et de dialogue

Après la séance, un dialogue s'engage facilement. Roxane parle d'elle-même, de ses relations avec ses camarades, de son désir d'avoir un ami de son niveau intellectuel qui la comprendrait et avec lequel elle pourrait travailler. Elle a un projet d'avenir et elle ne veut pas qu'une relation privilégiée la perturbe en ce moment dans ses études. Elle veut vivre, aussi, mais s'impose une discipline. Elle parle de ses problèmes de nourriture ; son sommeil est meilleur grâce à la relaxation qu'elle écoute le soir. Nous reviendrons dans une prochaine séance sur ses problèmes alimentaires.

Les séances de sophrologie doivent se terminer sur une rassurance. Le sujet part gonflé d'énergie, ses batteries sont rechargées. Très souvent, la séance de relaxation profonde détend les traits du visage qui s'éclaire, qui paraît reposé, comme maquillé. La démarche est plus alerte, le corps s'est redressé.

Quatrième séance

Écoute empathique

Roxane vient d'apprendre une note en physique qui la déstabilise : 8/20. L'exemple de ce jour est commenté et analysé. Deux élèves sur une classe de trente-cinq ont eu la moyenne : 11/20. Manifestement, le contrôle a surtout prouvé que le cours n'avait pas été compris par l'ensemble de la classe, et même par les meilleures élèves qui seraient au nombre de six. La solution ne dépend pas de nous ; elle consisterait à annuler le contrôle, à reprendre l'apprentissage de la leçon dont la responsabilité incombe entièrement au professeur. Ceci soulève évidemment la mise en question d'une pédagogie. Est-ce que ce professeur se donne le temps de la réflexion sur son enseignement ? Pédagogie de l'échec ou de la réussite ? Pour une élève d'un excellent niveau, la mauvaise note est ressentie cruellement, elle fait baisser une moyenne excellente. Le projet de Roxane est de « faire Sciences Po ». Elle veut une mention « très bien » au baccalauréat. Avec ce professeur, elle a peur.

Il me reste à démontrer à Roxane que cette note soulève d'autres problèmes, qui ne sont pas de son ressort ; en revanche, il m'appartient d'annuler le sentiment défavorable de cet incident, de le neutraliser pour qu'elle ne perde pas confiance en elle. Pour combler le déficit intellectuel de la leçon, Roxane devra demander un complément d'information ou retravailler le cours avec des camarades.

Nous passons ensuite à la description minutieuse de son angoisse, de son apparition, de ses manifestations. « Le matin, juste avant de commencer, je me sens très énervée. Pendant les premières minutes du contrôle, c'est le trac : le nœud à l'estomac, le trou noir. » L'analyse permet déjà une compréhension de la situation qui est un début de thérapie : une souffrance connue fait moins souffrir qu'une souffrance mal définie.

Elle parle alors de ses problèmes face à la nourriture. L'angoisse crée chez elle de petites scènes de conduite boulimique que l'on cherchera à comprendre et à analyser sans y mettre véritablement l'accent. Nous trouvons un message qui peut être activé chaque fois qu'elle en aura besoin. La boulimie est une perturbation dans la prise des aliments. Elle se manifeste dans des crises plus ou moins espacées : la prise de nourriture compulsive est très variée selon les individus. On s'accorde à comprendre la conduite boulimique comme une tentative de remplir un vide intérieur, à savoir un manque d'amour, très souvent lié à des conflits œdipiens.

Voici le message que Roxane reformule : « Remplir sa vie de bonnes choses et les accepter quand elles viennent. Bonnes choses indispensables : l'amour, l'amitié, les compliments, les bonnes notes, l'estime d'autrui et l'estime de soi. Se savoir bonne élève et accepter les irrégularités de parcours qui sont parfaitement normales et qui peuvent survenir parce que la régularité extrême n'existe pas. »

Jusque-là, le travail effectué est celui d'un psychologue, d'un psychothérapeute, au niveau de la conscience vigilante. Nous allons maintenant travailler la correction de ce sentiment désagréable, de cet échec au niveau du corps et des sensations, dans une conscience modifiée.

Mise en place d'un signal : technique conditionnée

Cette fois, nous convenons de rester reliées dans l'exercice suivant. Je lui demande de lever l'index droit pour me signifier qu'elle m'a entendue et qu'elle a visualisé ce que je lui demande. Je pratique alors une séance de sophrologie de base : respiration profonde abdominale, avec détente de tout le corps, la conscience est modifiée. Roxane a atteint le niveau sophroliminal. Je lui suggère une image de bien-être. Elle reprend son image : une colline ensoleillée et un ruisseau à ses pieds.

J'ajoute alors l'apprentissage d'un signe-signal : le poing fermé. Quand Roxane va fermer le poing, une image viendra par réflexe dans son écran intérieur. Cette image de bien-être dont elle a l'habitude la calme, lui fait du bien ; elle est couchée près du ruisseau, elle voit la colline ensoleillée et se sent parfaitement détendue. Le poing fermé, elle ancre cette vision intérieure alliée à une sensation de paix, de sérénité, de calme, de bien-être, de confiance en elle. Je lui demande alors d'ouvrir son poing et de laisser filer l'image.

Je lui propose de s'asseoir dans un fauteuil de cinéma. Un écran au loin. Elle va regarder le film de la réception de sa note en physique. Elle est dissociée de la situation désagréable, elle n'est pas dans le film, elle est assise dans un fauteuil. « Vous serrez votre poing. » Elle voit donc sa colline, son ruisseau. « Entrez dans cette image, vivez-la, ressentez profondément la sensation de bien-être. » L'index me renseigne. Roxane est dans le paysage et développe automatiquement des émotions associées à l'image. L'index m'indique qu'elle suit parfaitement le déroulement de la séance. Elle peut revoir le film de sa mauvaise note, complètement dissociée de la situation. Le sujet placé dans une position bonne pour lui, qui lui sert de ressource en cas de souffrance, voit se dérouler une situation dépourvue d'intérêt. Les sentiments défavorables ont été neutralisés. « Je vous suggère de quitter votre paysage en ouvrant le poing. »

Situation de sophromnésie

Il s'agit de s'adresser à la mémoire en degré sophronique, pour obtenir ce qui n'est pas accessible en état de conscience ordinaire[29]. Roxane est toujours en conscience modifiée. « Vous écoutez votre respiration calme et régulière. Je vous suggère de

---

29. Dr Jean-Pierre Hubert, *Lexique de sophrologie et de termes usuels*, Paris, Norière, 1984.

revivre une situation de réussite, une bonne note qui vous fait plaisir. Vivez pleinement votre joie et osez être fière de vous-même. » Dans cette séance, elle a choisi un 17/20 en mathématiques qui était tombé dans l'oubli et pour lequel elle avait été fière, mais réservée sur son succès.

Je lui suggère de choisir un être cher à qui elle aimerait parler de sa joie. Elle pense à son père. Elle visualise une scène qu'elle n'a pas l'habitude de vivre : dire à son père combien elle est contente de son travail. Il ne la félicite que moyennement, trop peu à son gré, mais elle n'ose pas « l'ennuyer avec cela, c'est normal pour [elle] et pour lui. Il doit être habitué. »

La sophronisation a été bien vécue, Roxane s'est sentie légère pendant la relaxation. Je lui demande de développer sa respiration abdominale le plus souvent possible et de l'utiliser comme un réflexe conditionné dès qu'elle a un contrôle scolaire et dans toutes les situations sociales où elle se sent mal à l'aise. Elle a ancré profondément son image de détente, image d'un lieu naturel où elle a respiré profondément. Elle ressort très en forme et souriante. Elle doit pratiquer sa relaxation tous les jours avec l'exercice que je viens d'enregistrer avec elle pour que cet exercice lui devienne familier et qu'elle puisse l'effectuer sans audio, sous son propre commandement.

Cinquième séance

Vérification de la technique

À la séance suivante, elle rapporte son expérience.

> « Dès le matin du contrôle de physique, j'ai commencé à me calmer en reprenant l'exercice de l'enregistrement. Respiration abdominale avant d'entrer dans la classe, et pendant qu'on attendait les sujets, je me suis assise, détendue, en me disant : "Je me calme, je suis en pleine possession de mes moyens." J'ai fait le signe-signal de la technique conditionnée. J'ai eu mon image et une sensation de confiance en moi. Je me suis rassurée en pensant à une bonne note que j'avais obtenue. »

Ce fut une complète réussite : elle a eu 19/20. Je me sers alors de cette expérience qui a bien marché pour un ancrage futur. L'expérience réussie fixe un bon souvenir et sera revécue chaque fois que Roxane en aura besoin pour ses contrôles. La rapidité de l'entraînement est en corrélation avec la demande d'un sujet, sa préparation personnelle. Il est visible que Roxane est une fille très motivée, qui trouve du plaisir à travailler et qui sait déjà bien mobiliser ses forces intellectuelles et sa volonté. C'est une exception.

Fin du traitement

Le traitement s'est poursuivi avec un progrès très net : l'image de soi, la maîtrise du poids, les menstruations régulières, la prise de nourriture normale, l'angoisse maîtrisée. Roxane, pleine de joie de vivre, est « comme un champion sportif qui maîtrise ses émotions et réussit magnifiquement dans ses objectifs ». Cette comparaison suggérée dans l'enregistrement a accompli sa mission : elle a permis la concrétisation de la réussite. Roxane a eu les félicitations du conseil de classe. Elle a confiance en elle et projette un bel avenir. Le travail scolaire est non pas une contrainte, mais le terrain favorable où elle peut exercer ses capacités et acquérir une performance. L'idéal du Moi est bien constitué. Roxane peut maintenant pratiquer la sophrologie sans l'aide d'un thérapeute.

L'angoisse et le sentiment d'unité du Moi

C'est à l'adolescence que les crises d'angoisse sont les plus fréquentes, elles sont vécues comme des menaces de mort. Cette période est riche en questionnements de toute sorte. L'avenir qui se dessine peut, à juste titre, favoriser une certaine inquiétude, une peur légitime devant des situations d'échec, de troubles de la société, de difficultés d'insertion dans le monde du travail.

L'acceptation difficile des modifications du schéma corporel et la quantité des pulsions sexuelles posent des problèmes d'identité. Toute une série de mécanismes de défense se met en place pour préserver l'intégrité du Moi. Les sentiments d'abandon, l'angoisse de séparation sont repérables. Les adolescents sont envahis par la peur de l'autre, peur des comparaisons entre pairs, peur des camarades, de leurs plaisanteries : « J'avais peur, peur de tous ces élèves autour de moi, il y en avait trop. »

Les conflits avec l'entourage sont fréquents et relèvent de la norme : la personnalité encore peu affermie est en butte aux exigences des parents qui réclament travail et discipline, qui demandent des comptes, ordonnent, corrigent.

Face à ces exigences, une autre problématique surgit pour l'adolescent : « Serai-je à la hauteur de mes idéaux, de mes modèles, de mes projets ? », ce qui se traduit dans l'analyse des conflits inconscients : « Mon Moi sera-t-il assez fort pour refouler les pulsions sexuelles si envahissantes, qui reviennent en force à la puberté ? »

L'angoisse d'objet

Pour clarifier l'étude des phénomènes anxieux que nous côtoyons journellement, il est pratique de différencier deux types d'angoisse : l'angoisse d'objet et l'angoisse du sujet, dont nous reparlerons. L'angoisse d'objet, qu'on appelle phobie, porte sur une variété impressionnante d'objets : les chats – la phobie de Napoléon –, les serpents, les araignées, les souris, le sang, le noir, l'eau, les transports – la phobie bien connue de Freud lui-même –, la solitude, les examens. Elle peut recouvrir également des peurs devant une situation : l'agoraphobie qui est la peur des espaces, et la claustrophobie qui est la peur des lieux clos.

Ces phobies ne perturbent pas l'ensemble de la vie sociale ou relationnelle du sujet. Il en souffre par intermittence et fait tout pour éviter l'objet ou la situation qui génère sa peur. Il sait bien que sa phobie est illogique, irrationnelle, et qu'elle crée un état d'alerte avec une agressivité sous-jacente et un besoin de réassurance latent. Il se résout pourtant à vivre avec elle et la cache souvent à son entourage : il en a honte.

Hélène, trente-deux ans, mariée, kinésithérapeute
Traitement d'une phobie de l'eau

Hélène est venue faire des séances de groupe chaque semaine pendant trois mois. Sa demande était alors de développer un équilibre physique et mental, de récupérer rapidement dans son travail l'énergie qu'elle avait tendance à gaspiller. Le soir, elle se sentait « vidée ». Elle était d'apparence calme mais, en fait, elle se plaignait d'être émotive et se sentait très exposée dans son métier. Par ailleurs, sa vie de couple était excellente. Elle n'avait pas de problèmes particuliers concernant sa santé ou ses relations. Elle se sentait trop réservée et manquait d'assurance en général.

L'apprentissage de la respiration abdominale, des techniques de base et de la relaxation dynamique qui fut mise au point par le Dr Caycedo lui ont bien convenu.

Elle était enthousiasmée par les changements opérés dans sa manière de percevoir le monde qui l'entourait, qui était plus positive. Elle se sentait plus dynamique dans son comportement. Ses amis et son mari la trouvaient plus détendue, plus disponible aux autres, plus ouverte.

Elle laissa passer quelque temps puis demanda une consultation pour un problème précis.

« J'ai peur de l'eau, peur de nager. Mon ami vient d'acheter un bateau et je me sens mal quand nous sortons en mer. Je viens pour me débarrasser de cette phobie qui est devenue pour moi un handicap.

À douze ans, j'ai eu peur de l'eau, j'ai failli me noyer dans une piscine. Je ne sais plus ce qui s'est passé réellement, j'ai failli couler. Depuis, je continue à avoir peur, même si je suis sur la plage et que j'ai pied. Dès que je sens que je n'aurai pas pied, je panique. Le pire, c'est que j'anticipe ma peur. Je sais que je vais avoir peur. Je ne me contrôle plus, je vais avoir la sensation d'être happée, aspirée par le fond. Ce n'est pas un vertige, c'est la sensation de partir dans le fond. Je m'agite, je respire mal, je ne réfléchis plus, j'essaie de sortir de l'eau, pas du tout détendue ! (Elle rit.) J'ai honte de tout ça. C'est seulement depuis que je fais de la sophrologie en groupe que j'arrive à en parler. Et quand j'en parle en ce moment, je me sens oppressée. Quand je vois des reportages à la télévision, j'ai une sensation pénible. À l'idée même de venir en parler ce soir, j'étais angoissée. Cela fait plusieurs mois que j'y pense, je ne m'explique pas pourquoi. »

Hélène est habituée aux techniques de sophrologie. Il est donc possible d'utiliser le signe-signal, qui est un signe de conditionnement. Dès qu'Hélène sentira une angoisse, elle fermera le poing, ce qui aura immédiatement pour effet de faire venir mentalement une image de calme : pour elle, c'est un paysage de Provence, vallonné ; elle entend des cigales ; le ciel est magnifique, bleu, pur. Elle se sent bien. Nous répétons la technique.

Nous allons travailler pas à pas une technique d'approche du danger qu'elle appréhende. En tant que sophrologue, je l'accompagne et la guide. Nous aurons entre nous un signe de connivence. Lorsqu'elle sera en niveau sophroliminal, elle me préviendra en levant son index droit. Je saurai donc qu'elle a atteint cette zone privilégiée où s'établit un dialogue corps-esprit très intime, où les images et les sensations arrivent par associations libres. En fait, paradoxalement, c'est bien Hélène qui découvre, qui a les yeux ouverts sur son monde intérieur. Elle entend ma voix qui la guide mais je ne sais pas ce qu'elle voit, ce qu'elle ressent. Elle est comme le spéléologue qui découvre les trésors du passé sur un terrain délimité à l'avance. C'est à force de plongée maîtrisée qu'Hélène aura trouvé la clef de son problème. Selon les matériaux rapportés, le travail de reconstitution pourra se faire.

Technique sophronique : la sophrocorrection sérielle

Comme son nom l'indique, c'est une technique qui va corriger les sensations négatives et les remplacer par des sensations positives ; elle est privilégiée pour la correction des phobies.

La visualisation d'une situation imaginaire stimule les muscles et les nerfs alors que le sujet reste immobile. Elle permet également de vivre des situations d'une manière émotionnelle. Elle va donner des renseignements sur la capacité du sujet à trouver des solutions à son problème.

La sophrologie n'est pas la seule technique qui traite les phobies. La thérapie comportementale utilise une technique similaire : la programmation neurolinguistique (PNL), technique plus récente, puisqu'elle fut mise au point par les Américains John Grinder et Richard Bandler en 1980. Elle offre une approche pragmatique du traitement des phobies et utilise la visualisation. La phobie est traitée comme une réaction automatique, conditionnée, c'est une réponse à un stimulus donné. Le couple stimulus-réponse est le credo du behaviorisme, de J. B. Watson à B. Skinner. Le comportement humain est étudié scientifiquement, à la manière du conditionnement de I. P. Pavlov, rendu célèbre par les expériences de laboratoire concernant la digestion d'un chien en 1904. Dans ces techniques visant à modifier un comportement, le sujet est invité à utiliser dans sa visualisation des informations sensorielles variées : visuelles, auditives, kinesthésiques[30], olfactives (VAKO). L'ensemble du système de perception de chaque personne est mis à contribution. Des gestes ou

30. Kinesthésie : perception des mouvements du corps, incluant les sensations de chaleur et de froid.

des stimuli servent d'*ancres* pour travailler la substitution des sensations. En PNL, le poing serré sert d'ancre pour susciter un sentiment de bien-être.

La différence notoire entre la PNL et la sophrologie est cette liberté donnée au sujet dans ses visualisations et la manière d'aborder le problème à traiter. Le sophrologue est attentif à l'épanouissement de l'être global : le travail entrepris pour annuler une phobie n'est pas isolé de l'ensemble de la personnalité. On sait également que le traitement d'une phobie, dont on s'est assuré qu'elle est isolable et qu'elle correspond à un traumatisme, au dire du sujet, sera bénéfique pour la confiance en soi et pour l'affirmation de soi, nécessaires dans bien d'autres situations. Le traitement de la phobie prouvera au patient qu'il a en lui-même des ressources qu'il peut développer s'il s'en donne la peine, en utilisant les techniques appropriées. On n'exclut pas l'investigation en profondeur qui donne une large place à l'introspection du sujet, bannie par la PNL. La sophrologie est une méthode de connaissance de soi et une recherche personnelle pour se gérer soi-même. Traiter une phobie, c'est apprendre à vivre différemment et à utiliser tout son potentiel cérébral, émotionnel, énergétique et physique ; c'est aussi être à l'écoute de son histoire personnelle.

Scène positive, servant d'ancrage

Revenons à Hélène. Je lui demande de choisir un moment très agréable dont elle se souvient. Elle vit cette scène dans une conscience modifiée, au niveau sophroliminal. C'est ce qui servira d'ancrage à un sentiment de confiance en soi.

> « C'est un souvenir qui date de dix ans. Je me vois en train de souffler les bougies de mon gâteau d'anniversaire. Odeurs de nourriture, de bougies. Je pars le lendemain pour les États-Unis. Je suis très en forme. Habillée comme une petite minette, petit short, collant noir, tous mes amis sont autour de moi. Je suis bien dans ma peau, c'est à ce moment-là que j'ai pris conscience que j'avais du charme, que je pouvais plaire. J'étais vraiment bien dans mon corps. »

Je demande alors de fermer le poing pour ancrer ce souvenir très intéressant, car il utilise les sensations kinesthésiques dont j'ai besoin pour traiter la phobie de l'eau.

Je suggère ensuite une focalisation sur une image qu'elle choisit : « Je me vois au bord du bateau, là où j'ai l'habitude de me placer. » Je propose le calme, l'écoute de sa respiration calme et régulière. « Calme » est le mot associé à l'expiration. Premier stade : s'habituer, en focalisation positive, rester tranquille au bord du bateau. Soleil. Belle eau verte, claire, transparente, les coraux. Sensation de bien-être, beauté de la nature et toute autre sensation. Se dire : « Je suis libre de faire ce que je ressens, rester sur le bateau ou nager comme mon ami. » Ressentir la sécurité. L'index levé d'Hélène réagit ; elle me prévient qu'elle est assise et tranquille.

« Votre ami nage près du bateau. Vous avez envie de le rejoindre. Le temps est merveilleux, l'eau est bonne. Vous êtes en sécurité. Vous savez nager. Il est tout près de vous, tout va bien. C'est le moment de profiter de cette belle eau agréable, chaude. Vous descendez par l'échelle. (L'index se lève.)

Vous vous sentez en pleine forme. Vous serrez le poing. Votre souvenir heureux occupe votre écran intérieur. Vous avez confiance. Vous avez une respiration calme. Vous jouez avec l'eau. Vous avez descendu les barreaux de votre échelle. Il fait bon, vous sentez le soleil sur votre peau, c'est agréable. Votre ami vous encourage. Vous vous sentez bien, la respiration est régulière. L'eau est bonne sur votre corps. Vous nagez maintenant et vous rejoignez votre ami. Vous nagez autour du bateau. Vous sentez votre corps heureux de se mouvoir. Vous avez une sensation de votre corps. Vous revenez sur l'échelle et vous vous asseyez sur le bord du bateau. Vous récupérez. (L'index se lève.) Vous vous félicitez. Vous êtes heureuse de votre baignade. Vous regardez le paysage, l'île au loin, les arbres. Puis vous laissez venir votre image très positive avec association du poing fermé. La colline de Provence envahit votre écran personnel. Vous respirez profondément dans ce paysage que vous connaissez et qui est vivifiant. Vous percevez les cigales. » (L'index se lève.)

Nous pratiquons ensuite une désophronisation, c'est-à-dire une reprise de la vigilance avec trois respirations courtes, acceptation mentale de la reprise, les membres se détendent, étirement dans un flot d'énergie positive. Les yeux s'ouvrent. Hélène sourit, elle est heureuse. Elle a fait un petit tour dans l'eau sans aucune appréhension. Elle pense qu'elle peut recommencer en allant de plus en plus loin. Je lui donne l'enregistrement de cet exercice pour qu'elle le refasse toute la semaine en essayant d'augmenter les distances et de bien respirer. Je lui demande de noter sans aucune censure toutes les réactions et les pensées qui lui viendront pour m'en reparler à la séance suivante. La sophrocorrection sérielle permet de s'approcher mentalement du vécu phobique, par étapes. La situation répétée en film, en séquences successives ou d'une traite, finit par neutraliser l'angoisse.

Deuxième séance

Hélène a fait consciencieusement ses séances chez elle avec l'enregistrement. « J'ai fait un rêve banal où je nage très bien, où je pratique le crawl sans problème. C'est tout ce dont je me souviens. Par contre, j'ai compris que je suis à l'origine de ce problème. »

Elle n'a plus besoin de cet audio. Le conditionnement est ancré. Je lui propose donc un autre type d'exercice : revivre une scène du passé, toujours avec la technique d'accompagnement, l'index répondant. Je lui précise qu'elle est parfaitement libre à tout moment d'interrompre la séance. Une bonne relaxation : sophronisation de base. Je l'invite en niveau sophroliminal à revenir sur une scène du passé ayant trait à la baignade, à l'eau.

> « Dans l'enfance, je n'ai qu'un seul souvenir lié à l'eau, la mer, j'avais trois ans environ, j'étais toute petite sur les genoux de mon père. On jouait, je sautais sur ses genoux. J'ai maintenant une image très nette. Je suis encore avec mon père, cette fois, je reprends l'image de la plage, j'entends les bruits d'enfants, ma mère appelle mon père, ça l'agace. Je suis contrariée. Je n'ai pas envie d'aller me baigner. »

Dans le dialogue qui a suivi, les relations entre le père et la mère ont été évoquées. Dans la relaxation, Hélène a ressenti parfaitement le poids de son corps, de ses bras : « C'était bizarre, j'ai vécu le poids du bras comme un boulet de prisonnier. » Hélène a évoqué alors les difficultés qu'elle a rencontrées pour sortir du cocon familial et échapper à la sévérité de sa mère.

La sophrologie permet de découvrir des scènes oubliées, de les revivre avec intensité. La mémoire sélectionne les événements en fonction de multiples facteurs dont le principal est l'efficacité de l'action présente. Nous reprenons la scène pour suggérer qu'elle n'aura plus d'incidence sur le futur.

Hélène termine sa séance, détendue. La phobie de l'eau a peu à peu diminué. Un mois plus tard, Hélène m'a téléphoné ; elle avait passé un excellent week-end. Elle avait nagé comme dans son rêve.

Questions sur la phobie

Est-ce un symptôme ? Est-ce une structure ? Est-ce un mécanisme de défense et contre quoi ? Les psychanalystes divergent sur ce point. Freud sépare les mécanismes de la phobie de ceux de l'angoisse. Les phobies sont également de deux sortes : celles dont les causes sont évoquées consciemment et celles qui expriment un complexe inconscient. Les peurs réelles, concevables, ne sont pas de vraies phobies.

Les phobies névrotiques sur fond d'anxiété n'ont pas de rapport avec l'inconscient mais avec la libido, qui est une pulsion, une énergie qui n'a pas trouvé son objet : il y a alors fixation sur un objet ou un événement. Il y eut une première peur, puis fixation ensuite sur ce souvenir. La phobie névrotique prend n'importe quel objet ; c'est l'énergie flottante qui permet la fixation à cet objet[31].

Beaucoup de peurs enfantines disparaissent facilement dans une situation familiale apaisante, ressentie comme un havre de paix. Mais si la famille est éclatée, si les enfants sont ballottés d'un foyer à un autre, il est normal qu'ils soient plus anxieux ; une angoisse phobique associée à une représentation refoulée dans l'inconscient devient pathologique.

Pour Freud, la phobie serait liée à l'apparition de la perte de l'unité du Moi et au stade narcissique que nous avons évoqué dans le chapitre précédent. La peur du danger, fixée sur un objet extérieur, permet de conjurer ou de cacher le danger tout intérieur qu'exercent les pulsions instinctives sur le développement psychique du sujet. En projetant à l'extérieur son angoisse, le sujet canalise cette peur, la concrétise pour la délimiter, ce qui a pour effet de calmer une angoisse intérieure plus subversive.

31. Sigmund Freud, *op. cit.*

La phobie, structure préexistante

La phobie serait alors une structure déjà là à la naissance de l'être. Un processus vital, fondamental permettrait l'expulsion de ce qui est éprouvé comme mauvais, dans le but de garder un sentiment de cohésion, d'unité qui serait à l'origine de la constitution du Moi. La création d'un objet perturbateur hors de soi redonne une qualité de fonctionnement psychique primaire dans lequel le sentiment d'existence et le sentiment d'unité sont confortés. Le nourrisson lutterait ainsi, instinctivement, contre le danger de morcellement. La phobie serait, si l'on peut oser la métaphore, aux racines mêmes du Moi et du sentiment d'unité que nous avons lorsque nous disons « moi ». Elle permettrait de constituer l'unité fondamentale nécessaire au développement d'une pensée. En fait, nous sommes tous phobiques à la naissance.

L'origine des phobies remonterait à l'aube de l'humanité. La première des peurs, n'est-ce pas celle de la nuit, d'avant la découverte du feu ? Nos ancêtres étaient envahis par les ténèbres habitées par des animaux d'un gigantisme terrifiant. Tous les textes anciens nous parlent d'un monde divisé entre les bons et les méchants, un monde où règne la peur. La Bible nous en donne un exemple frappant : Dieu créa Satan, être malfaisant qui va tenter Adam et Ève et apporter le malheur dans le jardin d'Éden. Dès le début du monde, la sérénité n'existe pas. Le mal est présent et puissant : il a réussi à séparer l'humain de son créateur. Le monde est désormais divisé : le bien et le mal ; l'homme reconnaît en lui ces deux forces entre lesquelles il doit mener un combat dont il n'est pas sûr de sortir victorieux.

Cette vision du monde phobique en deux forces opposées que l'on retrouve dans les légendes et les contes permet de donner un nom à l'angoisse humaine fondamentale, de donner une explication aux événements du monde. Ce qui ne rassure pas. Le spectacle de la méchanceté, de la violence, de la souffrance du petit, du faible, devant la force aveugle du puissant fait naître la peur. Quelle leçon peut-on tirer de ces textes ? En première lecture, ils nous apprennent qu'on rencontre alors toujours plus fort que soi et que, lorsqu'on connaît l'injustice et l'inégalité des combats, la peur peut naître naturellement au cœur de l'homme juste. Mais ils nous donnent surtout une transcription de nos combats intérieurs, de nos pulsions inconscientes[32],

---

32. Bruno Bettelheim, *Psychanalyse des contes de fées*, Paris, Robert Laffont, 1976 (1re éd. New York, 1976).

assorties d'une mise en garde : les forces opposées, si elles prennent la forme de bons et de mauvais génies, ne sont pas extérieures à nous-mêmes.

La phobie, état de naissance

L'humain est le seul mammifère dont le nouveau-né n'est pas complètement constitué lorsqu'il naît. C'est un être inachevé, en pleine détresse parce qu'impuissant devant cette imperfection biologique. Il faudra attendre quelques mois pour que la fontanelle se referme, que le système nerveux termine sa formation. Ses perceptions visuelles, auditives, cénesthésiques sont en pleine structuration. Avant de différencier son environnement et de répondre au visage par un sourire, le nourrisson aura vécu deux mois.

La naissance est déjà un traumatisme. Otto Rank fut le premier psychanalyste à mettre en évidence cet aspect. Le bébé quitte son paradis, dans lequel il baignait heureux, à l'abri des chocs, et le voilà brusquement happé par des mains qui l'obligent à sortir. Le travail de l'accouchement fait basculer son univers, les contractions intra-utérines le bouleversent, une force inconnue le pousse vers l'extérieur. Il doit franchir un tunnel étroit pour finalement sortir dans un monde ennemi. Le cordon ombilical est aussitôt coupé, et le réflexe de la respiration est enclenché, réflexe lié à la panique due à la privation immédiate de l'oxygène apporté par le placenta. L'enfant hurle son effroi : le froid, la lumière, les voix qui l'entourent, les mains qui le prennent, tout le blesse[33]. La première expérience de la vie est une expérience traumatisante qui s'inscrit dans la mémoire inconsciente du sujet.

Les antidotes des phobies

Les coutumes et les traditions sont pleines de rites visant à supprimer l'angoisse qui remonte à l'origine des temps, consécutive à l'insécurité et à l'ignorance des premiers humains. Les danses sacrées, les sacrifices, le recours aux devins, aux sorciers et à leurs pratiques magiques attestent de l'intensité des peurs primitives. Les croyances dans les maléfices, les ensorcellements, les mauvais sorts sont encore aujourd'hui très vivaces dans toutes les populations. Plus édulcorées sont les superstitions dont

33. François Leboyer, *Pour une naissance sans violence*, Paris, Seuil, 1974.

on veut bien sourire, mais qui sont encore prises au sérieux : la crainte du chiffre 13 en est l'exemple le plus répandu.

Apprivoiser ses peurs en les explicitant, en les racontant, en démontant le mécanisme, retrouver l'enchaînement des peurs, le conditionnement de l'émotion, ce n'est pas toujours simple. L'analyse doit être plus poussée. L'anxieux et le phobique sont généralement entourés d'anxieux et de phobiques.

Les situations anxiogènes sont nombreuses dans notre vie moderne. Nous utilisons tous des mécanismes de défense à l'égard de l'angoisse. En ce sens, nous pouvons dire que nous sommes névrosés. Consolons-nous : l'angoisse est par ailleurs un aiguillon pour l'intelligence, elle l'a été depuis les temps préhistoriques où elle a permis des conquêtes de l'esprit ; l'angoisse est à l'origine de l'intelligence. On reconnaît que les adolescents trop couvés, baignant dans un climat familial très sécurisant, ne sont pas enclins à la curiosité intellectuelle, à la création. On sait bien que les marginaux, qui ont fait provision d'angoisse et dont le processus de développement et de maturation a subi quelques incidents de parcours, sont plus inventifs. Ne négligeons pas l'aspect dynamique des peurs. Elles sont très utiles dans certains cas, elles permettent de tirer la sonnette d'alarme. La peur des catastrophes écologiques est légitime ; elle sert à développer avec une énergie irrépressible des conduites psychologiques, des comportements qui sont d'une nécessité vitale pour la conservation de l'espèce humaine. Grâce à la peur, à l'angoisse, des techniques nouvelles sont mises au point pour éviter les catastrophes ; les moyens d'informations à l'échelle planétaire sensibilisent les consciences de tous les pays. L'angoisse de la disparition de l'espèce rejoint l'angoisse de la mort individuelle, éprouvée par chacun, à un moment ou à un autre de son histoire. Les peurs, les phobies renvoient toujours à l'angoisse fondamentale de l'être.

L'angoisse du sujet

L'angoisse névrotique, qu'on appelle crise d'angoisse, est « une angoisse de rien[34] » qui surprend, qui ébranle l'être humain dans sa sécurité, dans son assise. On en garde l'impression d'être un fétu de paille à la dérive sur le cours du fleuve qu'est

34. Karl Jaspers, *Psychopathologie générale*, Paris, Alcan, 1913.

la vie, un fleuve qui ne va nulle part. C'est un désarroi, un vide, un égarement, un délaissement, un abandon.

L'angoisse névrotique, si elle apparaît comme psychosomatique car présentant des phénomènes physiques indiscutables, est le signe certain d'un Moi, réservoir d'énergie et objet de désir. L'angoisse névrotique est liée à la perte d'objet. Le sujet a l'impression qu'il n'y a pas d'issue, que la vie est absurde, il a envie d'aimer sans objet d'amour : c'est un Moi qui tourne à vide, une béance sans espoir, une vie sans finalité donnée. Sublimation est le maître-mot, la clef des psychanalystes eux-mêmes qui reconnaissent sublimer leur angoisse névrotique. Nous sommes tous névrosés, mais certains s'en sortent par la création, la production d'objets ou la production de sens. D'autres, qui ne réussissent pas à trouver un dérivatif, un divertissement, tournent en rond dans leur chambre, tournent à vide. D'autres thésaurisent. L'avarice névrotique de ceux qui en sont restés au stade anal est bien connue, mais que dire de la générosité excessive de certaines personnes ? La tendance à la dépense sous forme de crises qui soulagent l'angoisse a une équivalence symbolique. La dépense au niveau du plaisir libidinal ne se faisant pas, ces personnes ont recours aux dépenses. Il en est de même pour des personnalités engagées dans des actions caritatives, qui n'ont pas pu se libérer d'une fixation parentale. Elles sont les bienfaitrices altruistes, dépensant sans compter pour les autres. Elles ont opéré un substitut qui sert de rempart à la névrose[35].

Les phobies de l'enfant servent à consolider le narcissisme primaire. Elles rappellent l'angoisse des premiers mois : angoisse de morcellement, angoisse d'être seul – la solitude amenant tôt ou tard la mort car l'humain isolé ne peut survivre. L'adulte qui éprouve ces angoisses régresse au stade narcissique : angoisse de ne plus exister, peur de la folie, peur des maladies et particulièrement peur de l'abandon, angoisse de n'être pas reconnu comme digne d'amour, digne d'estime.

Alexandra, trente-huit ans, mariée, sans enfant, infirmière

Alexandra est une petite femme habillée de couleurs ternes. On ressent sa souffrance et sa perturbation intérieures. Infirmière dans un grand hôpital, elle a peur

35. Karl Abraham, *Œuvres complètes*, t. 2, Paris, Payot, 1966.

de tomber malade, de sombrer dans la folie. Son discours est répétitif et décousu. Voici un extrait de la première séance.

« J'ai toujours peur d'être malade, personne n'est à l'abri, c'est un conditionnement qu'on se fait. Quand on voit que tout est négatif autour de nous, on se demande comment on peut être positif, vous n'êtes pas négatif au départ mais vous le devenez, je m'en rends compte. On n'a que du négatif autour de soi. Je suis sous tranquillisants, parce que je suis toujours anxieuse et angoissée. J'ai peur de basculer dans une pathologie mentale, de devenir folle, j'ai surtout peur de toutes les maladies. En ce moment, je suis dans le service des microbes, ce n'est pas fait pour m'arranger. Jusqu'où je peux supporter le fait d'être mal ? C'est inimaginable, difficile à dire ! Quand je suis mal, je suis incapable de faire quelque chose, je reste couchée, je pleure, je suis dépressive, je souffre.

J'ai une rectocolite qui me fait beaucoup souffrir, j'ai un traitement, je suis obligée d'y penser. L'air en passant m'irrite, irrite mon inflammation.

On nous demande trop de choses dans un temps très court, c'est épuisant. J'ai des problèmes de sommeil, j'ai tout le temps peur de la maladie, je tousse, j'ai peur des tuberculeux, si mes règles ne viennent plus, j'ai peur, j'ai peur de tout ce qui peut arriver, du cancer de l'intestin. Ma mère a beaucoup souffert, beaucoup d'opérations, l'estomac, l'appareil génital, les intestins, elle est très délabrée.

Mon père est malade, il ne contrôle pas ses réactions, il n'est pas responsable de ses sautes d'humeur, et pourtant je lui en veux. Objectivement, je les ai abandonnés, il faut bien que je fasse ma vie. Seulement eux, ils ne comprennent pas, ils me culpabilisent. En effet, je pense que quand ma mère sera morte, je serai libérée du souci qu'elle soit malheureuse. Et cette pensée me culpabilise encore plus. Je somatise, j'angoisse, je suis à la limite. »

Alexandra était suivie par un psychiatre et par un médecin généraliste. Elle souffrait d'une névrose phobique. Elle prenait des tranquillisants. Je lui ai donné quelques informations sur la sophrologie, en insistant sur l'effet de la relaxation, d'apaisement qu'elle y trouverait pour améliorer sa vie quotidienne et son angoisse. Entreprendre une thérapie nécessitait une collaboration avec le psychiatre ; celui-ci était trop sceptique pour l'établir.

J'ai donc eu recours à la sophronisation de base qui lui fit beaucoup de bien : « Je me sens comme si j'avais pris mon médicament, vraiment bien. » Elle a pris l'enregistrement, je lui ai conseillé de l'écouter chaque jour pour atténuer ses angoisses. C'était, à ce jour, la seule intervention que je pouvais faire.

Je l'ai revue plus tard, par hasard. Elle m'a dit qu'elle écoutait la séance de temps en temps et qu'elle allait mieux. Je n'ai pas eu plus de détails.

Irène, quarante-cinq ans, mariée, deux enfants, secrétaire

Irène souffrait d'une colopathie fonctionnelle et le médecin qui la soignait lui a conseillé de faire de la sophrologie. Accepter cette thérapie est déjà pour le malade une manière différente de comprendre sa maladie. Il doit se poser au préalable la question : « Est-ce que j'accepte de prendre en charge ma guérison ? Est-ce que je veux me délivrer de cet état d'anxiété permanente qui me pourrit la vie ? »

Irène est une personne dynamique, en apparence. Sa demande ?

> « Libérer les angoisses accumulées pendant vingt ans à la suite d'un traumatisme crânien lors d'un grave accident. Je n'ai pas de problèmes particuliers. Les analyses ne donnent rien. J'ai une colopathie fonctionnelle due à mes angoisses. J'ai peur de mourir : j'ai eu un jour une crise terrible. J'étais prise de vomissements et j'ai eu une panique effrayante ; je me suis mise à hurler. "Surtout, ne partez pas, je vais être morte !"
>
> J'ai la phobie de la foule. Les peurs se sont espacées, puis elles sont revenues avec les problèmes d'argent. Je ne suis pas assez forte pour les supporter. Je multiplie par dix les difficultés. Je sais que ce sont les nerfs. Et j'attrape tout ce qui arrive : les grippes, les angines, les maladies. Je sais que je me crée des bobos. Je carbure aux tranquillisants régulièrement. Dès que ça ne va pas, je prends un demi-cachet et ça passe. Je me sens mal dans cette situation, je crois toujours que je vais avoir le cancer. J'ai des migraines épouvantables, je mange mal, j'ai des problèmes d'estomac. Et tout cela agit sur mon moral.

J'empoisonne la vie de mon mari.

Ma mère était comme ça, elle se plaignait tous les jours. Elle était très maniaque, très nerveuse. Elle n'aimait pas les gros câlins, elle ne m'écoutait pas. J'ai dû me débrouiller toute seule. Mon père, lui, était à l'écoute de sa femme. J'ai suivi une psychothérapie, deux séances seulement. Je parlais pendant une demi-heure. J'étais très mal assise. Je me sentais mal. J'ai arrêté.

En ce moment, j'avale deux ou trois tranquillisants par jour. Deux gélules le matin. En complément, un demi-comprimé le soir et un quart dans la journée si besoin est. Je suis très altruiste, j'aime aider les autres, les soutenir me soutient aussi ; je suis leur confidente. Je sais remonter le moral des autres, mais pas le mien. »

Elle suivit trois séances de sophrologie qui lui étaient indispensables. Elle apprit la sophronisation de base pour avoir une prise de conscience globale de son corps, de sa respiration et de la possibilité de renforcer son Moi. Les séances ont été enregistrées. Irène se sentit tout de suite mieux dans son corps et dans sa tête. Trois séances n'étaient pas suffisantes, mais la prise en charge financière de sa thérapie était pour elle impossible à envisager ; la sophrologie n'est pas remboursée par la Sécurité sociale. Elle préféra garder ses médicaments.

Le sophrologue, par sa présence, son écoute particulière, est un partenaire efficace pour l'anxieux. Il vise à intégrer les demandes affectives, il rassure, il prend en compte les dysfonctionnements physiques du sujet, il collabore à la gestion rationnelle de sa vie en développant chez lui une perception différente, positive et dynamique. Les techniques de conditionnement travaillées avec le sujet pour une amélioration de son vécu font diminuer les doses de tranquillisants et rendent le patient plus attentif à ses prises de médicaments. Il vaut mieux remplacer un cachet par une séance de sophrologie !

EXERCICE D'APAISEMENT

Dressez l'inventaire de vos peurs, pour dresser vos peurs inventées. On a toujours le temps d'avoir peur. Ne vous inventez pas des objets : peur d'un accident éventuel, un examen éloigné, une

maladie peu probable, un cataclysme encore lointain.
La peur multiplie les images négatives, elle n'est pas bonne conseillère. Laissez la logique dérouler ses raisons, laissez le jugement porter ses conclusions. Dressez l'exposé des vrais dangers, prenez les mesures adaptées.
Les yeux clos, respirons avec le ventre, profondément.
Développons une énergie positive.
Cerveau calme, au repos, recherchons l'accord avec nous-mêmes.
Vivons notre corps respirant, reprenons confiance dans le flux et le reflux de la vie.
Vivons la paix intérieure.

Chapitre 5

Êtes-vous accro, dépendant ?

« Tu n'es plus un bébé ! »

« Tu n'es plus un bébé. » C'est la phrase-couperet de la mère qui aimerait que son enfant s'assume, qu'il devienne indépendant, qu'il coupe enfin le cordon. Ce désir de la mère, exprimé avec agacement, n'est pourtant pas aussi clair qu'on pourrait le croire. Le sevrage du nourrisson a été une source d'angoisse pour l'enfant, certes, mais également pour la mère qui s'en défend. Et lorsqu'une mère exprime le souhait d'être déchargée du poids de son rejeton, elle en souffre inconsciemment ; cette ambiguïté se retrouve dans l'incapacité de l'enfant à prendre réellement le large.

La relation au monde de l'enfance et l'ambivalence de la relation maternelle sont évoquées en permanence au cours des entretiens de sophrologie. L'un souffrira d'une certaine privation de la mère, l'autre de son excessive protection. La situation sera source de frustrations et de conflits. Que faire pour la rendre positive ? Nous nous trouvons face à un constat : nous ne maîtrisons pas les comportements et la souffrance d'autrui. La somme des non-dits est incalculable. Lorsqu'on étudie le parcours d'un adulte, il faut retrouver les indices qui nous renseignent sur les difficultés relationnelles enfantines. L'enfant malheureux souffre de troubles du développement, de troubles psychosomatiques dont les plus fréquents sont la crise d'asthme, les maux de ventre, les maux de tête, les vomissements, la perte de poids, la boulimie, les cauchemars, les infections à répétitions, ce qui aura pour effet de ramener l'attention sur lui. On est conduit à rechercher les changements survenus dans l'équilibre matériel, physique ou moral de la famille. On découvre des événements perturbateurs dans la vie quotidienne de l'enfant : le changement de chambre, le manque brutal de disponibilité de la mère qui a trouvé un travail, une carence affective, des problèmes d'horaires, de nourrice, l'entrée à l'école et d'autres événements plus graves encore.

Comprendre la dépendance

Le précurseur du « non »

René Spitz nous entraîne sur l'itinéraire du *non* qui se fait avec beaucoup de difficultés. C'est un apprentissage progressif qui conduit l'enfant jusqu'à sa deuxième année.

Avant de pouvoir dire non, le nourrisson a des gestes instinctifs, très comparables à ceux du cochon, gestuelle nommée *fouissement*. Les films de René Spitz sur le comportement des nouveau-nés mettent en évidence des comportements caractéristiques et universels dès la naissance : le premier de ces comportements est le *fouissement*, manifestement congénital. Un contact avec le *museau* du bébé agit comme un stimulus qui déclenche ce comportement : le nourrisson effectue un certain nombre de mouvements rotatoires, il fouine, à la manière du cochon ou du sanglier. Le nourrisson recherche le sein. Ce geste est un vecteur d'intention : il se tourne vers, il veut recueillir en soi, il affirme son désir. Rappelons que les organes de l'expression verbale sont également les organes de la succion.

Lorsqu'on se trouve devant des enfants privés d'affection, on est frappé de leur refus d'une présence humaine ; ils tournent la tête de droite à gauche, ce que René Spitz nomme des mouvements *céphalogyres*. Ces mouvements traduisent l'expression d'un refus, alors qu'il n'y a encore aucune signification, aucune pensée. Ce n'est que vers le quinzième mois que l'enfant utilisera le mouvement de tête pour exprimer réellement un refus, qu'il dirigera alors contre quelqu'un ou quelque chose. On peut dire, avec cet auteur, que le fouissement n'est que l'indication d'une direction vers une source qui vise à répondre à un besoin, qu'il n'est pas encore une communication, qu'il n'est pas un signal.

Les deux mouvements du fouissement, celui qui ressemble à un geste affirmatif d'une part et les mouvements négatifs d'autre part, ne sont tous les deux qu'une « recherche de décharge de tension, provoquée l'un par la faim, l'autre par le fait d'être dérangé dans son repos[36] ».

La négation du signe de tête représente un progrès vers le quinzième mois et se conforme au principe du plaisir. Le fouissement fait partie du nirvana du stade

36. René A. Spitz, *Le Non et le Oui*, Paris, PUF, 1962.

indifférencié des trois premiers mois, alors que les mouvements de tête négatifs se conforment au principe de plaisir-déplaisir.

Le mécanisme de l'identification est employé dans un but d'adaptation. Après le sixième mois, les enfants imitent les adultes. La négation est acquise par une identification avec le geste de l'adulte. Les occasions de dire non sont multiples, mais le geste qui l'accompagne et son caractère ne varient pas. Ils décrivent ensemble une forme parfaitement identifiable par l'enfant ; à chaque fois, cette forme laisse une trace qui, à force d'être répétée, crée l'apprentissage. Cette adaptation se fait dans un échange ; les adultes, inconsciemment, imitent aussi les enfants et, sans ce processus, l'enfant ne pourrait pas se développer et devenir un être humain, c'est-à-dire capable de penser. L'éveil de la conscience de soi dépend de la conscience d'autrui.

Selon les théories psychologiques de la Gestalt[37], on se souvient mieux des actions inachevées que des actions achevées. Pour l'enfant, le refus inhibe l'action. Les interdictions laissent des actions inachevées, dont l'élément commun est le non ; ce qui explique cette tendance à refaire sans cesse ce qui a échoué.

Selon le point de vue psychanalytique, l'interdiction implique une frustration. Nous frustrons les pulsions du *ça*, et les gestes négatifs auront une coloration affective particulière. Les interdictions, à force d'arrêter l'activité de l'enfant, le renvoient à la passivité, et de là à une organisation narcissique du Moi, alors que l'enfant doit passer d'un stade narcissique à un stade objectal, c'est-à-dire d'un repli sur soi à une ouverture à l'extérieur, le monde des *objets*. Progresser est un besoin biologique. La charge affective de l'expérience de la frustration provoque un investissement agressif venu du *ça*, c'est-à-dire des pulsions instinctives inconscientes qui se fixeront sur la trace mnésique de l'interdiction. La frustration affective infligée par l'objet d'amour, ici la mère, est plus grave que le bonbon refusé et aura des conséquences sur la personnalité de l'enfant. Il existe un conflit entre les objets extérieurs et le Moi. Le *non* de l'objet libidinal, c'est-à-dire investi du désir, devient le véhicule pour exprimer l'agression. Au cours de la deuxième année, l'enfant s'en sert contre lui-même. Dans ses jeux, il se dit « non » à lui-même. Il a assumé le rôle de la mère ; c'est le stade préliminaire du surmoi qui est le pouvoir de censure développé dans le

---

37. La Gestalt-thérapie, créée en 1945 par Frederick Perls, élève de Wilhelm Reich, est fondée sur le travail du corps.

stade suivant. Les raisons de l'interdiction dépassent les facultés de compréhension de l'enfant. À quinze mois, il ignore les lois de cause et d'effet, il ne distingue que deux affects ou deux expressions chez l'adulte : le pour et le contre ; il n'y a pas de réelle compréhension, donc l'identification à l'agresseur sera réduite à une imitation physique et à une perception globale de *contre*.

À la naissance et pendant la période de fonctionnement du schème du fouissement, le non n'existe pas. Le dispositif nécessaire pour porter un jugement est absent, car la conscience n'existe pas et l'inconscient est incapable de négation. L'affirmation est l'attribut essentiel de l'instinct, aucune pensée n'est nécessaire pour éveiller la tendance pulsionnelle. La valeur de la pulsion est celle du oui. Il n'y a donc pas d'acquisition du oui. Le oui est là.

L'acquisition symbolique de la négation

Du point de vue de la pensée, l'enfant manifeste son refus par un signe de tête négatif, il a alors acquis la faculté d'accomplir un geste significatif qui conduira ensuite à un concept abstrait, celui de la négation. Une transformation du point de vue du Moi s'opère et l'enfant peut exprimer le refus sans avoir recours à l'action. C'est le passage au plan symbolique. Il devient capable de s'opposer à l'adulte non plus en gesticulant, en criant, mais en disant « non ». Il s'ensuit un accroissement d'autonomie. L'abstraction est un accomplissement autonome de l'activité synthétique du Moi. L'acquisition du non est bien le signe d'une conscience de soi et d'une maturation : le principe de réalité va supplanter le principe de plaisir. Un jugement négatif est le substitut intellectuel du refoulement. Il représente un renforcement extraordinaire de la structure du Moi. Puisque le non n'existe pas dans la pulsion, donc dans l'inconscient, la négation est une création du Moi. Les mots globaux, comme « ma-ma » signifient des besoins, sont un appel et non une description. Ce n'est qu'après le dix-huitième mois qu'une syntaxe individuelle spécifique s'élabore. L'enfant a acquis la fonction symbolique.

Dans les jeux de rôle du quinzième mois, une scission se fait entre le Moi et le Soi. Le Moi applique au Soi ce qu'il avait fait pour la mère. Une distance se crée entre ces deux instances de la personnalité : le Soi autonome, créateur d'une action possible, et le Moi encore impliqué dans les relations de plaisir, et le *ça* pulsionnel. La communication est une fonction de détour et, comme telle, elle remet à plus tard la satisfaction pulsionnelle, opérant suivant le principe de réalité. L'acquisition de l'abstraction nécessaire à la formulation du non fait accéder à la communication, elle devient le moule de toutes les relations sociales, situées au niveau humain. L'utilisation des mouvements de tête latéraux et les mouvements de bas en haut comme signes sémantiques, c'est-à-dire pour traduire un message, est très répandue mais pas universelle. Ce qui est universel, c'est ce qui commence avec le schème moteur du fouissement qui n'est pas conscient mais qui finit au non. Pour la communication, ce chemin est celui de l'humanisation de l'homme.

Peu à peu, l'enfant va être l'exécutant de ses propres désirs. Dans cette phase, il se surveille comme sa mère l'a surveillé. Et il apprend à se mesurer à la réalité. C'est une phase très riche d'expériences, bien qu'elle soit également pénible. L'enfant se confronte avec les limites de sa volonté, imposées par ceux qui ont jusqu'à présent comblé tous ses désirs. Il était tout-puissant, il est contraint d'accepter d'atrophier son pouvoir. Ce début d'autonomie coïncide avec le commencement du stade anal.

Le stade anal

Jusqu'à quinze mois, l'enfant s'identifie plus ou moins à son corps, à ses besoins physiques. Les matières fécales constituent une partie de sa personne, et l'autorité que les parents montrent sur leur production est mal ressentie par l'enfant. Il passe des heures sur le pot pour ennuyer sa mère qui doit aller faire des courses. « Alors, tu te dépêches ? Quand est-ce que ça va venir ? » La mère est de plus en plus excédée et l'enfant s'en réjouit inconsciemment. Il commence à mesurer le plaisir de refuser. La propreté est un esclavage pour l'enfant.

La conquête de l'abstraction particulière du non, « période du négativisme », « période d'obstination anale »[38], possède un précurseur dans la situation d'allaitement, à trois mois. C'est en effet au cours du troisième mois que l'enfant devient capable de signifier une décision par rotation de la tête, de façon volitive. Le schème moteur, qui remonte à la naissance et dont le prototype est le fouissement, n'implique aucune décision et ne possède aucune forme d'idée.

---

38. Anna Freud, *Le Moi et les Mécanismes de défense*, Paris, PUF, 1949.

Le rôle positif de la frustration

L'enfant acquiert une unité sociale grâce à la confrontation de Soi avec le non-Soi, c'est-à-dire avec l'autre. La frustration joue un rôle essentiel. Le principe de réalité permet de remettre à plus tard la satisfaction immédiate. Le jugement est une fonction qui ne peut s'exercer qu'à l'aide d'une épreuve de la réalité constamment répétée.

Lorsque l'enfant est peu à peu privé de la proximité corporelle et du contact cutané de la mère, il remplace ceux-ci par des liens émotionnels. Les frustrations répétées, imposées par les délais des tétées, renforcent la différenciation entre le non-je et le je : l'enfant devient une entité psychologique. Le développement du Moi consiste à s'éloigner du narcissisme primaire et produit un effort intense visant à regagner celui-ci.

L'acquisition du non est le signe d'un nouveau niveau d'autonomie, de conscience d'autrui et de conscience de Soi. Le principe de réalité domine de plus en plus le principe de plaisir.

La volition et la volonté

Après que l'enfant a acquis la marche, les personnes de son entourage imposent des limites à l'exécution de ses intentions. Il ressent cruellement cette frustration qu'il accepte mal, venant des anciens exécutants de ses désirs et de ses objets d'amour. Sa personnalité va se modeler sur les restes atrophiés de sa toute-puissance magique qu'il voit disparaître. Pour le petit d'homme, le chemin qui va au respect de soi, de sa propre personne et de celle des autres est bien ardu. C'est la base de toute communication adulte et la voie de l'action qu'il lui faudra suivre. En effet, l'action et la communication sont une seule et même chose. Pour que l'être agisse, il faut également travailler sur les problèmes de communication. L'inconscient ne possède pas de non ; les gestes de communication dénués de conscience ont la forme du oui. Le non n'est au départ qu'un mécanisme d'identification à l'agresseur : sa mère qui lui dit non ou toute autre personne qui le frustre de son désir. La volonté passe par la maîtrise du non, ce qui est la voie de la véritable indépendance. C'est celle que tout être humain doit acquérir.

Comment se défaire d'une dépendance ?

La dépendance révèle un problème d'adaptation à la vie telle qu'elle est appréhendée par le sujet. Dans les entretiens successifs, le sujet cerne ses problèmes et trouve progressivement les racines de plus en plus profondes de son état de dépendance, en clarifiant peu à peu ses frustrations. Les approches sont de trois ordres : on peut travailler sur une correction des comportements, on peut développer des techniques d'amélioration de la concentration et de la volonté, ce qui est proprement pédagogique, et l'on peut entreprendre une analyse utilisant largement les associations libres dans des tests analytiques[39] tels que celui de Carl Jung, modifié par Raymond Abrezol, et en travaillant les rêves du sujet, « la voie royale de l'inconscient[40] ».

Le dépouillement de ce test, assorti d'un commentaire du sujet lui-même, met au jour des images qui sont déterminantes pour comprendre comment le sujet agit. L'efficacité de la technique résidera dans la trouvaille des images qui créent la compulsion, c'est-à-dire le geste hors contrôle du sujet.

Prenons la dépendance la plus courante : celle à l'égard de la nourriture. Bon nombre de personnes souffrent de comportements boulimiques ou anorexiques. Les femmes sont plus touchées que les hommes. Le problème du poids est une constante chez nos contemporains. Chaque cas est particulier et mérite un régime adapté. Tout le monde est d'accord sur ce point : pour maigrir, il ne faut pas manger. Nous mangeons beaucoup trop, il serait bon de diminuer considérablement notre apport énergétique. C'est une idée rebattue mais qui ne satisfait personne. Il faut donc maigrir tout en préservant son énergie vitale. Et chacun y va de sa recette. On ne peut que recommander d'être prudent et mesuré. Une visite médicale est nécessaire avant d'entreprendre un régime, car il peut entraîner un malaise bien plus grave qu'un excédent de poids avec des déficiences dommageables pour la santé.

---

39. Ghylaine Manet, *Vivons l'école autrement par la sophrologie*, Paris, ESF, 1991.
40. Sigmund Freud, *L'Interprétation des rêves*, Paris, PUF, 1967.

La souffrance fait régresser à un stade de développement antérieur

Les adultes en consultation qui ont eu des troubles de comportement dans l'enfance sont plus dépendants que les autres et présentent des troubles comportementaux. L'impossibilité de rester seul, l'impossibilité de prendre des décisions sans le conseil de ses amis ou de sa famille, de diriger sa vie sans être toujours protégé relèvent de troubles dus à une carence affective maternelle vécue par le nourrisson, le bébé ou l'enfant.

Beaucoup d'adultes utilisent trop de médicaments dès qu'ils souffrent. Cette dépendance équivaut à la rapide satisfaction du bébé qui pleure et que maman console aussitôt : « Maman, bobo. » D'autres fument, d'autres boivent, d'autres mangent toujours un gâteau ou une friandise quelconque. Bref, ils en sont encore au stade du sein maternel, de la succion, de la dévoration, *manger-être mangé*, et de l'ambivalence des sentiments qui se traduisent par des haines et des amours soudaines. La régression au stade anal et sadique-anal se caractérise par une dépendance totale et un manque de volonté, une incapacité à gérer la réalité. Le principe de plaisir et de satisfaction immédiate qui est son corollaire règne en tyran et retire toute possibilité à l'adulte de vivre librement.

Pour comprendre l'état de dépendance, l'attention et l'écoute bienveillantes du sophrologue se porteront sur la relation mère-enfant et les difficultés de sevrage maternel affectif.

Focus sur le tabac

Chris, quarante-trois ans, mariée, deux enfants, professeure

« Je tourne comme un lion en cage, je tourne, excitée et je ne peux pas dormir. Je suis sur un mauvais chemin ; si je n'ai pas un paquet en réserve, je ne peux pas m'endormir. J'ai un mari fumeur. Quand j'ai eu mon deuxième fils, j'étais bien partie avec la grossesse. Pendant six mois, je ne fumais pas, je ne supportais pas la cigarette, surtout l'odeur de la cigarette en me réveillant.

Tout le monde fumait autour de moi, les amis, la famille, et c'était reparti.

On a tout essayé pour que j'arrête : les cadeaux, les voyages. J'ai décrété que j'allais reprendre l'enseignement ; prise par une activité, je pensais que j'aurais réussi à me débarrasser de la cigarette ; ça n'a rien changé. Je fume en corrigeant mes copies. Mes collègues essaient de m'influencer, je fume entre les cours. Je n'arrive pas à me contrôler. Ce n'est pas évident, il ne faut pas croire qu'on arrête du jour au lendemain. »

Éva, trente ans, divorcée, sans enfant, secrétaire

« On me dit : "Arrêtez de fumer pour éviter le pontage." J'ai envie d'arrêter depuis un moment, je m'écœure de la cigarette ; c'est plus un automatisme qu'autre chose, j'ai mal au cœur, je n'ai qu'une envie, c'est de l'éteindre, mais j'ai du mal à l'éteindre.

C'est une dépendance très difficile. Je fume entre vingt et vingt-cinq cigarettes par jour. C'est pas beaucoup. C'est quoi la cigarette ? C'est pour beaucoup un geste, et une cigarette pour le plaisir, celle après le repas et celle du matin au lever. L'odeur des autres ne me gêne pas et ne me donne pas envie de fumer. C'est dans ma tête que j'ai envie de fumer.

Je suis divorcée après deux ans de mariage ; je n'ai pas d'enfant, j'en aurais voulu. Ma mère est très agressive. Elle me fait des réflexions du genre : "Tu pues le tabac." Depuis trois ans, je ne dépasse pas le paquet. Je ne m'inquiète pas suffisamment pour ma santé. J'essaie de profiter de la vie, de voir la vie du bon côté, je suis assez positive malgré tout, la vie est belle, j'essaie… ça me fait très peur de me dire que si j'ai envie d'en prendre une… non, il ne faut pas que je craque, je ne sais pas comment je vais réagir ?

C'est un combat permanent, c'est très dur par moments. J'ai besoin de la coopération des autres. Faire un contrat avec soi ? Difficile, je triche. Remplacer la cigarette par un crayon ? Se déconditionner, oui, un moment. Être dans l'obligation de préserver sa santé ? Ça ne me suffit pas. Je sais parfaitement où est le paquet. J'amène le paquet comme on enfile ses chaussons en entrant dans la maison. Le déplacement d'une pièce à l'autre, il est rare que ça se passe sans paquet. »

Première séance

Technique conditionnée

Cet extrait d'anamnèse nous renseigne assez sur le mal-être d'Éva. Il faudra plusieurs séances pour qu'elle accepte de ne pas tricher avec elle-même. L'étouffement de sa mère, c'est bien ce qu'elle obtient lentement avec sa dépendance au tabac. La cigarette symbolise son lien avec la mère. Elle dit, comme beaucoup de fumeurs, que ce n'est pas la cigarette elle-même dont elle a besoin. La porter à sa bouche, savoir qu'elle est là, à sa portée. L'analogie est frappante. Éva souffre d'une angoisse d'abandon ; son mariage rapide et son manque d'enfant ont accentué la régression au stade oral. Pour aider Éva, il faudrait une sophro-analyse dont elle ne veut pas. Elle désire supprimer la cigarette car elle risque une opération, mais elle n'aime pas assez la vie, bien qu'elle dise qu'elle essaie de profiter de cette vie. En fait, elle n'est pas impliquée dans une relation d'amour qui prouve qu'elle a dépassé ses problèmes.

Après une sophronisation de base, Éva se sent bien. Un dialogue s'établit. « Quel est le substitut de la cigarette ? Quelle représentation, quelle image mentale avez-vous ? » C'est un manque affectif important : la relation avec la mère d'abord et le rejet du père.

« Je culpabilise. C'est une autodestruction. Quelque part, je me punis.

— Pourquoi acceptez-vous votre destruction ? Quelle dette avez-vous ? Envers qui ? Quel enfant avez-vous été ? Quels sont vos parents ?

— Avec ma mère, j'ai du mal à couper le cordon ombilical, je l'ai au téléphone. Elle appelle, elle m'a étouffée un peu par périodes, encore aujourd'hui. J'ai une vie sociale intéressante, je sors régulièrement, j'ai des amis, on se reçoit, mon boulot me plaît, je trouve que j'ai une vie sympa. La seule chose qui me fait peur, c'est d'avoir l'impression d'étouffer quelque part. Et j'ai peur du stress nerveux si j'arrête de fumer. J'ai peur de grossir. J'ai essayé d'arrêter il y a longtemps, un mois, j'ai bêtement repris, j'avais un copain qui fumait et qui voulait arrêter. On était trop dans une ambiance de fumée. »

Après une relaxation de base, elle apprend le conditionnement du signe-signal avec une image positive exprimant le bien-être.

Éva a des souvenirs d'adolescence. Elle est chez des amis en montagne. Elle ressent l'air frais, pur. Elle skie dans un paysage splendide des Alpes. Elle vit profondément la forêt. Elle se sent pleine d'énergie, en parfaite forme physique, avec le bonheur de skier, d'être en bonne santé, en pleine lumière ; la luminosité et l'air frais la rendent heureuse.

En serrant le poing, l'image des Alpes est associée à une respiration abdominale. La séance a été enregistrée. Éva doit travailler chez elle non seulement cette image, mais d'autres images qui, toutes, induisent une meilleure santé, une purification des poumons, qui viendront à elle dans les séances personnelles.

Deuxième séance

Exercice de respiration, narines alternées

La deuxième séance, rapprochée, a lieu trois jours après pour s'assurer du conditionnement. Éva a réduit de moitié sa consommation de cigarettes. Elle fait ses relaxations régulièrement avec évocation de la montagne et respirations profondes.

> **Les yeux fermés, faites trois respirations abdominales en laissant venir mentalement un mot sur l'inspiration (Éva choisit « santé »), puis un autre mot sur l'expiration (« paix »).**
> **Posez le coude sur la table.**
> **Utilisez l'une de vos mains, l'index et le majeur joints posés sur la glabelle, point central entre les deux yeux, le pouce droit bloquant la narine droite, le coude sur la table.**
> **Inspiration de l'air par la narine gauche. Vous focalisez votre attention sur la sensation de l'air froid entrant dans la narine : *Santé.***
> **Puis vous bloquez la narine gauche avec votre annulaire et expirez l'air chaud avec la narine droite : *Paix.***
> **Vous inspirez maintenant l'air par la narine droite en laissant la narine gauche bloquée : *Santé.***
> **Puis vous bloquez votre narine droite avec votre pouce et vous libérez votre narine gauche en expirant : *Paix.***

Ceci plusieurs fois. Lorsque vous aurez compris le mécanisme, vous ne penserez plus qu'à respirer profondément et à laisser venir des sensations d'air pur, puis des odeurs agréables dont vous vous souvenez, et des mots positifs.
Vous développez la pensée positive toujours ancrée dans le bien-être et le bon fonctionnement physique. Vous respirez la vie.

Échange après la séance

« J'ai senti une odeur de viande au four. La bonne bouffe, j'en profiterai encore mieux, j'aime goûter les bons plats, mais je ne sens plus rien aujourd'hui. Je me suis souvenue aussi de l'herbe fraîchement coupée dans ma maison en Bretagne. Je ne sais pas si je peux me faire une gratification, me faire des récompenses à chaque cigarette non fumée, ce qui représente une économie ; me payer ensuite un voyage. Je ne crois pas que c'est motivant. C'est plutôt mental : une gratification mentale. Ce qui me ferait plaisir, c'est de surprendre les gens. Je n'ai pas de liaison depuis des mois. Dans ma tête, ça me manque et ça me satisfait à la fois, j'ai la paix.

— Vous dites "dans ma tête". Est-ce suffisant ? Avez-vous pensé à votre corps, au plaisir naturel de votre corps qui vous manque, à l'expansion de votre énergie sexuelle qui n'est pas assouvie ? À l'unité que vous formez : cœur, corps, esprit, à l'équilibre de ces trois instances de votre personnalité ?

— Non, pas vraiment. Je suis quelqu'un de très anxieux ; pour le moindre truc, je suis bilieuse, mais ça ne se voit pas, par rapport à mon père, je peux avoir des brûlures d'estomac. Oui, c'est vrai, c'est lié, la cigarette et le reste. »

Visiblement, Éva n'est pas prête à faire une recherche en profondeur, à souffrir encore, à vivre plus lucidement ses manques pour s'en délivrer. Il faut donc se résigner à travailler les habitudes comportementales et à créer un nouveau conditionnement.

Nous passons en revue les détails de la vie quotidienne, toutes ces petites habitudes qui amènent insensiblement à prendre une cigarette. Quand la vague est là, il ne faut pas se laisser submerger par le geste répétitif ; nous décidons de chercher un moyen pour court-circuiter le geste. Nous travaillons sur la séquence de la première cigarette de la journée, celle qui est la plus difficile à supprimer. Nous décidons de programmer une séquence nouvelle : prendre la première cigarette à la fin du repas de midi. Nous visualisons donc la séquence du matin en corrigeant positivement le film qui se déroule sous ses yeux. Nous n'employons jamais de négation, d'interdiction. Nous évoquons seulement une nouvelle manière de vivre la séquence. L'hygiène de vie, inséparable de la désintoxication, est particulièrement évoquée. Manger mieux et différemment, des plats plus équilibrés et non pas sur le pouce. Le choix des céréales est adopté pour le matin. L'alimentation d'Éva est en fait liée au hasard des circonstances.

Troisième séance

Séance de visualisation

La semaine suivante, Éva arrive en forme.

> « Mercredi, ç'a été dur, je tournais en rond autour de la maison, j'allais dans le jardin, ça m'a fait plaisir, je retrouve certaines odeurs. J'ai la chance de vivre dans la nature. Un fait curieux et désagréable : j'ai été gênée par les odeurs de transpiration des gens, ça ne m'était pas arrivé depuis des années.
>
> Je ne prends plus la première cigarette dans mon lit. J'associais le café et la cigarette. J'ai pris du chocolat cette semaine, le matin. Je sors de mon lit tout de suite. Je mets la télévision ou la musique pour penser à autre chose. Sortir du lit pour se déconditionner du premier geste, j'arrive bien. Je ne fume pas une seule cigarette dans ma chambre. La chambre sent bon. Il y a des odeurs qui me reviennent. Plus que deux cigarettes par jour, à midi et le soir après le repas. Je me sens mieux et je suis contente. Je veux arriver à les supprimer. Si je reste à deux, je vais être tentée de reprendre. Je me sens toute nettoyée aujourd'hui. »

Les yeux fermés. Après une séance de relaxation rapide utilisant la technique de Schultz, je demande à Éva de se passer une séquence sur son écran intérieur : image du matin, cigarette et café. Éva pense : « Elle va être bonne ! » Mais la voix intérieure reprend : « En fait, elle est dégueulasse, elle a un goût de foin. » Elle prend deux bouffées et éteint la cigarette. Le film est terminé. Éva revient dans le monde de la vigilance. Elle s'étire. Son visage est détendu. « Je suis dégoûtée, maintenant », dit-elle.

Après quelques respirations profondes les yeux fermés, je suggère à Éva de laisser venir des sensations, des sentiments, des réflexions sur elle-même, de faire le bilan de son travail intérieur. Elle évoque alors la victoire sur soi, l'image de soi, la collaboration avec son corps, les représentations de la joie de vivre, les bonnes odeurs, les gestes chaleureux, les moments chouettes de la journée, ses amis qui sont étonnés de ses progrès.

Quatrième séance

« Maintenant, je prends mon café sur le pouce au moment de partir. Audio tous les soirs. Je n'ai plus de cigarettes à la maison. Je ne fume plus. » Les séances ont commencé il y a trois semaines.

Nous utilisons des exercices de relaxation dynamique : exercices respiratoires, prise en compte du schéma corporel debout, ancrage du corps, l'exercice de l'arbre enraciné dans le sol et l'exercice de la cible[41].

Éva voit un beau peuplier qui s'élève haut dans le ciel, proche d'une rivière. Au loin les Alpes, au printemps. Ses racines plongent profondément au sein de la terre. Je lui suggère de sentir l'herbe fraîchement coupée.

Je l'invite à vivre intensément cette sensation d'être purifiée. Elle se sent légère. Je lui demande alors de faire un contrat avec elle-même, de poursuivre cet entraînement personnel, de développer cette victoire sur elle-même. Je lui suggère d'éprouver le sentiment de fierté d'avoir rempli le contrat qu'elle s'était donné.

Maintenant, Éva sait comment arrêter le geste de fumer : mentalement, elle visualise l'image de la montagne, respire l'odeur de l'herbe coupée, elle ressent une sensation de bien-être. Elle est bien dans son corps. Elle est en meilleure santé. Elle se protège. Elle se sent fière d'elle-même. Elle est arrivée à un stade où l'on peut établir un bilan.

---

41. Exercice décrit au chapitre 6, p. 157.

Comment favoriser le déclic d'un changement ?

Qu'est-ce qui a fait bouger Éva ? Elle avait vu des cas soignés par la sophrologie, elle avait rencontré quelqu'un qui avait été aidé lors de son divorce. « Et pourquoi pas moi ? », s'était-elle dit.

Éva part un mois en vacances avec une amie qui, elle, fume toujours. Je lui demande de continuer son entraînement et de se protéger. « Je vais lui parler de la sophrologie. — Passez-lui au moins l'audio de sophronisation de base. Mais n'oubliez pas, aucun discours rationnel ne peut la faire arrêter. C'est sur une image déclenchante, sur un "objet" qu'elle va réagir. Vous ne savez pas lesquels, elle non plus. Qu'est-ce qui va l'atteindre ? Est-ce la tonalité de la voix ? Est-ce l'image qui va surgir de son inconscient ? Est-ce une sensation de fierté qu'elle va vous envier ? Est-ce la peur de mourir ? Est-ce l'angoisse de souffrir ? »

TISSER UN COCON DE PROTECTION OU UNE BULLE

Après une sophronisation de base, la suggestion au niveau sophroliminal est de ce type. Cet exercice est enregistré.

> ***Ici et maintenant, je me sens bien ; je respire calmement, j'écoute ma respiration lente, rythmée comme une vague, je me sens bien, à l'abri, en toute confiance, en toute sécurité.***
> ***J'imagine une bulle transparente qui laisse passer la lumière et l'énergie, qui me permet de participer aux échanges avec l'extérieur et avec mes amis et tous ceux qui me sont bénéfiques.***
> ***Je suis à l'abri. Je me sens protégé, comme dans un cocon. Je me sens parfaitement bien, en accord avec moi-même.***
> ***Je prends le temps de vivre cet instant qui se prolonge à mon gré. Je récupère, je développe mon énergie vitale, je nettoie mon cerveau. Je favorise les bons échanges avec l'extérieur. Je protège ma santé, mon équilibre, mon espace vital.***
> ***Je suis bien dans mon espace vital, je suis dynamisé. Je suis en confiance, en sécurité.***
> ***Je laisse venir une couleur préférée et colore ma bulle ou mon cocon.***
> ***Je me sens plein d'une lumière colorée qui me fait du bien, qui rend mes pensées positives, qui me rend plus léger, qui m'apporte le bien-être et la force vitale dont j'ai besoin.***

Éva est partie en vacances. Je ne l'ai plus revue.

EXERCICE DE LA BULLE ASSOCIÉE AU TRAINING AUTOGÈNE DE SCHULTZ

Vous prenez une position confortable, encore plus confortable et vous êtes à l'écoute de votre corps, de vos sensations, et votre corps devient de plus en plus relâché. Et le monde qui vous environne n'a plus aucune importance. Vous prenez conscience de votre respiration… Vous respirez de plus en plus avec le ventre. Vous gonflez le ventre à l'inspiration. Vous restez quelques secondes le ventre gonflé et vous expirez lentement par la bouche en relâchant le ventre. Et vous inspirez de nouveau. Rétention puis expiration. Encore quelques respirations conscientes qui vous permettent de vivre une sensation de bien-être, de tranquillité.

Je vous invite à prendre cette respiration tout au long de la journée pour vous libérer des tensions, maîtriser vos émotions et vivre plus sereinement les situations qui se présentent. Vous vous libérez en respirant et vous vous dites :

Je suis calme, je suis profondément calme, je suis dans la vigilance à moi-même, dans la bienveillance à mon corps. Je protège ma santé… je protège mon équilibre.

Je respire calmement et mes bras sont lourds, lourds, agréablement lourds, et mes mains sont chaudes, agréablement chaudes, comme si un rayon de soleil venait chauffer agréablement mes mains et cette chaleur me fait du bien. Et j'écoute mon cœur. Mon cœur bat calmement. Mon cœur est puissant, efficace. Ma respiration est profonde. Elle apporte l'oxygène nécessaire à ma santé, à mes cellules, à mes neurones. L'oxygène est nécessaire à la bonne circulation de mon sang, au bon fonctionnement de mes organes. Mon cerveau a besoin de cet oxygène. Mon corps tout entier retrouve un équilibre bienfaisant. Tout respire en moi. Tout mon corps respire. Je sens le bienfait de ma respiration calme et tranquille.

Et mon plexus devient chaud et je ressens un rayon de soleil qui vient naturellement chauffer le centre de mon corps et mon corps

tout entier. J'imagine ce rayon de soleil et je baigne dans une douce chaleur et une douce lumière. Mon plexus solaire est agréablement chaud et tout mon corps devient agréablement chaud et tous les nerfs qui viennent se joindre à mon plexus solaire se détendent naturellement.
Mon corps est auto-réparateur naturellement. Et je fais confiance à la nature. Et je l'aide chaque jour en vivant profondément ces sensations quelques minutes par jour.
J'imagine maintenant un vent frais sur mon front comme si j'étais allongé sous un arbre. Et mes yeux perçoivent les feuilles frémissantes sous la caresse du vent agréablement frais. Mon front est agréablement frais. Je sens cette fraîcheur agréable qui active mes facultés intellectuelles, ma concentration, ma mémoire et mon discernement.
Je me sens bien, je me sens tranquille, en pleine possession de mes moyens.
Et maintenant que vous appréciez le mouvement souple, libre, tranquille de votre respiration, vous sentez circuler en vous cette énergie vitale dont vous avez besoin et peu à peu développez autour de vous une belle bulle translucide qui laisse passer la lumière, cette belle bulle translucide laisse passer les bons échanges chaleureux, les échanges affectifs, les échanges constructifs, et les échanges aimants qui nourrissent l'esprit, le corps et embellissent la vie… Et autour de vous, cette belle bulle translucide développe un espace de sécurité, un espace de confiance, un espace de liberté, de paix, de tranquillité. Vous pouvez voir votre bulle irisée par la lumière du soleil, et vous respirez paisiblement, profondément. Vous vous sentez tranquille, en confiance, en sécurité. Cette bulle translucide, invisible pour les autres, devient, quand vous en avez besoin, un abri, une protection, elle devient étanche. Cette bulle alors vous protège. Elle est étanche à tout ce qui se passe autour de vous, à votre environnement ; les personnes qui vous entourent deviennent alors neutres, transparentes, inoffensives, et vous restez, quelles que soient les situations, calme, tranquille, et dans la sérénité.

Les paroles qui peuvent vous parvenir sont inoffensives, incompréhensibles et, peu à peu, elles deviennent inaudibles, et vous restez tranquille, calme, dans la situation qui se présente et alors votre cerveau peut devenir efficace ; il trouve les bonnes phrases, les bons mots simples pour quitter la situation tranquillement et pour vous protéger. Votre cerveau est votre ami. Il vous aide et vous permet de garder votre sang-froid, votre sérénité. Il est créatif, il trouve la solution aux situations qui se présentent, il est intelligent et s'adapte ; vous retrouvez la confiance en vous…

Et quand vous le désirez, cette belle bulle translucide redevient libre d'accès, elle laisse de nouveau passer les échanges affectueux, elle retrouve les contacts, bienveillants, bénéfiques, constructifs pour vous-même et pour votre vie. Et vous vous sentez maintenant le corps et l'esprit apaisés. Cette bulle va devenir au fil des jours spontanée, comme instinctive et va vous apporter des moments précieux de paix, de tranquillité, d'apaisement et cette bulle, quand vous en sentirez le besoin, va vous permettre de vivre mieux, de garder votre calme, de développer la confiance en vous et la confiance dans la vie, dans les échanges avec les autres. Vous allez développer plus facilement les bons contacts, une communication chaleureuse avec ceux que vous avez choisis. Vous pouvez enrichir dès aujourd'hui votre communication, la diversifier, la rendre plus sereine.

Et maintenant, vous gardez de cette séance ce que vous avez aimé et apprécié. Vous enregistrez dans votre cerveau tous les messages nécessaires pour changer votre vie, vos comportements et vos réactions. Vous savez que vous pouvez changer en toute confiance, en toute sécurité. Vous reprenez contact avec la vie quotidienne qui vous entoure. Vous retrouvez la pièce que vous connaissez. Vous retrouvez le tonus musculaire dans vos jambes, dans vos bras, dans tout votre corps, vous anticipez sur les heures à venir, vous vous préparez à revenir dans le monde quotidien, profondément calme. Vous respirez plusieurs fois, vous expirez rapidement et vous ouvrez les yeux quand vous en avez envie. Vous vous étirez dans un flot d'énergie positive.

Suggestion positive : garder le bon cap

En tant que sophrologue, je donne une technique qui prouve son efficacité. Je n'ai pas à gérer l'ensemble de la situation. Le sujet fait la démarche et je l'accompagne, il ne peut pas hâter le pas, il s'essoufflerait. C'est à lui de ressentir le rythme et le niveau auxquels il peut travailler efficacement. J'utilise fortement la suggestion, mais elle fait partie de tout un ensemble de suggestions positives et négatives que reçoit l'individu à chaque instant de sa journée. Nous vivons dans un monde de suggestions et l'individu est, par essence, influençable. Au cours d'un traitement, de nombreux éléments viennent améliorer ou perturber le travail. Seul le sujet a le pouvoir de décision sur sa propre vie. C'est à lui de mesurer sa capacité à garder le cap pour son bien-être physique et moral, pour développer un scénario de vie qui l'épanouisse et lui apporte la joie de vivre, de travailler et d'aimer.

Les événements surgissent et échappent à notre contrôle ; soit ils contrecarrent le suivi thérapeutique, soit ils l'amplifient. Nous ne connaissons jamais notre influence exacte. La personne qui vient nous demander de l'aide peut aussi, dans le même temps, opérer toutes sortes de résistances. L'exemple d'Éva est à mon sens flagrant. Le départ en vacances était programmé. La compagnie de cette amie fumeuse n'a pas été un obstacle au projet. La dernière fois, c'était un ami fumeur qui lui avait fait reprendre la cigarette. Est-ce qu'Éva saura garder le cap et se protéger ? N'est-ce pas Éva qui se mesure à elle-même et qui connaît ainsi son pouvoir ?

Focus sur le masochisme

On rencontre fréquemment les effets du masochisme dans les récits des sujets qui souffrent de dépendance. On ne peut expliquer autrement cet enlisement d'une vie dans un système d'autopunition, d'acceptation de la souffrance et de recherche de difficultés. « Il le fait exprès, ce n'est pas possible d'accumuler autant de problèmes, autant d'ennuis et de ne trouver comme solutions que d'entrer dans de nouvelles situations qui ne semblent pas apporter d'issue aux problèmes présents », entend-on.

On peut dire, avec Sigmund Freud, que le masochisme, qui est une recherche de la douleur physique, de la souffrance est en grande partie inconscient. On a vu précédemment comment la pulsion de vie, la *libido* commune à tout être vivant porte en elle une agressivité dirigée vers autrui. Cette pulsion primaire est tournée contre la mère, le premier objet du nourrisson ; mais dans la petite enfance, tout objet extérieur peut faire les frais de cette violence naturelle : ne voit-on pas couramment des enfants jouer cruellement avec les animaux, déchargeant leur énergie avec un plaisir évident que l'on dit sadique ? Cette pulsion peut aussi se retourner contre soi-même. Voir souffrir l'autre procure du plaisir qui vient de l'identification avec l'autre qui souffre. L'état de dépendance est associé à un masochisme évident. Le sujet sait qu'il souffre, qu'il se détruit, qu'il augmente lui-même sa souffrance et il persévère dans la voie d'autodestruction et d'automutilation.

La dépendance, le désir et la frustration

Éva n'est pas totalement consciente d'un manque de l'autre. Elle évite de parler de sa solitude qu'elle dit très bien accepter. Les copains tissent autour d'elle une ambiance protectrice qui voile le manque fondamental. Jacques Lacan a mis au clair ce qu'est le désir névrotique : l'autre est incarné dans une personne ; en fait, l'autre est en soi. Et le désir du sujet n'est que le désir de l'autre qu'Éva veut ignorer. Tant qu'elle se contentera de traiter sa dépendance à la cigarette comme un problème de comportement, elle restera toujours dépendante. Certes, elle ne fume plus. Mais ce symptôme est révélateur d'un manque qu'il lui faudra reconnaître. Lorsqu'elle aura accès à cette dimension de son être, lorsqu'elle laissera advenir la parole, alors la dépendance cessera. Cela demande du temps pour reconnaître que ce chemin est à faire.

Dans l'association libre, Éva peut avoir accès à une partie de son inconscient, mais elle refuse l'idée même de l'inconscient. Elle ne demande pas à la sophrologie une investigation profonde. Elle estime que son accompagnement est terminé, puisqu'elle ne fume plus. Elle peut alors trouver d'autres voies pour poursuivre son effort. La sophrologie aura été une porte ouverte vers d'autres recherches. C'est une de ses fonctions, celle de l'ouverture d'une quête personnelle.

Focus sur l'alcool

Les dépendances à l'alcool qui entraînent des perturbations sociales importantes et un comportement agressif vis-à-vis des autres et de soi sont éminemment masochistes. On voit peu de sujets alcooliques en sophrologie ; ils sont très vite dans des situations de prise en charge. Les effets de l'alcool perturbent la société : tapages nocturnes, agressions, accidents de voiture, comportements agressifs dans le milieu professionnel. En conséquence, l'alcoolique est vite marginalisé et pris dans un système hospitalier pour une désintoxication. Il est suivi régulièrement par une équipe médicosociale.

Chez les personnes qui demandent un accompagnement en sophrologie et qui se plaignent d'un excès de consommation d'alcool, nous avons affaire à un alcoolisme dit « mondain » : une consommation quotidienne élevée de vins et d'apéritifs. Ces personnes ne viennent pas pour l'alcoolisme mais pour un problème relationnel, conjugal ou professionnel ; la diminution des quantités d'alcool ne constitue pas le centre du traitement. L'alcoolisme fait ici partie d'un mal-être général, il en est l'un des symptômes et s'atténue, voire disparaît, quand le problème fondamental a trouvé son dénouement. Laissons le symptôme parler : « Il n'a pas de volonté ! Elle ne sait pas dire non ! »

C'est le jugement que l'on porte sur celui qui ne réussit pas à maintenir le cap qu'il s'est donné, malgré l'adhésion à un entraînement sophronique. La volonté, pour beaucoup, est une qualité qui va de soi. On a ou on n'a pas de volonté. Cette vision simpliste oublie quel stade l'enfant a dû vivre pour apprendre à vouloir.

Les troubles de la volonté sont inséparables de la névrose. L'incapacité à mener à bien un projet relève de causes inconscientes, qui accompagnent le développement du psychisme. L'impossibilité de vouloir rejoint l'impossibilité de dire non.

Focus sur les régimes

Est-ce que la sophrologie peut me faire maigrir ?

Le sophrologue n'est pas un nutritionniste. Mais il est évident que parler de la reconnaissance du corps, du schéma corporel place le sujet face à une réalité physique qui est celle de son poids, de sa taille et de son allure. Les femmes, particulièrement, ont l'obsession de leur poids. Elles sont, comme tous nos contemporains, victimes des médias qui portent au pinacle les silhouettes des mannequins qui ne sont pourtant guère à envier : le corps de ces femmes est squelettique et peu féminin. On connaît leur calvaire alimentaire.

La sophrologie ne cesse de répéter à la femme qu'elle doit se sentir sûre d'elle, qu'elle doit accepter et aimer son corps, et tout naturellement l'amène à prendre en main sa nourriture et son mode de vie. Le sophrologue ne donne pas de régime, mais il utilise des techniques de visualisation positive pour développer la motivation et la prise en charge des changements d'habitudes alimentaires. On peut alors conseiller des lectures sur la manière de se nourrir pour prendre conscience de son propre dysfonctionnement et décider de nouvelles habitudes, pour remplacer les idées reçues et les préjugés alimentaires qui ont bercé l'enfance.

La nourriture donnée par la mère n'est-elle pas bonne naturellement ? Sans aucun esprit critique, l'adulte continue ses habitudes : un bon café au lait sucré avec de bonnes tartines de pain beurré et de la bonne confiture sucrée, du miel, puis un fruit. Dans la journée, pour récompenser l'enfant sage, on lui donne des bonbons ; pour étancher sa soif, entre deux jeux de ballon, une boisson gazeuse bien fraîche sera la bienvenue ! Tout est déjà truqué d'avance : l'organisme est accoutumé dès l'enfance aux sucres.

Il est donc nécessaire de le réhabituer à fabriquer du sucre à partir des graisses de réserve. L'énergie et la vitalité passent, en effet, par une régulation consciente de la nourriture. Supprimez donc, pendant plusieurs semaines, le sucre et les mauvais glucides et constatez les résultats sur vous-même.

De plus en plus, ceux qui préconisent des régimes reconnaissent les bienfaits de la relaxation pour optimiser les résultats ; prenons les exemples de deux auteurs très célèbres, Dominique Webb et Michel Montignac, qui m'ont fourni des éléments pour ma réflexion personnelle[42].

La motivation et l'exercice de sophrologie

Qu'est-ce qui peut motiver pour entreprendre un régime ? Quels sont l'impact psychologique et les connotations multiples du mot « régime » ? Quelles images apparaissent aussitôt, dans une association libre ? Que suggère le mot « balance » ? Le mot « poids » ?

---

42. Michel Montignac, *Je mange donc je maigris !*, Paris, Flammarion, 1995, et Dominique Webb, *Ma méthode*, Paris, Carrère/Michel Lafon, 1987.

D'abord, les sensations désagréables de lourdeur apparaissent ; ensuite un événement peut être déclencheur. Vous êtes invité à une réception, à un mariage par exemple. Vous devez partir en vacances et vous ne voulez pas vous exposer dans votre état. Le déclic le plus puissant d'une motivation est l'attachement amoureux : vous voulez plaire à quelqu'un et vous savez que si votre poids n'est pas vraiment un handicap, il déplaît un peu et, malgré la politesse et les bonnes manières de votre partenaire, vous n'êtes pas dupe. On dit bien que l'amour est aveugle, mais ce n'est qu'une idée reçue.

Il faut alors vous attaquer à votre poids ; vous voulez être élégant, vous avez envie de choisir une robe ou vous avez dans votre garde-robe un costume que vous ne pouvez plus mettre depuis longtemps et qui vous allait à ravir quand vous aviez six kilos en moins. Vous vous souvenez de l'allure, de l'élégance que vous aviez alors ; vous vous souvenez même des remarques de vos amis, le jour où vous êtes allé à cette réception. Vous avez dansé et vous vous sentiez très bien dans votre peau. Vous sous sentiez séduisant, vous plaisiez. Vous vous êtes regardé dans la glace et vous avez aperçu votre silhouette. Vous étiez ravi.

Exercice de visualisation positive au niveau sophroliminal

Au cours d'une séance de sophronisation de base.

> **Revivez maintenant profondément cette sensation d'être bien dans votre tête et bien dans votre peau, d'avoir de l'assurance, une confiance en vous-même qui vous permet de rencontrer des amis, de faire de nouvelles connaissances. Ce sentiment de bien-être et de confiance en vous-même est ancré dans vos souvenirs et dans les sensations stockées dans votre cerveau ; rappelez-vous un moment très agréable où vous vous êtes senti léger, le corps à l'aise. Utilisez ces sensations pour vous motiver dans votre décision d'améliorer votre forme physique, de retrouver votre vitalité, de prendre en charge votre corps ; soyez à l'écoute des besoins de votre organisme, vous établissez avec vous-même un contrat. Placez clairement votre objectif, à la mesure de vos possibilités : perdre cinq cents grammes en une semaine, par exemple, ou encore manger aux repas seulement. Vous vous sentez décidé, plein**

d'énergie et de confiance en vous-même. Vous vous étirez dans un flot d'énergie positive et dans une sensation de plaisir.

Après la séance, nous reprenons ensemble la stratégie à entreprendre dès maintenant pour commencer le régime : se donner les moyens et le temps de préparer ses repas. Les courses à faire, les menus à établir, l'acceptation de l'entourage, sa collaboration ou sa mise à l'écart. Mettre de côté les éléments à réduire pour la première période. Chercher la saveur connue et appréciée de certains aliments qui pourront faire partie des éléments ressources pour combler le vide laissé par les autres.

Chassez les idées reçues

Le sucre ? N'en consommez pas, votre organisme fabrique lui-même son glucose à partir des graisses de réserves ! *Les fruits ?* Jamais après les repas, toujours entre les repas, au milieu de la matinée ou de l'après-midi, par exemple : les meilleurs sont les poires et les pommes, lavées ; elles contiennent de la pectine, une fibre soluble qui limite l'augmentation de glycémie. Les fruits consommés à la fin d'un repas fermentent, produisent même de l'alcool et perturbent la digestion. Les photos Kirlian mettent en évidence l'absence d'énergie dans un fruit traité. Nous mangeons non seulement des substances mais aussi de l'énergie afin de satisfaire nos deux corps : physique et énergétique. *L'eau ?* Elle doit être bue hors des repas. *L'alcool ?* Moins vous en boirez, mieux vous vous porterez. L'alcool, sans compter ses dangers, perturbe les efforts de ceux qui veulent perdre du poids. *Les fibres ?* Les aliments riches en fibres ont des avantages : ils sont volumineux et restent plus longtemps dans l'estomac ; de plus, les fibres ne fournissent pas de calories et règlent les problèmes de transit intestinal. Il faut 40 grammes de fibres par jour pour éviter les maladies dites « de civilisation » : constipation, diabète et cancer du côlon, si répandu en Occident, selon Dominique Webb. *Un petit café après le repas ?* Eh non ! Soyez raisonnable, ce petit café stimule le pancréas et génère une sécrétion d'insuline ; les graisses de réserve sont liées à cette sécrétion d'insuline, hormone sécrétée par le pancréas, qui agit sur le glucose contenu dans le sang pour le faire pénétrer dans les tissus. Soit il est utilisé, soit il est stocké. L'insuline fixe le glucose et fait baisser le taux de sucre dans le sang.

Pour vous porter mieux, commencez le matin par un grand verre d'eau. Des céréales, des fibres au petit déjeuner. Alternez chaque jour germes de blé et levure de bière.

Supprimez tous les sucres, votre organisme en a suffisamment et puisera dans vos réserves de graisse. Si vous lisez bien ce qui vous reste à faire, vous savez que beaucoup de bonnes choses vous sont encore permises. Mangez des fruits en dehors des repas. Accompagnez vos viandes et votre poisson de légumes de toutes sortes : les choux, les haricots verts, les petits pois, les tomates, les poivrons, les aubergines, les poireaux, les navets. Mangez deux fois par semaine des haricots secs et des lentilles, qui contiennent des fibres. Aromatisez-les d'épices variées : coriandre, herbes de Provence, safran, curry, laurier, oignon, ail, origan, muscade, poivre et gingembre. Votre cuisine embaumera et le choix de vos condiments pour agrémenter vos repas aura non seulement un effet bénéfique sur votre santé mais vous amusera, changera vos habitudes de vie et d'achat.

Nous devons manger lentement. L'hypothalamus est le centre de la satiété et de la faim : plus nous mastiquons, plus la sensation de bien manger et de calmer sa faim augmente. Donc, augmentez cette sensation en mangeant lentement, en prenant du plaisir à goûter les plats. Une dernière recommandation : mangez très léger le soir. Grignoter devant la télévision ruine tous vos efforts de la journée. Il serait bon d'y penser !

« Un régime ? Il faut encore se priver ! » Ne les écoutez pas ces grincheux qui vous sapent le moral. Pensez à votre aisance, à l'énergie que vous allez récupérer. Vos maux de tête ont disparu, la fatigue de la digestion s'est envolée, vous êtes d'excellente humeur et plein d'énergie ! Et si c'était uniquement une question de nourriture ? Cela vaut bien un régime. Chacun sait qu'il est difficile d'entreprendre un régime et qu'il est encore plus difficile de s'y tenir. Toutes les suggestions sont bonnes pour vous faire changer d'avis. Aussi, le renforcement de la personnalité est la priorité des priorités.

Gardez le cap !

N'essayez pas de convertir les autres à votre régime, vous leur donneriez mauvaise conscience et ils seraient agressifs. Gardez donc le secret de votre santé. Savoir qu'un comportement est mauvais est un premier pas. Vouloir le modifier est le deuxième pas. C'est le début d'un tracé. Est-ce vraiment celui de votre objectif, aujourd'hui ?

« Demain n'est jamais trop tard », dites-vous. Profitons de ce jour. Je commencerai demain. Attention ! C'est le programme du bon buveur, du bon fumeur, du bon mangeur. « Rien ne presse pour mener à bien ce que l'on veut faire, disent-ils, attendons l'heure ! » Et les jours passent ! Et l'on s'engraisse, et l'on s'enfume et l'on se noie ! Il faut bien que vie se passe… Qu'ils passent leur chemin ! Laissez-les dire, gardez le cap !

Satisfaire son besoin de nourriture, c'est s'appliquer à cet acte précis et ne pas le perturber par l'émission de télévision à l'heure du repas, par exemple, ou la lecture pour les personnes seules qui escamotent leur repas pour oublier leur solitude, ou les disputes familiales. Les problèmes de nourriture sont très souvent liés à un problème de carence affective. C'est pourquoi une remise en forme durable nécessite un travail de réflexion sur les comportements alimentaires, mais également une clarification des frustrations de l'enfance qui systématiquement s'y greffent.

Pour maigrir régulièrement et sans effort

Recherchez dans votre album de photographies une image de vous-même qui corresponde à votre idéal. Détachez-la et placez-la dans votre salle de bains. Vous pouvez également vous servir de cette image dans vos exercices de sophrologie. Vous revivez ces moments où vous vous regardiez avec plaisir dans la glace. Vous vous rappelez l'aisance que vous aviez et les compliments que vous receviez de vos amis. Ainsi, vous placez en permanence un rempart contre les tentations nocives qui vous désarçonnent.

Quand on change de régime, il faut s'attendre à des remarques décourageantes de l'entourage. Le début d'un régime doit être attractif. Vous êtes plein de curiosité. Ce qui est proposé a un goût nouveau, particulier, agréable. Vous mangez beaucoup d'aliments qui vous plaisent. « Ah ! C'est ça le régime ? Mais c'est bon ! » Ancrez-vous sur ce type de message, sur la qualité de ce que vous mangez et sur le bien-être que vous en recevez. La première semaine déjà, vous ressentez vos bourrelets différemment. Si vous n'avez pas encore maigri, la répartition de vos graisses évolue, et c'est amusant de ressentir que même le granulé de la peau d'orange s'atténue. Chaque jour, des signes imperceptibles pour autrui apparaissent. La couleur de votre langue le matin, votre haleine, la sensation de votre estomac, vos selles. Vous vous purifiez, vous vous nettoyez, vous vous allégez. Et automatiquement, vous êtes de meilleure humeur. Vous êtes en train de changer. Dans quelques jours, vous pourrez mettre ce vêtement resté si longtemps dans l'armoire. Ancrez-vous sur cette joie. Regardez-vous dans la glace et mesurez les changements, seul avec vous-même ; n'attendez pas de l'autre des compliments au début du régime. Il ne fait pas réellement la différence ; c'est une question d'intuition. Vous, vous ressentez votre corps de l'intérieur. Quand vous êtes malade, ce n'est pas votre teint qui vous donnera le diagnostic. Donc vous pouvez vous abstenir du jugement des autres. Ils ne seront surpris que bien plus tard, d'un seul coup, après quelques jours d'absence, car ils ont gardé de vous une image, et lorsqu'ils vous retrouvent, cette image ne coïncide plus avec la réalité ; c'est alors qu'ils vous disent : « Tu as changé », qu'ils vous complimentent. Et c'est votre récompense, ce qui va vous donner la motivation nécessaire pour poursuivre le régime. Revivez alors dans une séance de sophrologie cette étape, très importante pour vous, du regard d'autrui flatteur sur vous-même.

La nourriture et le manque d'amour

Sandrine, quarante-deux ans, mariée, trois enfants, chercheuse

Sandrine est une belle femme qui a un excès de poids supérieur à la moyenne. Il n'est même pas question de calculer le poids qu'elle doit perdre. Elle a essayé de nombreux régimes. Elle a perdu ses kilos puis les a repris. La sophrologie n'est pas une technique supplémentaire d'amaigrissement. Elle est une prise de conscience de soi dans le but de se motiver pour reprendre une hygiène de vie, pour se reprendre en main. Sandrine vient parler de son mal-être pour comprendre son rapport à la nourriture et « digérer ce [qu'elle a] sur le cœur et sur l'estomac », dit-elle en riant, connaissant parfaitement le lien symbolique qui s'installe entre ses problèmes affectifs et le besoin de se nourrir. « Dans mon travail, je me fais bouffer. Je dépasse les horaires normaux, j'en fais toujours plus, je ne sais pas m'arrêter. Je veux toujours être la meilleure, je veux être performante. »

Après plusieurs séances où l'anamnèse tient une grande place, elle réalise que le problème de la performance date de son enfance, particulièrement axée sur la demande du père qui voulait pour sa fille une situation brillante. À l'adolescence, le divorce des parents a perturbé l'équilibre de Sandrine qui eut des crises de boulimie importantes et des crises de spasmophilie. Suivie médicalement, Sandrine est sous tranquillisants depuis vingt ans. Ses études ont été perturbées. Le père est parti de la maison. Ce fut un choc pour Sandrine qui nourrissait une grande admiration pour lui.

Rêve significatif de Sandrine

Elle est dans une maison superbe, blanche au bord de la mer, très luxueuse, presque sans meubles. « La maison domine la mer, je suis sur la terrasse. La mer est très bleue. »

L'étude du rêve confirme que Sandrine a eu une enfance très choyée. Cette maison, c'est le paradis perdu, celui d'avant la présence du père. C'est le stade de la fusion mère-nourrisson, le stade oral. Cette maison symbolise le stade où elle a régressé. C'est son image du monde.

« Dans mon enfance, mon père était quelqu'un de très important. Je fonctionnais pour lui faire plaisir ; j'étais bonne à l'école pour lui. Je crois qu'il m'adorait. Ma mère faisait un rejet sur moi. Elle avait l'injure facile. Elle ne supportait pas notre complicité. L'attitude de ma mère a été une raison de son départ, je crois, je l'ai toujours pensé, j'ai ressenti une grande culpabilité. Il avait une nouvelle femme qui me détestait. »

Après le divorce, Sandrine est restée avec sa mère avec laquelle elle a une relation très ambivalente. Elle a été sa confidente. Mais, paradoxalement, sa mère ne s'est pas occupée d'elle comme une mère pourrait le faire. Elle n'a eu aucune protection, aucune marque d'amour.

« Maman est très dépressive, toujours négative. C'est un poids, elle souffre toujours de petits bobos, par contre, elle minimise toujours mes ennuis de santé. Le divorce a été très difficile. Mon père est un obsessionnel. Il n'arrête pas de se laver. Il a vraiment des problèmes. Il n'y a que lui qui est important. Il vaut mieux ne pas avoir de père. C'est terrible de dire cela, je m'en veux mais c'est ce que je pense. Avec ma mère, le cordon ombilical n'est toujours pas coupé. »

Sandrine a lu un grand nombre de textes psychanalytiques. Elle sait qu'elle vit une régression à l'égard de sa mère qui lui « pompe l'existence ». Elle ne cesse de manger pour remplir ce vide que crée sa mère ; cette dépendance nocive est pourtant difficile à supprimer. La nourriture, c'est le premier lien avec la mère, le stade de l'ingestion du lait et de l'incorporation du sein de la mère. Au début de la vie, le petit d'homme ne fait qu'un avec le lait et le sein. Sandrine a compris que, malgré les scènes orageuses qui jalonnent ses relations avec sa mère, elle éprouve pour elle un amour possessif, celui du premier stade infantile. Elle entretient d'ailleurs avec ses propres enfants une relation aussi difficile, exigeante et exclusive. Faire sa propre analyse est ressenti comme une nécessité pour que ses enfants ne souffrent pas de la relation qu'elle met inconsciemment en place afin de combler névrotiquement le vide qu'elle ne réussit pas à gérer. Sandrine souffre encore de tachycardie et de spasmophilie. Les séances de technique conditionnée avec un signe-signal pour calmer la crise qui arrive, associées à une sophro-analyse, améliorent considérablement son vécu, lui redonnent une sérénité toujours fragile cependant.

« Dis-moi ce que tu manges, je te dirai qui tu es ! »

Le problème alimentaire est inséparable du sens que l'on donne à sa propre vie et de son histoire personnelle. La boulimie, qu'elle soit installée ou qu'elle survienne par crises, et l'anorexie qui est son contraire révèlent une difficulté relationnelle très ancienne avec la mère. Les problèmes avec le père sont bien sûr indissociables, car aucun problème ne peut être isolé. S'il faut établir un ordre d'élaboration du système, la mère est le premier maillon. La relation des parents, qui se situe évidemment avant la naissance de l'enfant, est le terrain propice où germe le lien de la mère et du nourrisson. Lorsque la tendresse, la sérénité et l'esprit se conjuguent pour le bien des trois éléments du foyer, la vie de l'enfant commence sous les meilleurs auspices. En ce sens, ce lien crée un déterminisme qui peut être bénéfique ou anxiogène. S'il a été mal vécu, l'adulte en souffrira encore longtemps et une analyse profonde de ses relations infantiles lui sera nécessaire s'il veut éviter de perpétuer l'angoisse de ce lien pour s'en dégager et vivre pleinement sa vie.

Emma, vingt-huit ans, mariée, étudiante

Emma est mariée depuis quatre ans. Les relations conjugales sont mauvaises. Emma le vit très mal, elle se plaint d'anorexie. Elle pèse 46 kilos et mesure 1,63 m. C'est une constante : depuis son enfance, les repas sont un supplice. Son père n'a jamais communiqué avec elle. Sa mère est plus épouse que mère. Les problèmes de nourriture ont alimenté les conversations et les exhortations de la famille à grossir l'ont énervée durant des années.

Elle commente ainsi son mal-être : « Je suis comme sur une lame de couteau, en équilibre, prête à basculer. Je me sens bouillir de l'intérieur. Si on me transperçait le corps avec une aiguille, ça péterait de tous les côtés. Je suis en colère contre tout le monde. »

Son mari ne s'occupe pas d'elle, ne l'aide en rien dans les tâches ménagères. Il travaille tout le temps, ne rentre que pour dîner et la laisse seule à la maison. « J'ai l'impression que je l'attends tout le temps. » L'un et l'autre ont beaucoup d'heures de transport chaque jour, l'un pour aller au bureau, l'autre à la faculté.

« Les gens ne peuvent pas m'aider. Lui, il pourrait, mais il ne le veut pas. Il y a des choses que je n'ai pas digérées. » On remarque les métaphores constantes et la signification symbolique. Elle lui reproche une liaison, le refus d'avoir un enfant. Maintenant qu'elle est fragile, il ne veut pas. Ils n'ont rien en commun. Il fait du sport avec ses amis. Elle est tenue à l'écart. Sous le prétexte qu'elle doit finir sa thèse, il la laisse seule.

« Ça ne tourne pas rond. Je ne sais pas si on va s'en sortir. Chaque fois que je rencontre des copains, j'ai les larmes aux yeux. Je travaille beaucoup parce que je vais très mal. Je m'assomme de travail. Mes problèmes de nourriture ne datent pas d'hier. Quand j'étais adolescente, j'étais boulimique, je faisais vingt kilos de plus. En réalité, je vis mal la séparation d'avec ma mère. Elle ne s'est jamais occupée de moi. Il n'y a que mon père qui compte. On les voit le dimanche seulement. Et ça ne se passe jamais bien. J'aimerais renouer de bons contacts avec mes parents. Hier soir, on est allés au restaurant. Ils m'ont sentie mal, ils ont voulu m'aider, je n'ai pas pu parler. Ce matin, j'ai mangé tous mes doigts (en fait, ce sont ses ongles), je n'arrive pas à me contrôler, j'aimerais ne plus exister, j'aimerais qu'on m'oublie. J'aurais aimé me reposer sur mon mari, qu'il soit un pilier pour moi. Je suis démunie quand je suis toute seule. Le frère de mon mari sort beaucoup avec lui. Ils font du sport ensemble. Il me le vole et mon mari ne s'en rend pas compte. Je me sens toute seule. La nourriture, ça me mine la vie, je suis perpétuellement à regarder ce que mangent les autres.

Mes parents disent qu'ils veulent m'aider mais personne ne peut faire quelque chose pour moi. Il n'y a que mon mari qui pourrait faire quelque chose mais il ne fait rien, il ne fait vraiment pas attention à moi. J'ai les bras lourds, je suis incapable de prendre les choses en main. J'ai l'impression de ne pas avoir ma place dans ce monde, j'ai envie de me laisser mourir de faim.

Quand vous vous mettez à table, c'est plutôt pour régler des problèmes, des différends. Me mettre à table, c'est le pire moment de la journée. »

Phrase à double sens. Que doit-elle s'avouer ? Inconsciemment, Emma fait beaucoup de cauchemars qu'elle ne réussit à raconter que par bribes : une maison froide, glaciale, un copain enfermé dans une boîte, une boîte aux lettres complètement anonyme qui la dérange beaucoup.

« Dimanche dernier, je voulais quitter la table. Mon père m'a fait une réflexion sur ma nourriture. "Tu nous parles mal, a dit ma mère, tu refuses toute aide." J'ai honte de moi, j'ai envie de vomir, je me suis sentie méchante. Dès que je suis contrariée, j'ai mal au ventre et j'ai envie de vomir. Je me dis dans ma tête : "Je ne mangerai rien, je ne ferai rien, je ne mangerai plus", c'est de l'autodestruction. Je commence à me rendre compte que ça ne va pas vraiment, mais je ne suis pas la seule fautive. Je suis en colère, je m'en veux.

Je me sens seule ; j'ai envie d'être seule. Et l'enregistrement me fait du bien, c'est mon jardin secret, c'est bizarre comme réaction. Être seule avec ma séance. »

Conclusion

Emma n'est venue que trois fois. Son mari a trouvé un autre poste. Ils ont quitté la région. En trois semaines, elle avait repris deux kilos. Elle avait beaucoup de contentieux avec ses parents et un vide affectif immense qui la détruisait et qu'elle augmentait encore par ce refus de s'alimenter. Elle avait espéré le combler avec son mari. « Assume-toi ! », lui disait-il. Ce n'était pas son affaire. Elle était en train de le perdre, de le lasser. Son mari n'avait aucune confiance dans la sophrologie. Il voulait l'envoyer chez un psychiatre. Peut-être l'a-t-il fait ?

La sophronisation de base a eu un effet bénéfique sur elle. Pendant ces trois séances, Emma n'arrêtait pas de parler, de vomir son mal-être. Ensuite, elle allait mieux. Quand elle me quittait, elle avait envie de s'alimenter. Puis une contrariété suffisait pour la bloquer de nouveau. Elle avait besoin de parler. Mon rôle était clair : n'être qu'écoute, remplir le rôle de la mère pendant des semaines, c'était le sens de l'accompagnement sophronique. On encourage alors une pratique journalière de la relaxation avec la séance personnalisée enregistrée, lien affectif minimum ; être une voix qui berce, qui soutient, qui donne espoir, qui maintient la vie.

Marlène, quarante-cinq ans, mariée, deux enfants, infirmière

Marlène a des problèmes de poids. Elle veut démarrer un régime, un de plus, et n'y croit pas trop. Elle a entendu parler de la sophrologie. Je lui précise que la sophrologie, par une prise de conscience et une maîtrise de la respiration, du stress et de ses habitudes alimentaires, sera un bon adjuvant pour le régime. Sans la motivation, sans la maîtrise du mental, le régime risque en effet d'être remis en question et ses effets seront éphémères. L'ambiance familiale est tendue. Elle se sent mal dans sa peau.

> « En me levant, je me sens mal et je sais au fond de moi que je vais chercher tous les moyens pour justifier cette souffrance. Je plains mon mari ; il en souffre, je le sais, mais je ne peux pas faire autrement. Je sais que j'ai tort. Je lui casse toujours les pieds ; je ne le laisse pas tranquille. Il me fait de la peine, c'est une victime. Il pourrait me quitter. Il aurait ses raisons. Je lui fais mal parce que je suis mal et qu'au fond, à force d'être aussi désagréable, j'ai peur qu'il ne m'aime pas comme j'ai envie d'être aimée. Je sais que c'est un raisonnement fou, mais je ne m'en sors pas. »

Dans une sophronisation de base, je demande à Marlène de laisser venir des associations libres sur le mot soleil.

« Chaleur, dans le ventre de ma mère, bien au chaud, bien rond. Ensuite, cela se transforme en berceau lumineux, le berceau se creuse et le bébé part à la dérive, j'ai pensé à la louve, à Romulus[43], au bébé dans sa coquille, qui pleure. Des fleurs jaunes, un couteau qu'il ne fallait pas voir, le carrelage jaune de la cuisine, que je ne devais pas voir, une tombe lumineuse de petite fille, des guêpes autour. Une propriété, on avait écrit des mots, on amusait les guêpes. Ma mère s'était moquée de mon orthographe. Ma mère était toujours négative. »

Un problème de jalousie avec sa petite sœur qui vient d'affleurer à la conscience. « Elle avait pris ma place, dit-elle, ma faiblesse, je la connais ; il faut qu'on m'aime. » Aimer, être aimé, manger, être mangé. C'est toujours la même histoire : « Ma mère m'a nourrie au sein et puis ce fut l'autre. » Elles ont dix mois de différence.

Elle découvre rapidement que tous ses problèmes avec son père ont été débattus à table. Sur un mot donné dans une séance de sophromnésie, Marlène revit intensément le bruit des disputes à table. Son père fait une scène. Elle ne veut plus manger. Elle quitte précipitamment la table, monte quatre à quatre dans sa chambre. Elle écoute vociférer ; elle s'est enfermée à clef. Elle entend son père qui monte les escaliers, qui lui demande d'ouvrir sa porte. Elle refuse. Menaces d'être battue en sortant. Elle reste recroquevillée sur son lit, puis elle finit par avoir faim. Elle trouve dans un tiroir, à l'abri des fouilles, ses biscuits préférés et elle les mange dans le plaisir défendu. Elle a trouvé ensuite le moyen de se priver à table sans se priver elle-même, de jouer avec la nourriture comme l'enfant jouait avec ses selles, à l'âge du stade sadique-anal. Marlène se conduit donc comme un petit enfant. Elle exprime parfaitement la difficulté d'un régime.

« Le propre du régime, c'est de ne pas manger ce qu'on aime, j'ai envie de manger des choses, donc je me sens frustrée, je craque, donc je mange, ensuite je me culpabilise, alors je mange en cachette. La nourriture me plaît

43. Romulus, héros légendaire, fondateur de Rome, a été nourri par une louve.

trop. Mon mari, ça le dérange que je sois trop forte. Moi, je lui dis : "Si tu m'aimes, tu n'as qu'à m'aimer comme ça." J'ai un dégoût de moi, je ne peux pas me regarder dans la glace. Si j'avais un accident de voiture, je serais défigurée, il m'aimerait quand même. Est-ce que j'ai besoin de me faire souffrir pour que les autres m'aiment ? La vie est un ressassement de problèmes, j'ai l'impression de ne pas avancer ; j'ai toujours été rabaissée par mon père. J'ai eu une enfance difficile, j'ai voulu donner à mes enfants une vie agréable, mais j'ai divorcé. Je me suis rendu compte trop tard que je leur ai donné un mauvais père. Ils ne sont pas bien non plus dans leur peau.

Quand j'écoute la séance, ça me fait une parole, ça permet de ne penser à rien, ça me donne l'impression d'être accompagnée, je prends du recul.

J'ai souffert à l'école des brimades des autres élèves. J'avais cinq ans, je me souviens encore d'une petite fille qui m'a tiré la langue, je ne sais plus pourquoi. Ce jour-là, j'ai souffert. Sa tête, je ne l'ai jamais oubliée.

J'ai des crises d'asthme. Ma mère ne supportait pas mes crises d'asthme. Imaginez : vous avez mal au dos, aux tendons, à la cage thoracique, à tous vos muscles, à vos petits os, et votre mère s'énerve ! Tous les mots d'amour m'ont manqué. Et c'est là que j'en avais besoin. C'étaient des larmes qui coulaient.

Dans mon enfance, je me suis sentie rejetée. Ma mère adore avoir les gens sous dépendance. J'étais rebelle : j'ai eu de l'asthme dès l'âge de trois ans, moi je ne m'en souviens pas. À cinq ans, je suis partie un an en France, toutes les odeurs de chocolat et de miel avec ma grand-mère me reviennent. Le déclic que je cherchais, je l'ai trouvé. Mon repère, c'est ma grand-mère, ses odeurs. J'ai idéalisé mes grands-parents. J'ai beaucoup réfléchi à toutes ces questions, j'ai rouvert mes albums, j'ai recherché ce déclic lié à la nourriture ; je reliais la tendresse et la nourriture, le chocolat, les gâteaux. »

Exercice de la bulle ou du cocon

Après l'exercice déjà cité dans ce chapitre, Marlène s'exprime.

« Je suis dans une goutte d'eau, légère, et je me déplace, je vois la forêt, je me sens bien. Je n'ai plus envie de sucre. J'avais envie des goûters, c'était le retour à l'enfance, je me faisais mon goûter, je me rattachais à ma grand-mère. Le dialogue s'est arrêté dans ma tête, je ne me donne plus les mauvaises raisons, les phrases parasites, de mauvaise foi. Brusquement, ça ne me dit plus rien. Je vis le présent. Je ne ressasse plus mon enfance.

Au début, je vivais mon problème ; noyée dans mon problème, je vivais mal, je n'analysais pas. À mon âge, il est temps de s'analyser. Maintenant, quand j'ai mal quelque part, j'analyse ma douleur, puis avec la respiration, je l'accompagne. Je suis venue pour un problème de poids, mais tout le reste, je le vis autrement et j'améliore, à partir de ma prise de conscience, ce qui est perturbé. Beaucoup de choses ont changé : je me suis arrangé une pièce où je me retrouve souvent pour préserver mon espace vital. Je lâche prise sur des choses qui n'ont pas vraiment d'importance et que de toute façon je ne peux régler, parce que c'est le problème des autres. Avant, j'avais l'esprit de contradiction, je discutais tout. Maintenant, je ne déborde pas sur autrui ; je deviens plus agréable et je maigris lentement. »

Je travaille ma respiration plusieurs fois par jour.
Je visualise le schéma corporel qu'il me plaît d'avoir.
Je ressens les sensations de bien-être et de légèreté. Je vis le présent.
Je prends le positif qui m'entoure, je nettoie mon cerveau, je lâche prise, je fais confiance.
Je poursuis mon objectif, je garde le cap, je suis fier de mes progrès.

Focus sur la drogue

Toxicomanie et sophrologie

Nous sommes confrontés à la toxicomanie, surtout chez les adolescents. C'est au cours des entretiens qu'ils disent fumer régulièrement du haschich. Généralement, ils minimisent le problème et espèrent trouver auprès de nous un cautionnement qui les rendrait innocents. Cette situation réclame de notre part une grande vigilance. En effet, le cannabis que certains prétendent inoffensif peut avoir des effets nuisibles sur la personnalité globale du fumeur. Cette drogue a des conséquences très variables selon les individus et les modalités d'absorption. Elle provoque une perte de mémoire plus ou moins grande, une difficulté à relier les idées et une perturbation de l'espace-temps. Beaucoup de jeunes fumeurs sont attirés par l'exemple de leurs idoles, par cette joie et cette convivialité qui se dégagent des réunions entre copains du même joint. Ils veulent oublier le mal-être de la dépendance plus psychique que physique. Ils s'enferment dans le mensonge social, perdent le goût du travail et des études, n'osent plus affronter la vie et sont prêts à chercher des expédients de toute nature pour rester *cools* dans leur coin, car ils savent se dispenser du confort, des biens de consommation d'une société dont ils n'acceptent plus les règles.

La sophrologie est une voie privilégiée car elle favorise l'écoute et redonne sa place au corps nié. Elle offre aux toxicomanes un nouvel ancrage dans le réel. On utilise largement les techniques déjà évoquées : sophronisation de base, relaxation dynamique, training autogène de Schultz, qui reposent sur le vécu des sensations, l'induction de calme, la respiration abdominale, et améliorent le schéma corporel. Les techniques respiratoires et physiques libèrent l'énergie dans le corps ; les techniques de focalisation en zone sophroliminale améliorent le mental. La visualisation positive du futur proche, avec la sophro-acceptation progressive et la correction sérielle d'événements anxiogènes favorisent l'insertion du toxicomane.

On envisage ensemble la situation positive que le patient voudrait être capable d'assumer : par exemple, un vrai dialogue avec sa famille. Il peut se voir libre, travailler, prendre confiance en lui. Nous passons ensuite à un entraînement sophronique : sophronisation de base, training autogène de Schultz ou relaxation dynamique debout, assis, couché, selon les patients, selon les demandes. L'enregistrement d'une séance incluant les messages est effectué.

Au préalable, nous devons nous assurer du plein accord du patient pour suivre des séances de sophrologie ; nous devons connaître son itinéraire et la durée de sa dépendance. Quelle drogue prend-il ? Quels symptômes physiques ressent-il ? Hallucinations, problèmes physiques, perceptions particulières… A-t-il déjà suivi une psychothérapie ? Laquelle ?

Un toxicomane a souvent des difficultés à gérer ses repères spatiotemporels : son heure de rendez-vous, son itinéraire. Il est très angoissé. Souvent, il vit son corps morcelé. Il est totalement dépendant, suggestible et négatif. L'amener à l'autonomie en ce qui concerne son rendez-vous est déjà un premier pas.

La prise de médicaments est contrôlée non par le sophrologue mais par le médecin. Il faut s'assurer que le médecin accepte de réexaminer le cas en fonction de l'accompagnement sophronique et des objectifs à atteindre : la collaboration de l'équipe soignante est plus que jamais nécessaire.

Les séances se déroulent ainsi : le patient est face au sophrologue qui laisse passer une écoute bienveillante. Il arrive bien entendu à ses souvenirs, à son histoire personnelle. Puis s'engage un entretien directif où l'on envisage les messages à proposer dans un exercice sophronique, les images positives, les souvenirs agréables que le patient peut revivre dans un état sophroliminal.

La fréquence des séances est fixée, dans un premier temps, à deux puis une fois par semaine. C'est une relation d'aide qui se veut phénoménologique et globale. L'accent sera donc mis sur le vécu du sujet ici et maintenant, sur son vécu physique, sur son mal-être, sur ses relations avec l'environnement. Toutes les sensations seront abondamment développées.

Quels sont les handicaps d'un toxicomane ? Les difficultés de concentration et de mémoire sont primordiales. On choisira donc des conduites à corriger, des habitudes nocives à remplacer par des gestes qui développent une attitude positive et constructive. Ce sera toujours des choses et des messages très simples.

Au cours des premiers entretiens, très vite, il est bon de se rendre compte des possibilités de réintégration du sujet : dans le déroulement d'une journée, dans le travail, dans la famille ou avec des amis. L'étude systémique des relations dans lesquelles le sujet est pris est très importante pour donner des clefs. Le rôle de la famille est essentiel. Quels sont les appuis pour son autonomie et sa guérison ? La sophrologie développe la prise de conscience de son état, de sa dépendance et des chances qu'il a de s'en sortir.

Travail sur les réflexes conditionnés

On travaillera les réflexes conditionnés avec une technique de gestion mentale et de programmation neurolinguistique La compréhension, les paroles ont un impact puissant. On notera l'extrême sensibilité du sujet. Il est par ailleurs très conscient de son problème, de l'engrenage dans lequel il s'est laissé entraîner et duquel il veut sortir. Il se rend parfaitement compte des réactions de son entourage à son égard, même s'il semble indifférent à tout.

La sophrologie peut aussi être analytique, dans la mesure où le sophrologue a suivi une analyse didactique personnelle ; il se peut que, dans l'état sophronique, le patient revive intensément les situations douloureuses de son passé. Il faut alors analyser les conflits psychologiques que le discours dévoile. C'est un travail en profondeur qui demande l'adhésion du patient. Le refoulement dû aux traumatismes de l'enfance sera alors mis en évidence. On favorisera la prise de conscience des mécanismes de défense que le Moi a dû mettre en œuvre s'il veut prendre en charge la sophro-analyse et faire un travail en profondeur.

L'attachement au sophrologue est un atout : c'est le transfert en psychanalyse et l'alliance transférentielle en sophrologie qui marquent le type de dépendance du toxicomane. C'est une béquille nécessaire à ses premiers pas. Quelqu'un a confiance en lui, le suit pas à pas, l'accompagne. Les enregistrements réalisés spécialement pour lui l'aident tout particulièrement dans sa solitude face à la drogue. Il se raccroche à la voix et à ses rendez-vous. Il prend confiance en lui, il se remet à exister, à revivre de plus en plus normalement, à éviter les dealers et les coins spécialisés. Il s'alimente mieux, fait du sport, ose enfin se regarder et vivre son corps. Dans un premier temps, la dépendance affective remplace la dépendance face à la drogue.

Puis l'énergie de vie lui revient. L'instinct de vie prend le dessus sur l'instinct de mort. Le moteur est remis en marche. Il faut encore accompagner le sujet longtemps, mais le déclic se fait. Peu à peu, le toxicomane prend en charge sa propre vie. Son emploi du temps est plus riche. L'ouverture au monde extérieur est colorée affectivement. Il a des relations de plus en plus réelles avec les autres. On ne le porte plus. Il devient créateur, donc sujet. Il se veut responsable, il réclame une activité, un travail. Il veut reprendre sa place dans la société, car le travail valorise l'individu. Avec l'aide de personnes compréhensives, il se met à vivre normalement dans un temps et un espace retrouvés. Il acquiert ce qu'il avait perdu : la liberté d'expression, la liberté d'action, le respect de soi, tout ce qui fait la dignité humaine.

Gabriel, vingt et un ans, célibataire, sans travail

Il fume dix cigarettes de cannabis par jour. Il vit chez sa mère et son beau-père. Souvent, il ne rentre pas, il couche dehors ou chez des copains.

« Avec l'herbe, la peur monte. J'attendais qu'elle monte ; si je ne dors pas, je m'occupe de mes couleurs. On vient me voir. Alors mon rouge se débloque, c'est de la folie. Je pense à du rouge, mon copain arrive. Je me remets sur mon rouge. Un truc utile. Mes copains sont très mal, dans un jeu perpétuel ; et moi, je commence à m'en sortir. Je dois aller voir un copain, qui se met à faire la zizanie. On se fiche d'eux. Dans les jeux de rôle, je suis mal dans ma peau. J'ai rencontré une femme dans la rue, elle ne fait que pleurer. C'est ma mère en puissance plus. Je suis attiré par tout ce qui touche l'esprit. Toutes ces personnes sont le même monde que nous, sans aucune différence, c'est seulement amplifié.

J'ai eu deux, trois trucs bizarres, la dernière fois. J'étais assis, je sais que je peux l'aider à arrêter de souffrir. Elle se lève et elle vient vers moi. Je remonte mes couleurs tranquillement et elle est entrée. Elle a cessé de souffrir. Tout le monde vient. Je m'assieds.

Il y a des possibilités d'aider ces gens-là, autrement. Il y a une violence à l'intérieur d'eux. Quand on remonte les couleurs, c'est un équilibre. Le bleu permet de fixer les gens dans les yeux, le rouge, c'est le corps-à-corps. Un beau rouge, je rigolais, ça a marché. Elle se met à rigoler, alors qu'elle pleure tout le temps. Son corps a arrêté de souffrir, elle était éveillée.

Je vais essayer le bleu. Elle s'endort, debout. C'est de la folie. Son corps est tellement fatigué. Elle est sortie de mon énergie. Le lien avec les énergies. Je ne suis pas encore prêt.

J'ai changé. Je me déculpabilisais avant. Je laisse mes couleurs de côté, je passais mon temps. Tu comprends ?

— Non, comprendre, c'est agressif, réducteur, j'essaie de ressentir », lui dis-je.

Gabriel a passé plusieurs séances à me parler de ses hallucinations visuelles. Je l'ai écouté simplement.

« Avec ma mère, le fait de la retrouver, avec elle, ça va mieux, il faut faire ça, je me sens mieux, il faut que j'arrête les couleurs. Je viens de me déculpabiliser sans m'en rendre compte. C'est comme un chemin oublié que j'essaie de reprendre.

J'ai peur de replonger dans son énergie. Ce sera pour la vie, si on le fait un jour. Elle verra mon énergie. Les choses vont se passer toutes seules. Mon beau-père m'a dit : "Il ne faut pas toucher à mes affaires, tu vas les abîmer." Si j'étais à sa place, il aurait pu faire un pas. Il montre bien sa petite image.

Quand je sors des séances de sophrologie, j'aime pas, j'ai peur ; c'est comme si vous me teniez, je me remets moi-même, mais je sais ce qu'il me faut : l'action, pour vraiment changer. C'est très dur. J'ai peur de la faire.

Je bloquais sur le rouge, au début, je suis quand même enraciné. Le bleu est ouvert depuis deux semaines, ça me ramène d'un coup, un déclic. Le rouge, je vais bouger, mon corps va se remettre, le bleu, c'est comme si j'étais dans mon corps et bien. Je vais bien, mais le rouge n'est pas ouvert. Je suis éveillé mais j'ai pas la pêche. Je passe mon temps à foncer dans le rouge. Dans une couleur, c'est facile, mais passer d'une couleur dans l'autre, je commence à les sentir toutes les deux. Je ne sens pas les énergies. Je n'ai pas de quantité, j'ai une certaine finesse. Je ne suis rien parce que je n'ai pas la quantité.

— Comment s'est passée ta semaine ? Comment peux-tu résumer ta semaine ?

— Tu cherches un acte ? Il n'y a rien. Toute l'énergie négative. Ce n'est pas un rien qui me vide. J'ai complètement cassé le rythme familial. Je sens que je me mets dans la place tout seul. Mon beau-père a peur de moi, autant que j'ai peur de lui.

— As-tu peur de moi ?

— Quand ma mère parlait de vous, j'avais très peur. À cause de ton rouge que ma mère amplifiait. »

La difficulté d'insertion ou un éléphant dans un magasin de porcelaine

Gabriel a trouvé un travail de manutention dans un magasin. L'employeur, les premiers jours, lui donne à faire des tâches d'exécution. Il semble que le travail lui plaise. Il est content de travailler. Il sent son corps. Il est enfin présent dans son corps. Il est ancré dans le réel ; c'est une découverte importante pour lui. Il ne fume plus depuis plusieurs jours. Il mange beaucoup, me dit-il. Jean, l'employeur, a déplacé Gabriel. Il l'a mis au classement des dossiers. Et c'est la catastrophe.

> Gabriel me dira au téléphone : « J'aimerais lui dire que je ne peux pas travailler avec les dossiers, avec ma tête, tout se brouille, je n'y arrive plus, je sens que je retombe. Il faut que j'aie un travail seulement physique. J'ai eu honte, il n'était pas content de voir que j'étais incapable. Dis-lui, je n'arrive pas à lui dire, je sais que c'est à moi de le faire, mais les mots ne passent pas. »

La guérison de Gabriel passe par l'action et par le travail rémunéré. Mais la difficulté est de trouver quelqu'un qui puisse l'employer. Les contacts avec un employeur sont difficiles. Une entreprise n'est pas une œuvre de charité, les erreurs se payent, les patrons et les clients ne veulent pas faire les frais d'une insertion. Les réactions de l'employeur sont prévisibles.

« Vous vous rendez compte ! À vingt et un ans, il ne sait même pas son alphabet. Il est incapable de classer correctement des dossiers, un enfant de quatre ans reconnaît les lettres, ce n'est pas possible d'être dans un état pareil !

— Il a fumé trop de cannabis, mais il est en train de se reprendre. C'est déjà bien qu'il veuille se remettre dans le monde du travail. Il faut l'aider.

— Il en est incapable.

— Il faut lui faire confiance. Il ne peut pas trouver de travail dans son état. C'est un cercle vicieux. S'il n'a pas de travail, il retombe dans la drogue et dans le circuit. Il vient de faire de grands pas, le reste, c'est aux autres de le faire. »

Difficile d'employer quelqu'un qui n'arrête pas de se « planter », comme dit Gabriel. Le patron, plein de bonne volonté, lui explique ses erreurs, mais Gabriel est comme un enfant blessé ; pour lui, le patron est l'éléphant dans le magasin de porcelaine ;

le patron lui donne des ordres, et c'est logique. Paradoxalement, Gabriel n'est pas un enfant. Il comprend que les jeux sont pipés. Il analyse fort bien la situation. On ne lui fait pas confiance. Pas d'argent. Au bout de trois jours, il réclame le prix de son travail. « Dès qu'il a de l'argent, il fume », dit sa mère. Et c'est vrai ! Gabriel est incapable de régler sa vie en ce moment.

« J'en ai marre, dit sa mère. Je n'en peux plus. Je suis seule dans cette histoire, ça me mine. » C'est au moment où sa mère craque que Gabriel commence à s'en sortir, il ne fume plus. C'est un progrès énorme. Tout le monde est pressé de le voir se remettre dans le système, pour qu'on ne parle plus de lui.

Il analyse lui-même avec une lucidité étonnante cette situation : « Si je me suicidais, ça arrangerait tout le monde, je leur fais peur. »

C'est le même écho chez la mère. Cette présence recroquevillée, due à une absorption trop répétée de cannabis, lui est devenue insupportable. C'est un paria. On veut le rejeter inconsciemment dans son enfer, tout en étant persuadé consciemment du contraire. Gabriel le ressent très bien quand il dit : « Ma mère veut me nier. » La mère s'est remariée, elle a un autre enfant. Gabriel a reçu cette vie nouvelle comme une négation de la sienne. Il a alors fumé pour achever cette négation.

Le travail de reconstruction est lent, plus lent que la destruction. Le jeune homme est fragile. Il faut utiliser tous les indices positifs, les amplifier, ne jamais dire : « Ça recommence. Je connais la suite, il va retomber. » Ne jamais le lui faire comprendre implicitement. Car l'être malade, blessé dans sa dignité, est comme un chien ; il sent plus qu'il ne sait le rejet de l'autre. Un signe qu'il interprète mal le fait basculer dans le chaos de son cerveau, et c'est fini ; il faut beaucoup d'amour, de tendresse, de confiance absolue, d'humilité. Car devant cet être déchu, l'essentiel c'est d'aimer, c'est d'être ouvert ; les mots viendront, on ne peut pas les chercher. Il n'y a pas de livre utile, il n'y a pas de recettes pour cela.

Une fois, Gabriel a pleuré ; j'ai dit : « Comme tu souffres ! » Il m'a répondu : « On ne m'a jamais dit cela, jamais dit comme ça ! »

Sa mère, qui l'a aimé et choyé, lui a montré son amour, mais il ne le sait plus et il ne la voit plus. Aujourd'hui, c'est vrai, sa mère s'est épuisée. Elle reconnaît toutes ses erreurs et comprend les difficultés de son fils qui a dû accepter son divorce difficile, un remariage et la naissance d'un petit frère qui, venu tardivement, canalise toutes les tendresses et tous les espoirs de la famille. Gabriel se sent à la limite de leurs préoccupations. Il est celui qui reste d'un autre univers. Recommencer. Il faut refaire tout l'apprentissage de la vie, de l'échange vrai, du silence vrai de communion, du dialogue simple, sans trappes, sans souricières.

Et la spirale se déroule et sert de corde infernale pour plonger dans le puits. Gabriel souffre dans sa chair et dans sa tête, et comme il est toujours seul dans le studio que ses parents ont mis à sa disposition, il craque, il sort, va chercher un peu de chaleur humaine, le regard d'un compagnon de souffrance et il partage la même cigarette. Il rentre chez lui. Il a honte. C'est un mécanisme facile à comprendre comme un jeu d'enfant, comme l'alphabet.

La sortie du puits

« Les problèmes, c'était ma mère ; j'aurais pu trouver une porte de sortie dans la musique mais ça n'a pas marché. La drogue, c'est pas une ouverture, c'est dessous, c'est l'enfer. Je prenais dans ma main des boules de souffrance ; ça brûle trop, la douleur brûle, pendant dix ans, j'ai brûlé, j'étais assis contre le mur, voûté comme les drogués. Le soir, c'est le plus dur.

Avec ma mère, je me suis mis à parler tout simplement, j'ai discuté sans y penser. J'ai un équilibre maintenant, elle m'écoute, elle comprend les petites bêtises que je fais encore et ça s'efface tout de suite. J'ai arrêté, j'ai envie de travailler, ça m'aidera à partir. Je travaille les couleurs, les chakras, mais je n'en parle plus, ça doit pas être marrant pour les autres. Je mange à midi, c'est un plaisir.

Avant, je me culpabilisais sur tout, j'avais l'impression qu'on était fabriqués avec une quantité de choses et que j'allais les perdre. J'avais peur des gens parce que j'avais peur qu'ils me bouffent. Je me sens mieux dans mon corps. J'étais très crispé, j'avais tout le poids sur le dos. Souvent, je ne suis pas dans mon corps, je me sens à l'extérieur. Je me sens mieux avec les autres. Ils ont enlevé leurs masques. J'ai l'impression de voir les gens différemment. Est-ce que j'avance ? Avancer est encore un mot que j'utilise. Il faut que je naisse complètement. J'avais une image de moi, l'image de la fin, de l'aboutissement, moi flottant dans un autre monde et tout le monde autour de moi.

J'ai accepté que ce soit une image et c'est parti. Toutes les choses qui s'étaient passées, c'était le contraire de ce que j'étais. Les couleurs et la souffrance, c'étaient mes seules amies. J'avais peur du monde extérieur. Je croyais qu'il fallait passer sa vie à fabriquer, à consolider, c'était mon monde. Maintenant, c'est quand les gens voient vraiment qu'ils trouvent les masques qui ne sont pas eux. Ceux qui sont eux ne font rien. Ils sont. Je me sens obligé d'être moi-même. Je fais la vie que j'ai mentalement. On a toujours envie ou peur des autres. Je me sens obligé d'être naturel. Je me sens libéré. Je me mets à chanter, j'ai un bon sommeil, je rayonne. »

Gabriel continue ses séances de sophrologie, deux fois par semaine, puis une fois par semaine. Il écoute les enregistrements, avec un message très simple sur une musique relaxante. Il reprend une respiration contrôlée ; il refait l'alliance avec son corps et avec autrui. Il progresse. Il a réussi à trouver un travail à mi-temps dans la restauration. Il retrouve les contacts sociaux. Il se fait de nouveaux amis qui le soutiennent le soir, après son travail. Aujourd'hui, il va bien. Il a arrêté les séances. Il dit qu'il est désormais capable de marcher tout seul : c'est bien.

Focus sur le sommeil

Sophrologie et dépendance aux somnifères

La sophrologie tend à supprimer la dépendance aux médicaments. En accord avec le médecin, le sujet diminue ses doses lentement et ne garde que les médicaments nécessaires à l'équilibre de son organisme, compte tenu de sa pathologie particulière. La sophrologie est particulièrement adaptée pour réguler le sommeil. La qualité de la vie est liée à la capacité d'obtenir un bon sommeil réparateur qui permette de vivre la journée détendu, bien dans sa tête, bien dans sa peau. Pendant le sommeil, notre corps vit différemment : sa température s'abaisse, le rythme cardiaque et la respiration ralentissent.

Les statistiques sont effrayantes : 25 % de la population souffre de troubles du sommeil. Pour certains, c'est une véritable maladie. Les études scientifiques ont fait progresser les questions concernant le problème du sommeil depuis 1929, grâce à la découverte de l'électroencéphalogramme et, de nos jours, grâce à la médecine nucléaire. N'oublions pas quelques éléments indispensables à la connaissance du sommeil. Chaque dormeur a une heure d'endormissement favorable. C'est à lui de la chercher en étant à l'écoute de lui-même. Certains, à neuf heures du soir, commencent à sentir le passage du marchand de sable, mais ils ne veulent pas l'entendre, ils viennent ainsi de compliquer la nature. Beaucoup d'insomnies sont dues au fait que c'est le dormeur qui choisit l'heure du sommeil, alors que son fonctionnement biologique en réclamerait une autre.

On distingue quatre stades dans le sommeil, qui vont du demi-sommeil au sommeil profond. Le sommeil paradoxal intervient en moyenne toutes les 90 minutes. C'est pendant cette période que le sujet rêve. La première phase de sommeil paradoxal dure environ 9 minutes, la deuxième phase 19 minutes, la troisième 21 minutes, la quatrième 24 minutes, la cinquième 30 minutes. En huit heures, le sujet rêve environ une heure et demie. Le rêveur a des mouvements oculaires rapides, visibles par un témoin, appelés REM. Ces phases sont nécessaires et sont malheureusement perturbées par l'absorption de boissons alcoolisées et de médicaments, ce qui a des conséquences nocives sur la capacité à mémoriser, sur l'humeur[44], ce qui se répercute sur l'entourage.

Cassez la dépendance aux somnifères

Pour retrouver un sommeil physiologique normal, les médecins préconisent des médicaments, particulièrement des hypnotiques qui créent une dépendance. Si le sophrologue veut aider un sujet, il est de l'intérêt de tous de se mettre en rapport avec le médecin prescripteur. Il est hors de question de réguler l'absorption des médicaments. C'est au sujet et au médecin d'en décider. Voici le discours type de la dépendance aux somnifères :

> « Je ne peux pas me passer de mes médicaments, sinon je ne ferme pas l'œil de la nuit. Je ressasse, je me tourne, me retourne, je me lève, je bois de l'eau, je mange, je lis, je me recouche et ça recommence ; au moment où je vais m'endormir, une idée me traverse l'esprit et je fais des plans sur la comète. Je me dis autrement ce que je m'étais dit tout à l'heure, ça n'avance pas. »

---

44. Raphaël Lenné, *Retrouvez le sommeil*, Avignon, Aubanel, 1977.

L'insomnie est très variable selon les individus, c'est pourquoi l'entretien précédant les séances enregistrées doit être personnalisé. L'anamnèse doit être minutieuse. Elle recherche les conflits qui créent un état de malaise, d'insécurité, d'angoisse : ce peut être des conflits internes dus à une dépression, à une névrose, et des conflits externes dans le couple, dans la vie de famille, dans la vie professionnelle. L'environnement ne doit pas être négligé : il englobe la qualité de vie, le confort de la chambre, du lit, l'aération, la température, les ions, le bruit. Les occupations du sujet avant de s'endormir et la lourdeur des repas influencent la qualité du sommeil. Dans une insomnie, tout doit être examiné. Cette prise de conscience minutieuse des facteurs qui perturbent la conscience et qui n'affleurent pas dans l'entretien si vous ne le demandez pas, cette mise au clair représente un acte important pour l'autonomie de la personne. Le sujet prépare mentalement la qualité et la durée de son sommeil. Le sophrologue reprend ses mots, ses images de bien-être et les restitue dans une séance de sophrologie enregistrée.

Les troubles du sommeil sont rarement isolés. Il y a plusieurs sortes d'insomnie : celles de l'endormissement accompagnées de pensées obsédantes, obsessionnelles, répétitives, qu'on nomme généralement du *mentisme* ; celles du milieu de la nuit, avec des cauchemars et des difficultés de rendormissement ; celles du petit matin, banales chez les personnes âgées. Nous laissons de côté les cas limites, que nous ne trouvons pas en sophrologie car ils sont traités par des médecins et des spécialistes. Je m'attacherai à l'examen des personnes qui souffrent d'insomnies courantes, qui ne relèvent pas d'une pathologie lourde et pour lesquelles, pourtant, ces personnes ingèrent des tranquillisants quotidiennement.

L'anamnèse recherche toutes les informations habituelles afin de comprendre le malaise de l'insomniaque et son environnement. S'ajoutent des renseignements spécifiques au problème du sommeil : le nombre d'années d'insomnie, les médicaments utilisés, les difficultés de l'endormissement, les heures de réveil, les rites du mauvais dormeur, le contenu des idées ; tout est utile pour améliorer sensiblement le sommeil. Les résultats sont souvent spectaculaires dès les trois premières séances.

La sophrologie et l'insomnie

Le sophrologue étudie consciencieusement les raisons objectives de l'insomnie : un sujet pris dans des tracasseries de divorce, dans l'angoisse d'un cancer, dans une solitude due à un décès, dans un engrenage financier. Il n'est pas facile de laisser ses soucis à la porte du sommeil, et les raisons de ne pas dormir sont nombreuses. Mais vous connaissez des gens qui dorment du sommeil du juste alors qu'ils auraient de bonnes raisons de rester éveillés toutes les nuits : ils ont la conscience tranquille.

Le sommeil est un cadeau de la nature. Il est nécessaire à l'humain pour son équilibre biologique. La perte du sommeil est un symptôme de mal-être, de déséquilibre, de perturbations. C'est une sonnette d'alarme. L'amélioration du sommeil influence la personnalité, l'humeur, favorise la résistance contre les virus, contre les maladies, renforce le système nerveux, donne une meilleure efficacité dans le travail physique et intellectuel, facilite les échanges avec le monde environnant. Celui qui n'a pas dormi est de mauvaise humeur, il communique plus difficilement avec autrui et se sent à l'écart des autres, mal à l'aise.

Maîtriser son insomnie est une victoire sur soi qui a le mérite de pouvoir être analysée objectivement. Combien de temps dormez-vous ? De combien d'heures de sommeil avez-vous besoin pour être en forme ? En trois séances, vous obtenez le sommeil que vous avez demandé. « C'est à la carte ? » demande un sujet sceptique. À peu près, c'est un conditionnement. À sa grande surprise, il trouve le sommeil en un mois. Comment s'y prendre ?

L'insomniaque est accompagné par la voix du sophrologue. Chaque soir, il s'endort avec l'enregistrement préparé spécialement pour lui. Les écouteurs sur les oreilles, il écoute la voix qui crée un conditionnement au niveau sophroliminal. Le message n'est pas vague, il concerne particulièrement le dormeur. Il le rassure sur ses projets. Il contient les éléments nécessaires à maintenir la conscience au repos. Il donne des assurances sur la qualité de son sommeil.

On peut s'interroger sur le rôle de cette voix. Il m'apparaît que la voix susurrée dans les écouteurs – et plus particulièrement s'il s'agit d'une voix de femme – est symboliquement la voix de la mère. Il semble en effet que les résultats spectaculaires s'expliquent par deux facteurs : l'écoute personnelle qui a lieu dans les entretiens au niveau sophroliminal et le lien transférentiel qui se met en place au cours des séances à l'insu des participants. Ce facteur physique de la voix douce et bienveillante est un atout supplémentaire.

Le psychanalyste Bertram D. Lewin, qui a étudié les problèmes du sommeil, fait remarquer que trois éléments doivent être retenus dès le plus jeune âge : manger, être absorbé, dormir. Le nourrisson s'enfonce dans les masses douces et molles et reproduit la sensation d'être avalé et englouti dans le sommeil, de même les sensations de chute représentent l'endormissement. La relation avec la mère, douce ou brusque au moment où elle retire le sein, serait liée au sentiment de sécurité. Le sommeil naît dans une satisfaction orale, dans le contentement du nourrisson. Des auteurs ont remarqué que le problème de l'insomnie était lié à l'angoisse de mort, angoisse de séparation, qui rappelle l'angoisse du nourrisson lorsque la mère lui retirait le sein. Quand on va dormir, on vous abandonne, voilà la pensée inconsciente de l'insomniaque.

L'analogie avec la mort est une idée commune. La prière avait une action efficace contre l'insomnie. Le rituel permet le conditionnement ; l'appel à une force supérieure crée un accompagnement d'amour. La séance enregistrée qui intervient au moment du sommeil a lieu à l'heure de la prière traditionnelle dite dès l'enfance par certains.

Lorsque l'insomniaque a maîtrisé son sommeil une fois, il a fait un pas, il sait se débarrasser de cette idée parasite selon laquelle il ne va pas pouvoir dormir, idée qui l'empêchait effectivement de dormir. Pour assurer le conditionnement, le sophrologue développe un travail mental de reprogrammation : « Je vais bien dormir cette nuit, d'un sommeil réparateur de six ou huit heures », selon la demande.

Retrouver le sommeil, c'est lutter efficacement contre les conséquences du stress et se préparer à résister au stress quotidien à venir. C'est un moyen de s'adapter à l'environnement, de restaurer ses forces, de se protéger et d'acquérir ainsi un nouvel équilibre physiologique, essentiel à une vie heureuse.

POUR TROUVER LE SOMMEIL

Vous vous installez confortablement pour bien dormir. Vous prenez la position la plus confortable pour vous, vous pouvez en changer quand vous avez envie. Respirez par le ventre, en expirant par la bouche pour vous libérer de votre journée. Vous vous videz de tout ce qui vous dérange, vous ennuie, vous fatigue. Votre cerveau se met au repos.

Inspirez, vous lâchez prise, vous vous sentez en confiance et en toute sécurité ; les bruits extérieurs s'estompent. Le monde qui vous environne n'a plus aucune importance. Et vous relâchez maintenant votre visage et vous vous préparez à un bon sommeil réparateur de sept heures, un sommeil continu, doux, tranquille, paisible, profond. Vous détendez votre visage, votre front, vos yeux, les muscles autour de vos yeux sont maintenant relâchés, vos joues, votre bouche, vos dents sont desserrées, vos lèvres sont entrouvertes, votre langue et tous les muscles de votre visage sont relâchés.

Votre cou se relâche, et vos épaules se laissent aller, s'abaissent, et vos bras sont lourds, lourds, agréablement lourds ; vos mains sont chaudes, agréablement chaudes ; votre nuque s'assouplit, tous les muscles et nerfs de votre nuque se détendent.

Vous êtes à l'écoute de votre corps, de vos sensations, du plaisir de la détente et du lâcher-prise. Votre respiration devient de plus en plus calme. Tous les muscles de votre bassin et de votre ventre sont relâchés. Tous les muscles du votre dos se détendent et votre colonne vertébrale devient souple.

Relâchez maintenant les cuisses, les genoux, les mollets, les ligaments de vos chevilles sont souples, vos pieds sont relâchés, et vos muscles sont détendus. Vos deux jambes sont souples, détendues. Tout en votre corps est maintenant au repos et vous prenez conscience de votre corps profondément relâché. Et vous pouvez imaginer sur vos épaules un sac que vous pouvez alléger. Vous pouvez vider tout ce qui vous pèse, tout ce qui vous embarrasse.

Maintenant, en ce moment très agréable, vous pouvez imaginer un superbe paysage, la végétation tout autour, le ciel bleu, le soleil doux. Vous admirez des arbres majestueux, le chant des oiseaux, tout près, vient jusqu'à vos oreilles. Ils jouent sur les branches, insouciants et joyeux. Et vous respirez calmement dans cette nature généreuse et fortifiante.

Vous vous sentez en équilibre et êtes prêt à tomber dans un doux sommeil réparateur, calmement, doucement, en toute confiance,

en toute sécurité. Un long sommeil, profond d'au moins sept heures. Et demain matin, vous vous sentirez en bonne santé, reposé, vous retrouverez doucement vos forces, votre dynamisme et toute votre efficacité. La nature fait bien les choses, votre corps est auto-réparateur.
Vous sentez que votre respiration est de plus en plus calme, c'est la respiration de votre corps qui s'endort paisiblement, et vous avez droit à ce bon sommeil qui répare vos forces et développe votre énergie. Laissez-vous glisser agréablement dans ce sommeil profond, réparateur… un doux sommeil, long, continu, agréable et profond.

Pierre, soixante ans, marié, deux enfants, retraité

Il y a trois mois, sa femme a demandé le divorce, et depuis, il ne peut plus dormir. Il arrive très fatigué. Sa demande est unique : dormir. Je le préviens qu'il risque de s'endormir à la fin de la séance. Il téléphone à sa femme pour lui dire qu'il rentrera plus tard.

Nous examinons la qualité de son sommeil. Il se couche à neuf heures, prend un somnifère. Sans succès. Minuit, il reprend un autre cachet. Il se réveille vers trois heures, il somnole jusqu'à cinq heures, se rendort un peu et se lève à six heures.

Après la séance, il dort quarante minutes et je le réveille. Il n'en revient pas. Il emporte l'enregistrement de sa propre séance. Je lui demande de l'écouter chaque soir. À la deuxième séance, il me donne son emploi du temps. Le lendemain de la séance, il a pris son somnifère, il a écouté l'enregistrement et s'est endormi avec les écouteurs, trouvant ma voix soporifique. Le deuxième soir, il a supprimé de lui-même le somnifère, il a mis sa séance et a dormi sans difficulté. Les trois autres nuits se sont passées de la même manière. À la deuxième séance, je lui dis que je vais consolider le conditionnement. J'enregistre à nouveau la séance. Il est d'accord. « Pour moi l'audio, ça me tranquillise. »

L'enregistrement a donc remplacé le tranquillisant. Il m'a téléphoné deux jours plus tard pour me dire que tout allait bien, qu'il dormait parfaitement avec mon intérêt et qu'il ne voyait pas l'intérêt de me voir une nouvelle fois. Il me remerciait chaleureusement. Ce fut le cas le plus spectaculaire dont je me souvienne.

Patrick, quarante-cinq ans, marié, deux enfants, banquier

Il ne venait que pour « régler un problème de sommeil » et par curiosité. « J'espère que vous n'êtes pas une astrologue ! » J'ai eu beau lui dire que le sommeil cachait une difficulté d'être, un rapport conflictuel avec les autres, peut-être. Il ne voulut rien savoir. Il voulait dormir ; son métier était très difficile ; il avait d'importants dossiers à défendre et il avait perdu le sommeil. Il ne prenait pas de cachets.

La première séance de sophrologie fut impressionnante pour lui. Lorsque je lui ai demandé de s'allonger, de quitter sa cravate, ses chaussures et sa ceinture, il semblait perdu. « Qu'est-ce que vous allez me faire ? » Et puis, la séance a commencé. Il a lâché prise, son visage n'était plus le même. Toute la fatigue avait disparu. En se regardant dans la glace au réveil, il était surpris : « Je suis comme maquillé, lavé. » C'était vrai ! C'était un autre homme. Il emporta son enregistrement. Et tout de suite, il retrouva son sommeil réparateur. Il revint trois fois pour ancrer le message conditionné. Il me téléphona quelque temps plus tard pour me dire combien il était heureux de cette maîtrise. « Il suffit que j'évoque le son de la voix quand je m'endors, les mots arrivent et je pars tranquillement. » L'audio était devenue inutile. Il se l'était approprié.

Anita, vingt-cinq ans, célibataire, étudiante

Les traumatismes de l'enfance et de l'adolescence développent pour la vie adulte un ensemble de comportements et de conduites au premier abord inexplicables. Anita est insomniaque. Elle a de grosses difficultés pour s'endormir et se réveille chaque nuit. Outre ses problèmes personnels qu'elle évoque abondamment, c'est finalement la peur de mourir qui lui paraît être la cause profonde de ses insomnies.

Nous utilisons le test de J. Wolpe pour parler de ses angoisses et laisser venir des souvenirs qui avaient été oubliés, non pas refoulés mais mis de côté, comme sans importance pour elle et sans lien avec son sommeil perturbé. Mais Anita souffre d'insomnie.

Sa chambre ne lui plaît pas, elle est provisoire. « Nous sommes en location. C'est une maison triste que je n'aime pas et je ne vais pas dans ma chambre avec plaisir. » L'insomnie cache souvent la peur de la mort. Anita décrit une oppression sur la poitrine alors qu'elle commence à se détendre. Et voici ses souvenirs obsédants : elle a vécu la mort d'une amie de sa mère qu'elle aimait beaucoup. Toute la famille d'Anita a suivi la maladie de cette jeune femme pendant quatre ans. Anita avait alors quatorze ans.

À l'école, elle avait vu un petit garçon qui suivait un traitement à la cortisone. Il était gonflé, on ne le reconnaissait plus. Il est mort de leucémie.

> « Ça m'a beaucoup marquée. Quand j'étais plus petite, mes parents nous laissaient deux fois par semaine. Nous habitions une maison éloignée de tout. Nous avions seulement une ferme voisine. C'était à la campagne. Ils partaient en soirée. Mon frère et moi, nous attendions nos parents. Souvent, ils s'attardaient, ils pensaient que nous dormions. Mon frère, qui avait quatre ans de moins que moi, dormait et, moi, je me faisais un cinéma d'horreur dans ma tête : je pensais toujours à un accident de voiture. Je développais tout un scénario qui s'étendait sur plusieurs jours : l'accident, les mesures à suivre en cas de mort, les personnes à prévenir. Souvent, mon frère paniquait. Je le rassurais.
>
> Les baies ouvraient sur la nuit noire. Je mettais des lumières dans toutes les pièces et la télévision ; d'ailleurs aujourd'hui, j'allume en permanence les lumières, je les oublie tout le temps. C'était pénible pour moi. Mes parents ne pensaient pas du tout que cela nous perturberait. Même aujourd'hui, ils sont étonnés que ça ait eu autant d'importance.
>
> Il y a eu aussi l'accident de mon frère qui a perturbé toute la famille. Je le gardais, il avait cinq ans. Il est tombé de la chaise quand je jouais avec lui. Il a eu un traumatisme crânien. On a dû l'emmener en urgence à l'hôpital le plus proche. J'ai beaucoup culpabilisé. Je fais souvent des rêves morbides. »

Il a suffi de quelques séances de réassurance, d'apaisement de sa conscience troublée, de conditionnement positif pour qu'elle réapprenne la sérénité, qu'elle accepte le sommeil.

La durée du sommeil varie selon les individus. Le meilleur sommeil qui produit des ondes delta se situe dans la première partie de la nuit. Les personnes qui dorment naturellement et se lèvent sans la sonnerie du réveil ont maîtrisé leur sommeil, même s'il n'est que de six heures. Une courte sieste à midi avec une relaxation sophronique repose le cœur et l'esprit et contrebalance parfaitement les huit heures habituelles.

> ***Je me laisse glisser dans le sommeil, en toute confiance, en toute sécurité, je m'endors d'un sommeil réparateur de huit heures, je récupère toute l'énergie dont j'ai besoin, mon corps est au repos, mes cellules se régénèrent, je préserve ma santé, je me protège, j'accepte de dormir en paix pour retrouver demain matin une bonne forme, pour être de bonne humeur, pour vivre pleinement ma vie.***

La sophrologie aide à l'autonomie

La sophrologie apprend à prendre conscience de ses dépendances pour les maîtriser peu à peu. Le sujet se libère de ses liens. Il analyse les raisons de son comportement et retrouve la motivation pour changer.

Une analyse en profondeur éclaire le sujet sur la dépendance qu'il entretient avec son histoire individuelle. Si l'on veut en finir avec les dépendances à l'égard du tabac, de la nourriture, de l'alcool, de la drogue, des tranquillisants, le sophrologue doit accompagner le sujet dans son cheminement intérieur. L'examen se portera sur les relations familiales et le rapport à l'enfance ; c'est l'objet de notre prochain développement.

La dépendance, qu'elle soit à une substance légale ou illégale, signe clairement le rapport que le sujet entretient avec le monde, avec autrui et avec son passé.

Chapitre 6

Êtes-vous prisonnier de votre passé ?

Vivez dans votre élan vital

Marc, cinquante-deux ans, marié, deux enfants, directeur de société

« Mais qu'est-ce qui me prend ? Que m'arrive-t-il ? Je prends conscience d'un dérèglement, d'un dysfonctionnement de mon organisme, je suis fatigué, j'attrape tous les virus qui passent, je n'ai aucun ressort, je n'en peux plus, rien ne va plus. Tout me tombe sur le dos, je suis en train de déprimer.

Je m'évite. Je suis comme un prisonnier, pas seulement de ce qui m'entoure, de la vie trépidante, de l'engrenage du travail, des inévitables soucis immatériels, je suis prisonnier de moi-même. Je ne désire plus rien, je suis frustré. Je n'ai plus envie de rien, il semble que la sève de vie me quitte. C'est une idée de vieillesse qui m'arrive. Je n'ai plus l'âge, je n'ai plus vingt ans, c'était bon hier de croire à l'avenir ; maintenant, c'est plutôt le passé qui remonte à la surface. "Si j'avais fait cela, ce ne serait pas arrivé." "Si j'avais su !" Et les pensées négatives reviennent sans cesse parasiter mon quotidien, je ne me permets pas de vivre pleinement de nouvelles situations. Je n'ai que des regrets, des souvenirs.

C'est vrai, je ne prends plus le temps de respirer, je me stresse pour peu de choses, je me déteste, je m'angoisse, je n'ai plus de bons moments que je savoure en paix. Je ne m'arrête plus. Je fuis le moment où je peux me détendre, penser à moi ; je suis mal avec moi-même. Pourquoi ? »

Caroline, trente-deux ans, divorcée, sans enfant, comptable

« Je m'empêche de vivre, je ne veux plus être aussi malheureuse que lorsqu'il m'a quittée. Je ne crois plus en rien. Le passé est trop lourd. J'ai trop subi, j'en veux trop à mes parents, je rate tout aujourd'hui, je m'en veux et j'en veux aux autres d'avoir réussi mieux que moi, je me sens vraiment très mal. Je n'arrête pas de me le dire. »

Sylvie, quarante-huit ans, mariée, deux enfants, cheffe de personnel

« Je me sens exclue et je sais que c'est faux. Je suis très nerveuse. J'ai peur de me faire dévorer. J'ai une agressivité en moi, j'ai des rapports difficiles avec les autres.

Dans notre famille, nous sommes trois enfants ; j'ai un frère aîné et une sœur. Je suis celle du milieu. C'est le garçon qui compte. On ne s'est jamais inquiété de moi. J'ai vécu en pension, comme les autres enfants, car mes parents vivaient à l'étranger. Mon frère, c'était un dieu. J'étais là ou pas là, mes parents ne voyaient pas de différence. Je n'ai jamais été maltraitée, j'ai toujours été très seule. Je me suis réfugiée dans cette solitude. Je n'étais pas malheureuse. Aujourd'hui encore, je recherche la solitude au milieu des autres, comme je l'ai vécue enfant. J'ai appris à tout mettre de côté, à me fabriquer un monde en moi. C'est ma nature qui est comme ça.

Mon père était très dur, très carré. J'étais soumise, j'étais une révoltée silencieuse. J'aurais dû exploser, je ne l'ai pas fait. J'ai vis-à-vis de mes parents un grand respect qui n'est, si j'ose dire, que de l'indifférence, celle qu'ils m'ont témoignée, je trouve cela monstrueux.

J'ai été transparente vis-à-vis d'eux. J'avais quatorze ans, je devais redoubler une classe. Pendant les deux mois de vacances, je suis restée en pension pour travailler et passer finalement dans la classe suivante. Mon père m'a dit : "Un jour, tu me remercieras !" J'ai été très marquée par cette punition. Je lui en ai voulu à mort. En deux mois, j'ai pris dix kilos. Je faisais de la boulimie, je ne m'en rendais pas compte. Je passais mon temps à manger. J'ai dit que je voulais être bonne sœur, que je voulais le punir. Il était fou furieux, ma mère était malheureuse. Je suis allée chez le médecin pour mon poids. Ma mère se laissait faire. Elle ne me protégeait pas. J'en ai surtout voulu à mon père.

Tout cela est resté caché ; je ne me rendais pas compte que j'en voulais à mon père. C'est un peu une vengeance, je suis la seule à avoir réussi ma vie, moi qui ne comptais pas. Ma sœur non plus n'est pas heureuse. Souvent, je me suis posé cette question : et si j'étais morte, en aurait-il souffert ?

Je me sens vraiment bien d'avoir évacué tout ça. J'ai réussi à le gérer tant bien que mal dans ma vie quotidienne mais je suis marquée. Pourtant j'ai une vie de couple, j'ai eu beaucoup de chance. J'existe, pas à travers quelqu'un, j'existe vraiment. Mon mari sait me laisser mon indépendance. Avec mes enfants, ça se passe bien.

Je me regarde vivre, travailler, je ne m'implique pas. Je me parle comme à une étrangère, je suis deux personnes, je vis en parallèle, l'une regarde l'autre. Je fais semblant, toute ma vie. »

Aurélien, vingt-huit ans, marié, sans enfant, étudiant

« Je veux faire de la sophrologie parce que je n'ai pas confiance en moi. Je n'arrive pas à me projeter sur l'avenir dans une profession. J'ai beaucoup de problèmes pour passer des examens. Cela depuis toujours et j'ai l'impression que le passé se répète et que je n'avance pas. Je suis fatigué en ce moment mais cela n'explique pas tout. Le jour de mon bac, j'ai oublié de me lever. J'ai raté la première matinée. J'ai voulu arrêter mes études. J'ai suivi un apprentissage de menuiserie. Une semaine avant de passer l'examen, j'ai eu un accident de voiture. J'ai repris mes études. J'ai eu mon bac de justesse. Je vais passer maintenant mon diplôme de kinésithérapeute. J'aime beaucoup ce que je fais mais j'ai du mal à passer les examens. Dans la vie quotidienne, tout ce qui a un caractère un peu exceptionnel, comme un entretien pour obtenir un travail, même temporaire, me rend malade. Ce n'est pas logique car je reconnais mes qualités, mais quelque chose se déclenche, c'est comme un petit grain de sable qui détraque la machine.

Je n'ai pas cessé de manquer les rendez-vous importants dans ma vie. Et même aujourd'hui, je me dis que c'est toujours pareil, c'est le même scénario d'échec qui se répète. Je n'arrête pas de me mettre dans la situation de rater ce que j'entreprends. »

Marc, Caroline, Sylvie et Aurélien, comme bien d'autres, souffrent d'une incapacité à vivre leur vie dans l'élan vital. Qu'est-ce que vivre ? Vivre, c'est être ouvert à toutes les possibilités. Aujourd'hui peut m'apporter une rencontre amicale, une joie simple, une satisfaction personnelle, une découverte esthétique, un sujet de réflexion qui nourrissent non seulement ma curiosité mais mon cœur et mon appétit de vivre. Aujourd'hui est un jour neuf. Beaucoup d'êtres portent sur le monde et sur leur journée à venir un regard usé. Les pensées qu'ils ressassent sont ancrées dans le passé. Le ressort vital est cassé. Ils ont peur de sortir de chez eux et mettent des lunettes noires pour affronter le jour.

Croire que cette attitude négative est définitive, c'est oublier que l'humain est perfectible et que son cerveau est toujours en fonction, même pendant le sommeil. C'est donc le fonctionnement qui est en cause. Les émotions attachées au passé ont été vécues dans le passé. Il n'y a aucun endroit où l'on puisse aller les chercher. C'est le cerveau qui s'épuise à raisonner sur un matériel définitivement clos. Le passé n'est là, à notre porte, que si nous maintenons par un effort inconscient et désespéré ce qui ne peut raisonnablement être maintenu. Ne pas lâcher son passé, c'est s'interdire de vivre au présent et dépenser une énergie folle pour réactualiser sans cesse un matériel dégradé ; cela coûte beaucoup d'efforts, et c'est une erreur *économique*. Rafistoler un matériel qui date, s'efforcer de le remettre dans la course est une entreprise vouée à l'échec et très fatigante pour l'individu : il en perd sa santé et sa joie de vivre. Dans cette manière d'appréhender la vie, le sujet névrotique perçoit l'avenir comme un passé figé.

C'est bien cette névrose que l'on rencontre fréquemment et qui consiste à s'arrêter de vivre, à marcher à reculons, comme si l'on était attaché au passé. Beaucoup de gens vivent des scènes dites « élastiques » parce qu'elles semblent se répéter et faire partie de leur histoire personnelle ; ils vivent leur vie comme s'ils étaient attachés par des élastiques qui ont pour fonction de les ramener au point de départ, aux scènes traumatisantes, de les rappeler à l'ordre. Ces scènes perturbent leur marche en avant et annihilent leur pouvoir de choix, elles se répètent inlassablement et agissent comme une force du destin.

Il y a pire encore. Le matériel vécu se transforme au fil des années et s'enrichit de détails inventés ou s'appauvrit d'informations qui auraient peut-être changé l'interprétation des faits. Le passé qui nous fait mal est déjà un passé reconstruit. En vue de quoi ? Trop souvent, ce que nous réussissons à retenir du passé vient appuyer la thèse que nous voulons défendre. J'ai été malheureux, voilà la preuve et voilà pourquoi je suis ce que je suis : un raté ! Ce n'est pas de ma faute. On me l'a toujours dit. Le sujet a donc accompli son destin, auquel il a pris peu de parts.

La force du destin

Cette croyance en un destin est celle qui mène le monde. Les petites phrases assassines ne manquent pas : « Chacun son destin », « on n'y peut rien », « c'est sa destinée », « il est né sous une mauvaise étoile », « il ne peut pas faire autrement. » Toutes les justifications sont bonnes pour celui qui est persuadé qu'il ne vit pas sa vie et qu'on lui a donné une vie toute tracée. Il est indéniable que nous avons en nous des déterminismes importants : biologiques, génétiques, socioculturels. Mais il ne faut pas sous-estimer le domaine de l'acquis. La sophrologie permet de faire confiance au développement de l'individualité, qui est considérable et signe la différence entre les êtres. Elle favorise la prise de conscience des déterminismes, des traumatismes et du mauvais fonctionnement du cerveau qui ne développe plus d'idées nouvelles mais répète des phrases toutes faites, comme une mauvaise chanson trop entendue et que l'on se surprend à fredonner en dépit de sa médiocrité. On est d'ailleurs frappé de l'indigence des messages ressassés et de leur efficacité négative. Plus le message est ancien, plus il prend de l'importance pour justifier le présent.

La tâche du sophrologue est donc de faire émerger la totalité du matériau : souvenirs, paroles, scènes négatives, pour neutraliser ses effets dans le présent et délivrer le prisonnier de ses chaînes. Les émotions attachées à ce matériau seront alors coupées de ces images et n'entraveront plus la progression de l'individu qui, par essence, est un être en continuelle métamorphose. La vie est mouvement et création perpétuelle. Régénérons donc l'être humain, aidons-le à retrouver un meilleur rendement par un apport d'oxygène dû à la respiration abdominale, doublé d'un nettoyage mental, afin de débarrasser le cerveau des scories qui se sont agglomérées au fil des années, par routine et par manque d'attention à soi.

Le pouvoir d'agir et de mener sa vie comme on le désire sera alors décuplé. Le présent aura retrouvé sa fraîcheur et toute son ouverture, son dynamisme ; il sera le moment de l'élan vital. Le futur retrouvera un rôle de projet. L'horizon aura retrouvé sa richesse avec ses possibilités d'ouverture à ses choix de vie. L'être figé sur son passé ne peut aller vers l'avenir et ne peut envisager le moindre changement sans se sentir perdu et angoissé. L'être prisonnier de son passé ne peut aller vers l'autre, quel qu'il soit. Ce n'est jamais l'autre qui le délivrera. Chacun doit apprendre à sortir de sa prison.

PAUSE RESPIRATION

Quelles petites phrases reviennent dans votre tête, lorsque vous êtes fatigué ? Quelles scènes de la petite enfance vous révoltent encore aujourd'hui ? Vous a-t-on dit un jour que vous étiez un raté ? Étiez-vous un vilain petit canard ?

Séance de sophromnésie : les mots insupportables

Dans cette technique, le sujet est entraîné à se placer au niveau sophroliminal, après une sophronisation classique de base ou même après la relaxation de Schultz, déjà décrite. Grâce à un entraînement systématique, cela lui prend un temps de plus en plus court.

Ces séances de sophromnésie ne sont jamais enregistrées. En effet, l'enregistrement est un outil pour reprendre un exercice et l'ancrer dans sa pratique journalière, afin de susciter une image agréable ou un message positif corrigeant le comportement du sujet. Quel intérêt aurait une séance enregistrée de sophromnésie ? Elle serait dangereuse, puisqu'elle fossiliserait un élément négatif et perturbateur de la personnalité. Elle agirait au contraire comme un mauvais ancrage. Comme le rappelait

Alfonso Caycedo, le but de la sophromnésie est de retrouver des souvenirs positifs pour donner un nouvel ancrage de vie à l'individu. Il faut déblayer tous les mauvais souvenirs qui entravent la liberté d'action de l'analysant. Il s'agit bien en effet de « sophro-analyse », néologisme dont le sens est évident et qui a le mérite de la distinguer de la psychanalyse.

Je demande à Aurélien de repenser à l'entretien que nous venons d'avoir et de laisser venir, en toute liberté, dans un lâcher-prise, dans un abandon total, les messages qui se présentent : ce peuvent être des images fixes, des sortes de diapositives, un film, des paroles, des musiques. Les associations sont libres.

« Vous avez le loisir de vous taire ou de parler, d'engager un dialogue s'il vous paraît utile à votre travail intérieur. Nous conservons un signe de communication facile à interpréter : l'index levé indiquera l'affirmation. Aucun signe, bien entendu, pour dire non. Dans l'inconscient, c'est toujours ici et maintenant. Nous sommes attentifs à ce qui se passe, à ce qui est. »

Pendant que je précise le protocole, Aurélien s'est déjà placé en niveau sophroliminal et se met à parler en toute liberté :

« J'ai un frère jumeau. Lui, il était meilleur que moi, je le suivais partout. Je prenais tout sur moi : il avait un comportement assez marginal. Je prenais ses bêtises sur mon dos. Lorsque j'ai passé mon brevet, il fallait des listes de textes pour être interrogé à l'oral. Mon frère et moi, nous étions dans la même classe. Mon frère a fabriqué une liste à la place de celle du professeur. Je me suis senti coupable. Je lui en ai voulu. Cela pouvait être un cas d'exclusion. C'était un enfantillage, ça m'a marqué.

Mon père était alcoolique. J'ai été mis en tutelle. Ma mère m'a fait signer des papiers. J'ai refusé. Ma mère a été violente. J'ai dû le faire. "Ton père est un crétin, tu entends ?" J'ai porté cette signature sur ma conscience, c'était vraiment un fardeau. J'étais en révolte d'avoir été poussé à tuer l'image de mon père. Ma mère l'a détruite, j'aimais mon père.

Il n'y avait pas de vrai dialogue à la maison. On m'envoyait seul en Angleterre pour parfaire mon anglais pendant les vacances. Mon frère restait à la ferme. Il voulait faire des études d'agronomie. Je m'ennuyais terriblement. J'ai toujours gardé cette impression : tous les gosses sortaient de l'avion, je me disais : "Avec qui je vais aller encore cette fois-ci ?" À chaque fois, j'étais hébergé chez des gens qui, tout de suite, me déplaisaient. Quinze ans après, je sais encore par cœur le nom de la localité. Je vois le billet aller-retour, son prix. J'ai ressassé des rancœurs sur ma jeunesse. J'ai eu du mal à vivre.

Je souffre de quelque chose, je pense. Dans le ventre de ma mère, j'aurais dû être seul. Il a fallu que je partage, déjà là. J'ai cette souffrance. Ma mère nous mettait un bracelet quand nous étions petits. Ensuite, on a joué avec notre identité. Je suis peut-être l'autre. Je me suis dit : "Il ne mourra pas le même jour que moi, donc on est différents." À six ans, au bord de la piscine, il plonge et s'ouvre le front. Je le vois très nettement. Je plonge, je m'ouvre le front et je remonte à la surface.

À l'école communale, mon frère faisait les quatre cents coups. Un jour, il a participé à une bagarre. J'ai pris pour lui. La police n'a pas voulu me croire. J'ai eu beaucoup d'injustices de ce genre. Il s'en est bien sorti finalement. Il a bien réussi sa vie professionnelle. Il est marié et a un enfant. Tout a l'air de bien se passer pour lui. Moi, j'ai eu beaucoup plus de mal. Mais je vais de mieux en mieux maintenant. La sophrologie m'aide beaucoup à me situer, à reconnaître mon identité, à neutraliser le passé et à développer mes capacités. Je sens que j'ai été comme bâillonné. Je m'empêchais d'avancer, c'est comme si j'avais des liens qui retenaient la puissance de mes jambes. J'étais aigri, très tôt dans mon enfance, plein de rancune, de jalousie, de souffrance. »

Les rêves d'Aurélien

La sophrologie qui développe l'attention à soi, l'écoute intérieure, l'examen de soi, de ses motivations, de son fonctionnement cérébral, développe également l'attention à ses rêves, « voie royale de l'inconscient », comme l'écrit Freud. Chaque sujet est donc invité à parler de ses rêves, qui le renseignent sur son cheminement personnel, sur la connaissance de lui-même. Les mots employés par le rêveur sont condensés et véhiculent un champ de significations qui sont mises à jour dans l'entretien. L'étude des rêves et des mécanismes de déplacement du sens des mots est un bon outil d'analyse. « Le travail du rêve traite les mots comme les choses[45]. » C'est dans la succession des rêves qu'on peut comprendre le chemin de l'analyse, son efficacité. Après la séance, nous décodons le message.

Peu de jours après la séance si enrichissante de sophromnésie, Aurélien a fait un rêve significatif.

Premier rêve

« Un lion très gros, très méchant entre dans la pièce, veut manger tout le monde. J'attrape le lion pour ne pas être mangé, c'est moi qui le mords très fortement à l'épaule et je l'envoie rouler dans la pièce. Je me retrouve seul.

Je m'inquiète de la suite. Une autre pièce en face et un long couloir avec une porte ouverte, je veux être plus fort que le lion, je cours dans le couloir, je vois le lion qui se relève. Je ne sais pas si je peux me préserver. Puis finalement, il a disparu. Je me suis senti fort, heureux, délivré. »

Deuxième rêve

« Tôt au petit matin, j'achète une très vieille maison dans un village ; je la visite. "La vie va être facile", je me dis cela. Il y a de grandes pièces autour d'un escalier central en pierre. Puis un ami m'appelle pour aller voir une pièce. En fait, on descend de niveau, dans une espèce de trou noir, c'est l'entrée d'un souterrain. Je suis mort de peur. C'est une personne qui va visiter le souterrain, une vieille dame vient me prévenir qu'il faut descendre tout seul. J'arrive dans une grande salle naturelle, gigantesque ; tout le sol, c'est de l'eau, une source. Ça me fait du bien. Je descends voir, c'est très beau. Pas beaucoup de lumière, mais on voit l'eau très pure, transparente ; je survole l'eau, il y a deux coquillages, étonnants. Quelque temps après, la vieille dame vient me dire que la source est celle de l'ancien village. Je serai celui qui la possède, je serai seul à boire à la source s'il y a une grande sécheresse.

45. Sigmund Freud, *Métapsychologie*, Paris, Folio/Gallimard, « Essais », 1991.

Je récupère l'eau avec un verre, mais personne d'autre ne peut le faire car j'en suis le seul propriétaire. Il y a un appareil en verre qui distille et dont je suis le seul à savoir me servir. »

« Le lion, j'ai pensé que c'était ma manière à moi de symboliser ma réussite sociale. Je domine maintenant ma situation. Je suis le roi de la nature. C'est moi qui gouverne ma vie. Je libère aussi mes pulsions. Je me sens bien dans ma peau. Je retrouve la joie de vivre. Ça va très bien avec ma femme. La grossesse est une chose merveilleuse qui nous arrive. J'ai eu peur au début mais, maintenant, je participe beaucoup à cet événement. Nous sommes très proches l'un de l'autre. Nous discutons beaucoup.

J'ai l'impression d'en avoir fini avec mon passé, ma culpabilité, ma honte, mon impression d'avoir été rejeté, d'avoir mal vécu mon enfance, mon adolescence. Maintenant ce qui compte, c'est que je suis bien dans ma tête. »

On voit bien, dans le cas d'Aurélien, la difficulté qu'il peut y avoir à exister. Être jumeau, pour lui, c'est partager l'amour et le ventre de la mère, dès la conception. Au détriment de sa personnalité, il n'a pas su résister à la force de son frère, qui apparaît comme le lion, royal et cruel. Se faire la part du lion, c'est prendre le meilleur morceau au détriment des autres. Le frère jumeau dans le rêve, c'est le lion, mais c'est aussi le lion symbolique, c'est-à-dire le frère symbolique qui le dévore : c'est l'idée qu'il se fait de son frère, c'est la soumission aux ordres du frère qui dévore la personnalité d'Aurélien. Carl Jung nous aide à déchiffrer les symboles surgis dans le domaine onirique[46] qui appartiennent à notre inconscient collectif, réservoir des mythes et des légendes de l'humanité. Le lion, animal mythique par excellence, est utilisé par Aurélien comme révélateur de son combat intérieur. Le rêve ne parle que de ce combat entre les deux parts de son individualité. Aurélien est heureux car il a réussi à dompter le lion. Il a retrouvé la force de sa libido et donc son identité et son individualité. Il est seul, c'est-à-dire unifié, lorsqu'il boit à la source de vie. Les symboles foisonnent.

Le conflit qu'il avait à résoudre est ancien et prend naissance dans le conflit avec son frère : conflit caché, masqué puisqu'il était soumis et apparemment en accord

46. Carl G. Jung, *Métamorphoses de l'âme et ses symboles*, Genève, Lib. Georg, 1993.

avec lui. Les entretiens qui ont suivi ont éclairé toute cette zone d'ombre de son individualité. Aurélien est maintenant capable d'avoir une vie sociale équilibrée, de vivre une vie de couple enrichissante, fondée sur le dialogue et le respect. Il est enfin prêt à accepter la naissance d'un enfant, ce qui lui était insupportable quelques mois auparavant. La sophrologie, en effet, lui a fait réaliser une situation ancienne qui le minait toujours. Il était trop attaché aux traumatismes de son enfance pour envisager l'avenir et, plus encore, pour donner la vie à un enfant. La vie n'était pas un cadeau.

Les problèmes psychologiques évoqués par Aurélien révèlent un conflit entre le Moi et la libido, c'est-à-dire l'énergie de vie et les pulsions sexuelles. Au début du traitement, Aurélien était anxieux, insatisfait et dépressif. Peu à peu, son énergie vitale revient. Il est de plus en plus calme. Son caractère s'est amélioré. La parole s'est libérée. Il est enfin devenu maître de sa vie. Il est capable d'assumer ses responsabilités et il est heureux. La dévalorisation du père a été déterminante. Cet exemple nous invite à reprendre l'explication psychanalytique du complexe d'Œdipe, dont la réalisation est fondamentale pour la personnalité de l'adulte.

La place du père

Reprenons le développement de l'enfant que nous avons laissé à trois ans. Jusqu'à cet âge, la mère tient une place privilégiée, mais elle n'est pas le seul personnage. Le père va prendre sa place à l'intérieur de la relation duelle privilégiée mère-enfant. Lorsque la mère s'absente, l'enfant recherche le pourquoi de cette absence.

L'enfant comprend alors qu'il n'est pas pour la mère le seul objet de son désir. Quelque chose ou quelqu'un le retient hors de sa présence : c'est le père, qui représente pour la mère l'alternative ; elle est avec son enfant ou avec le père. Le père est devenu un rival. Il s'approprie la mère. Alors que l'enfant avait cru en la toute-puissance de son désir, alors qu'il se croyait le plus fort pour retenir sa mère auprès de lui, il se confronte à la réalité, il connaît les limites de son désir, l'impossibilité de la satisfaction complète de ce désir.

La relation duale a fait place à la triade où l'enfant n'est plus l'objet exclusif du désir de la mère, mais il prend place hiérarchiquement après la mère qui, elle, est l'objet du désir du père. Cette perte de l'objet peut développer une angoisse d'abandon chez l'enfant.

Le complexe d'Œdipe[47]

À trois ans, le stade du complexe d'Œdipe se met en place, crucial pour le développement des jugements moraux et sociaux de l'enfant. Après une période de latence, ce complexe resurgira à l'adolescence et pourra empêcher l'épanouissement de l'individu, s'il n'est pas résolu.

L'histoire d'Œdipe fait partie de la mythologie grecque. Œdipe était le fils du roi de Thèbes, Laïos, et de sa femme, Jocaste. Un oracle prédit aux parents qu'Œdipe tuera son père et épousera ensuite sa propre mère. Pour éviter que la prophétie ne se réalise, les parents décident de tuer l'enfant. Un serviteur chargé de l'exécuter le sauve. Œdipe est finalement pris en charge par d'autres parents. Arrivé à l'âge adulte, il apprend la prédiction de l'oracle. Pour y échapper, il quitte ses parents nourriciers et la ville de Corinthe. Vagabond à la recherche d'un pays, il arrive à Thèbes. Sur son chemin, un peu avant les portes de la ville, se crée un embarras de circulation. Chacun s'excite, des disputes et des injures surviennent. Œdipe se bat avec un vieil homme prétentieux qui l'agresse – son père – et il le tue. Il entre dans la ville qu'il trouve sous le choc d'un événement tragique. En effet, les jeunes gens disparaissent, dévorés par un monstre, le Sphinx. Un décret est promulgué : celui qui tuera le Sphinx épousera la reine devenue veuve. Œdipe en face du monstre répondra à la question énigmatique : « Qu'est-ce que l'homme ? » Sa réponse juste mettra fin à la décimation de la ville. Le Sphinx meurt. Œdipe épousera la reine qui n'est autre que sa mère biologique, Jocaste.

La peste alors s'abat sur la ville. On dépêche le devin Tirésias pour comprendre la cause de ce nouveau désastre. Œdipe demande que vérité soit faite et que les coupables de cette vengeance divine soient punis. Il apprend alors la vérité : c'est lui, Œdipe, qui a accompli la prédiction. Atterré, Œdipe se crève les yeux, quitte le royaume avec la jeune Antigone, sa fille, qui lui servira de guide.

Cette histoire met en scène, d'une manière symbolique, les conflits inconscients que le petit d'homme doit affronter pour réaliser sa véritable identité, pour accéder à l'intelligence en maîtrisant les pulsions représentées par le Sphinx. L'hypothèse de Sigmund Freud a été hautement critiquée ; pourtant, des milliers de situations

---

47. Sigmund Freud, *Inhibition, symptôme et angoisse*, Paris, PUF, 1975.

la corroborent ; nous devons donc reconnaître la force de cette légende. Au cours de notre évolution, la libido, énergie vitale et sexuelle, au sens de recherche de plaisir, poursuit ses avatars. Parcourons rapidement le chemin : stade oral où la priorité du nourrisson était au suçotement et à la dévoration, stade anal et sadique-anal où le plaisir consistait à recevoir des gratifications quand les fonctions biologiques étaient remplies, c'est la période dominée par le plaisir d'aller sur le pot, par celui d'y rester des heures pour retenir les selles, et de les déposer comme un cadeau à la gentille maman, c'est encore le plaisir de la toilette finale que ressent le bébé jusqu'à deux ans.

Vers deux ans, le garçon connaît le plaisir de son sexe. Il le manipule fréquemment, il le montre volontiers, l'offre à tous les regards et particulièrement à sa mère dont il est inconsciemment amoureux. Il est au stade phallique. Son désir inconscient est de posséder sa mère, désir doublé d'une impossibilité physique. Il est de plus en plus attentif à la rivalité du père qui, devant lui, embrasse son *objet* et lui prend sa place.

Le complexe d'Œdipe met en évidence la bisexualité naturelle de chaque enfant. En effet, les réactions inconscientes vis-à-vis des deux parents ne sont pas induites. Le garçon peut aussi bien choisir comme objet d'amour le père et remplacer la mère par des attitudes de séduction. Quant à la fille, qui souvent s'identifie à la mère pour la remplacer auprès du père, elle peut prendre la place du père pour désirer la mère. Les deux versants du complexe d'Œdipe sont normaux. La maturation de ce complexe se fait plus harmonieusement par les identifications au père pour le garçon, à la mère pour la fille. Cela dépendra du couple et de la personnalité de chacun : le père absent ou trop autoritaire, la mère absente ou agressive perturberont fondamentalement le jeu des identifications et la progression vers la résolution du complexe. Nous venons de voir le cas d'Aurélien qui a souffert du partage de l'amour de sa mère. À cause de son jumeau, bien avant la conscience de la présence du père, et lorsqu'il était en âge de faire une identification réussie avec le père idéal, le père réel avait été dépossédé de la parole. C'est la mère qui a tué symboliquement le père.

L'angoisse de la castration

À trois ans, l'enfant s'aperçoit de la différence des sexes. Selon le sexe, le petit d'homme va vivre différemment son corps. C'est l'angoisse de la castration qui va faire évoluer le complexe du garçon : ne pas perdre le phallus. La fille, elle, connaît le manque et l'envie de posséder ce qu'elle n'aura jamais que symboliquement. Elle conçoit de la haine pour sa mère qui l'a dépossédée. Jalouse d'elle, elle veut prendre sa place auprès de son père et des autres hommes : elle sentira aussi le besoin d'être mère ; le désir d'un enfant pourra alors se combiner avec l'amour du père afin de supplanter la mère.

L'attitude envers le père demande quelques explications. Il ne s'agit pas en effet de personne physique mais d'*objet symbolique*, exactement comme l'était l'objet maternel. Le père représente un symbole : c'est lui qui possède la puissance, la virilité, le pouvoir et le phallus. Même si l'enfant est un garçon, il se sait inférieur. Et c'est sa première blessure narcissique. Il ne fait pas le poids face à son père à l'égard du désir de sa mère.

L'angoisse de la castration amène le garçon à accepter de ne pas réaliser son désir incestueux. C'est le prix à payer et c'est le premier don à l'Autre : le père. Finalement, comme le souligne Jacques Lacan, il n'y a pas de relation triangulaire, car tout est régi par la loi du père, « le Nom du père[48] ».

Le conflit œdipien

L'enfant va ensuite s'identifier à cette loi, au surmoi, fait d'interdictions et de contrôles. Ce surmoi se constitue à partir de l'interdiction acceptée, intériorisée de suivre ses pulsions. C'est un véritable combat intérieur qui génère de l'angoisse. Cette lutte se poursuit entre les pulsions du *ça*, inconscientes, et les exigences du surmoi, souvent exprimées, toujours intériorisées, qui les refoulent. De trois à cinq ans environ, le petit garçon fait sienne cette interdiction de l'inceste, sous la menace du père, à savoir la castration dont il peut constater les effets chez la mère, chez la sœur, chez toutes les petites filles qui sont ses compagnes de jeu. Et cette réalité de la castration – le phallus qui manque à la mère – est pour lui une menace réelle. Pour garder le phallus, il doit cesser de désirer la mère.

La petite fille, elle, n'a plus rien à perdre. Elle garde une rancune inconsciente envers sa mère de l'avoir si mal pourvue ; elle recherche alors par jalousie et vengeance l'amour du père : manière symbolique de posséder ce qu'elle croit avoir perdu. Si le garçon en termine avec son désir incestueux, la fille au contraire cherche inconsciemment à le réaliser. Mais elle peut également refuser ce statut de castration : elle

48. Jacques Lacan, *Psychoses 1955-1, Le Séminaire, livre III*, Paris, Seuil, 1981.

le dénie en supprimant toute sexualité. Elle peut également continuer à aimer sa mère et à vivre comme si elle était un garçon.

Pourquoi choisir une voie plutôt qu'une autre ? C'est toute l'alchimie particulière de chaque être vivant. La fragilité de la personnalité s'explique en partie par la génétique. Toutefois, il ne faut pas sous-estimer le rôle du système familial, son organisation, son dysfonctionnement passager ou permanent, l'équilibre psychosomatique de chaque parent et les effets de la fratrie.

L'idéal du Moi

Fille ou garçon, l'enfant doit reconnaître que l'objet du désir de sa mère, ce n'est pas lui mais le père, il doit se soumettre à cette nouvelle donne et abandonner le désir de la mère. Dans la frustration dosée, le Moi va accepter que son plaisir soit différé, sous la pression de la réalité : son impuissance physique et son degré de parenté sont les éléments de l'interdit. Le principe de réalité entre en conflit avec le principe de plaisir. Ce conflit est essentiel pour que la pensée de l'être humain s'élabore.

L'idéal du Moi est un nouveau progrès dans le développement. C'est ce qui distingue l'humain des autres animaux. Le petit d'homme, à l'instar de l'animal, est fusionnel : il ne recherche que le plaisir et la réalisation de ses pulsions, même ambivalentes. La maîtrise de ses pulsions et l'interdit sur l'inceste sont le prix qu'il faut payer pour le progrès de la conscience humaine, le point oméga de la Connaissance et de la Civilisation.

Le complexe d'Œdipe n'est pas en effet une constante psychique universelle. Jacques Lacan s'est bien expliqué sur ce point et a complété les réflexions de Sigmund Freud. Le complexe d'Œdipe fait partie de notre pensée judéo-chrétienne où Dieu symbolise la figure du Père. Dans la pensée primitive, ce complexe n'a pas de réalité psychique. On en déduit qu'il est la marque d'un progrès de la conscience humaine ; en effet, il jugule l'inceste et crée un système de valeurs basées sur la censure et l'identification à un père symbolique qui est le représentant de la Loi.

Pour le garçon, l'idéal du Moi sera naturellement le père, objet d'amour de la mère. Il lui sert de modèle. Inconsciemment, il veut le remplacer auprès de sa mère. La fille, par le désir de maternité, s'identifie doublement à la mère afin de séduire le père. L'écart entre le père réel et le père symbolique peut être important et créer chez l'enfant des perturbations qui peuvent aller jusqu'à la névrose.

À chaque étape du développement, l'idéal du Moi présente des aspects différents, mais il se conçoit toujours comme un tout, une globalité. L'idéal du Moi porte en lui la promesse d'un retour à l'origine. Le sentiment de bien-être diffus, expression d'un narcissisme primaire, n'a rien à voir avec l'estime de soi dont l'acquisition marque une évolution dans le développement de la personnalité.

La progression de la personnalité se fait lentement, par frustrations et gratifications. Ces dernières doivent être assez conséquentes pour éviter la nostalgie du stade antérieur[49] et pousser l'enfant à se développer, à sortir de l'inertie naturelle. Le plaisir qu'il peut tirer du stade suivant doit compenser la perte du plaisir antérieur. Prenons un exemple : le plaisir des premiers pas va supplanter le plaisir d'être sur les genoux de la mère et encourager l'enfant à poursuivre ses efforts malgré les chutes inévitables. Il faut savoir féliciter l'enfant de ses progrès, mais avec mesure, pour ne pas développer le narcissisme primaire. Un Moi trop plein de lui-même, trop satisfait, n'éprouverait plus le besoin d'évoluer. En effet, pourquoi se risquer dans une nouvelle progression grosse d'incertitudes ?

La loi du père, le surmoi

Le surmoi, système de censure directement issu du complexe d'Œdipe, exprime la loi du père protégeant l'individu qui s'y est soumis. En contrepartie, la loi interdit non pas le désir mais la satisfaction de ce désir. Elle favorise le *fantasme*, un scénario mis en place par le sujet lui-même pour réaliser un désir inconscient qui a été occulté. Le désir primordial est le désir incestueux. La haine et la crainte sont liées au renoncement de la jouissance de l'inceste et résultent du conflit entre le principe de plaisir et le principe de réalité. Il s'instaure alors, à l'insu du sujet, un dédoublement de la personnalité : la loi et le désir incestueux cohabitent.

Les angoisses phobiques prennent leur source dans l'inconscient et sont provoquées par le refoulement des pulsions d'amour pour la mère et des pulsions de mort pour le père. Le Moi, qui organise la personnalité, transpose les pulsions du *ça*, que l'on vient de nommer, en angoisses phobiques sur des objets. Pour Jacques Lacan, le névrosé qui refuse la castration a un Moi fort. Le renforcement du Moi va donc dans le sens de la névrose.

49. Janine Chasseguet-Smirgel, *L'Idéal du Moi. Essai psychanalytique sur la maladie d'idéalité*, Paris, Tchou, 1975.

La scène primitive, qui est la scène d'amour entre le père et la mère et dont l'enfant est le témoin, est une scène génératrice d'une angoisse fondamentale. Souvent évoquée chez des sujets névrosés ou psychopathes, elle n'a que peu de réalité avec le fantasme de l'enfant. Il suffit que l'enfant ait surpris une complicité dont il était exclu pour qu'il y ait angoisse.

Une femme de quarante ans raconta un de ses premiers souvenirs d'enfance : elle devait avoir quatre ans. Elle entendait les crissements du lit de ses parents pendant son sommeil et elle se mettait à hurler pour qu'ils arrêtent. Élevée comme un garçon manqué, elle ne supportait pas son père qui la délaissait pour ses affaires. Il mourut alors qu'elle était adolescente. Et elle en a été satisfaite parce qu'elle ne lui a jamais pardonné ses disputes avec sa mère et les nombreuses gifles qu'elle avait reçues pendant toute sa jeunesse. En fait, elle n'avait pas accepté la scène primitive. Elle ne résolut pas son complexe d'Œdipe et vécut une vie où, insensiblement, elle introjecta l'image du père avec ses débordements caractériels.

Haine et sentiment de culpabilité

La période œdipienne, entre trois et cinq ans environ, est une période difficile à vivre autant pour l'enfant que pour son entourage. Après une période de latence, c'est-à-dire de silence, on la retrouve à l'adolescence où elle se traduit par des crises assez violentes et difficiles à supporter pour les parents. Pour sortir de cette situation, pour renoncer à la jouissance interdite, pour garder son désir tout en sauvant son intégrité physique et psychique, l'enfant doit intégrer le système d'interdits qui se constitue et qu'on appelle la conscience morale, fondement de notre civilisation, produit du surmoi. Lorsque cette adhésion intérieure ne se fait pas, le surmoi commande la jouissance absolue, rejette les règles sociales. On se trouve alors confronté à des comportements marginaux qui traduisent un désaccord avec les lois. Cette période d'agressivité peut s'accompagner de haine pour ce qui est interdit et là est l'origine des comportements sadiques. Lorsque le complexe d'Œdipe est mal résolu, on rencontre des personnalités troublées où dominent la peur devant la jouissance et une difficulté de vivre pleinement une vie sexuelle avec les partenaires, à l'âge adulte. L'angoisse empêche le sujet de vivre heureux et se transforme en sentiment de culpabilité qui se double alors d'un besoin inconscient d'être puni. Ce sadomasochisme est fréquent et prend des formes diverses : on a le sentiment que ces êtres font tout pour être punis d'une faute qu'ils ignorent.

Ce surmoi sauvage qui commande la jouissance absolue, celle d'enfreindre toutes les règles, avec tous les risques de destruction et de perte des êtres chers, place le sujet sous l'empire des pulsions inconscientes afin de briser le mur de l'interdit. Cette situation se développe chez des enfants qui ont subi une autorité trop brutale. Le surmoi tyrannique impose des interdictions démesurées et étouffe le sujet. L'enfant va ensuite s'identifier à cette loi, au surmoi, fait d'interdictions et de contrôles, et sera lui-même son propre bourreau.

La parole du père

Elle constitue le fondement des lois qui gouvernent la société : « C'est ma femme, ce n'est pas la tienne », dit la loi du père. Les relations entre les personnes d'une même fratrie sont régies par la parole du père. L'absence de cette parole est pour la vie adulte une carence grave : le garçon entretiendra avec les êtres des relations narcissiques, faites de violence[50], se croyant tout permis et abusant des situations.

Mais insistons encore, le développement de la personnalité de l'enfant n'est possible que par une gradation de désirs : désir de sa mère, de son père, de ses proches, substituts de l'une et de l'autre. À la phase œdipienne, la réalisation de ces désirs lui est interdite à son insu et à l'insu des autres. Le corps-à-corps, qu'il soit fait de caresses ou de coups, est significatif du désir de l'enfant d'être reconnu. Nous remarquons combien les enfants recherchent le contact. On comprend mieux la phrase si souvent entendue devant un enfant turbulent : « On dirait qu'il cherche à se faire punir. »

Lorsque la parole du père a manqué, l'adolescent vit le complexe d'Œdipe avec difficulté. Le mal-être gravite autour de cette parole. Le principe de réalité qui permet de vivre avec un surmoi introjecté, c'est-à-dire un ensemble de règles sociales admises, est trop faible. Seul le principe de plaisir agit en despote. C'est l'origine des névroses, des marginalités et des délinquances. À l'adolescence, le complexe d'Œdipe doit être résorbé pour permettre au jeune homme ou à la jeune fille de vivre une vie adulte.

Nous venons de voir le cas d'Aurélien qui a souffert de partager l'amour de la mère avec son jumeau, déjà bien avant d'avoir la perception du rôle du père dans le

50. Françoise Dolto, *L'Image inconsciente du corps*, Paris, Points/Seuil, 1984.

cercle familial. Il se décrit lui-même comme un enfant difficile avec ses camarades. Aurélien aurait aimé être un enfant unique ; de plus, il souffre de la carence du père qui les délaisse. À l'adolescence, au moment où la reviviscence du complexe d'Œdipe est forte, il doit tuer le père symboliquement sous l'injonction de la mère. Cette complicité maternelle dérange l'ordre symbolique. La parole ne vient plus du père mais d'une mère qui est une mauvaise mère puisqu'elle n'a pas été généreuse avec lui. Il conserve un sentiment d'angoisse et de culpabilité liée à la castration. Il hait sa mère et se hait lui-même d'avoir des sentiments aussi forts. Son enfance et son adolescence sont vécues comme des périodes sombres dont il gardera la marque pendant sa vie d'adulte. Grâce à un travail en profondeur sur lui-même, grâce à une analyse, semaine après semaine, Aurélien se dégage peu à peu de cette gangue du passé qui a étouffé sa joie de vivre, son énergie et ses qualités de cœur.

Si le lion a pu symboliser, pour Aurélien, le frère qui l'a étouffé, il a une signification universelle. Le lion, vu en rêve, est toujours un symbole : la grande puissance, le soleil, le principe masculin et la pulsion sexuelle qui a été refoulée dans l'inconscient et qui apparaît dans toute sa force pour être maîtrisée. Le lion symbolise la libido en ce qu'elle est énergie violente[51]. Et c'est bien ce sens qui est mis en valeur dans la progression du rêveur. Aurélien a retrouvé son énergie de vie.

Les identifications

Dans le langage usuel, le terme « identification » s'emploie à propos d'une personne qui s'identifie à une autre, qui copie la personnalité de l'autre, plus ou moins consciemment. Ce n'est pas ce sens que nous utiliserons, en accord avec les psychanalystes. L'identification est un phénomène inconscient, intérieur, qui n'a rien à voir avec autrui. Pour comprendre les motifs des actes, le processus de l'identification est d'une importance capitale. Ce qui paraît incompréhensible, voire absurde, peut s'expliquer grâce à ce phénomène. Pourquoi suis-je ainsi ? Pourquoi mes actes me paraissent-ils stupides ? Pourquoi cette attitude qui me dessert et détruit mes relations avec autrui ? Ce qui paraît injustifiable prend sa source dans des identifications inconscientes et anciennes.

---

51. Carl G. Jung, *Métamorphoses de l'âme et ses symboles*, *op. cit.*

Le phénomène d'identification a évolué au cours du développement. Il y a identification non plus à l'un des parents, mais à la soumission des parents à la loi castratrice. C'est grâce à l'acceptation de la possibilité d'une castration que l'adolescent va trouver l'énergie nécessaire pour sortir du cercle familial et conquérir l'objet d'amour, possible, permis, et tout ce qui va le valoriser dans la société : les jeux, les sports, les arts et le travail. L'identification au père ou à la mère est le signe d'un combat réussi, d'une sortie victorieuse et d'un développement harmonieux de l'individu.

PAUSE EXERCICE

Quels ont été vos modèles ? À qui vous êtes-vous identifié ?
Quel rôle votre père a-t-il joué dans votre enfance ? A-t-il été présent ? Absent ? Aimant ou indifférent ? Haï ou adoré ?

La parole du père a-t-elle un sens ?

Voici plusieurs témoignages de personnes dont le complexe d'Œdipe a été mal résolu. Les difficultés de relations avec l'autre viennent en grande partie des relations perturbées de l'enfance.

Julie, trente ans, célibataire, cheffe de service administratif

Julie a beaucoup de difficultés à retenir ses larmes. Elle vient consulter parce qu'elle traverse une période éprouvante dans son milieu professionnel. Le stress quotidien s'ajoute à une difficulté de vivre qui n'est pas récente. Elle tente de comprendre pourquoi elle n'arrête pas de pleurer.

« J'en ai marre, je n'en vois pas la fin, j'ai tout à revoir, il n'y a rien qui va ; je suis en échec. J'ai raté ma vie. Ma mère disait toujours que j'avais mauvais caractère. J'ai peur qu'on me marche sur les pieds. Pourtant, je ne sais pas me défendre, je mords au piège. Je démarre au quart de tour, j'ai la colère qui monte vite. Ma mère me disait toujours : "Attention, tu as les yeux de la colère." J'ai des relations tendues depuis mon enfance avec mon entourage. Mon père me dit toujours que je n'ai pas d'amis, que c'est de ma faute ; lui, il est cinglant.

C'est vrai, j'ai besoin de ma forteresse et d'un autre côté, j'ai un tempérament généreux, mais je suis dans ma carapace. Je suis toujours sur la défensive. Je me justifie tout le temps, alors que je ne devrais pas me sentir coupable.

— Que se passe-t-il quand vous pleurez ?

— Je n'entends que ce mot : pleure, pleure ; je focalise sur mes larmes. J'ai un sentiment de fragilité et de honte. J'ai une sensation de submersion, l'impression de ne plus faire face, de perdre la face, d'être perdue. Je ressens un grand vide, je suis aspirée vers l'intérieur, comme s'il y avait un grand vide, là (elle montre son œsophage) comme si le vide m'aspirait.

Quand j'étais petite, je m'inventais des histoires. Je fabulais beaucoup. Je me souviens d'un jour particulier. Mon père laissait tout ouvert, même quand il dormait. J'avais raconté que des voleurs étaient entrés, qu'ils avaient frappé mon père, que la police était venue ; j'en rajoutais. Mes parents ont été effrayés de mon mensonge. C'était, pour eux, dramatique. Je les entends dire : "Tu mens, tu mens." J'ai été punie. "Si tu mens encore une fois, je te tords le cou", disait ma mère. »

Je suis le maître, tu es l'enfant

« Quand je remonte dans ma petite enfance, j'ai une impression de carcan. Je me souviens d'une dispute entre mes parents. Ma mère était enceinte de mon frère. Elle faisait la vaisselle et elle pleurait. "Pourquoi papa est-il en colère ?" Elle m'a répondu que c'était à cause de moi. Je l'entendais qui claquait les portes. C'est la première fois que j'ai réalisé que je me sentais coupable. Je me souviens de cette injustice.

Une autre scène encore. Ma mère était encore enceinte. Elle devait cuire des poissons. Mon père s'amusait avec moi. Je m'étais mise sur ses genoux et tout d'un coup, je ne sais pas pourquoi, il m'a dit en riant : "Arrête, je vais te mettre une fessée." Et il m'a frappée. Je n'ai rien compris. Mon père était très coléreux. C'était un homme fermé. Je me rends compte qu'il nous a enfermées alors qu'il est persuadé de nous avoir tout donné, d'avoir fait son devoir. Je lui en veux beaucoup de cette persécution qu'il nous a fait subir, à moi et à ma mère. Il a un esprit de persécution. Il m'a maltraitée verbalement. Il y avait des disputes inouïes : "Je suis le maître, tu es l'enfant." Voilà ce que je ressentais.

Je n'ai pas de vie sociale, j'ai peur de recevoir. J'ai le complexe de la cuisine. À cause de ma mère qui est un cordon bleu. La culpabilité m'a suivie tout le temps. Mon père m'a dit un jour que j'étais le fruit de leurs disputes. Pourquoi ? J'ai un problème avec mon père. Il est très mauvais. Je suis très culpabilisée, je n'arrive pas à dépasser mon problème. Ma mère est naïve, elle a un esprit de sacrifice. Quand j'avais huit ans, je disais à ma mère de ne pas aller se réconcilier avec mon père. J'étais très rancunière, je le suis toujours. Il nous a empêchées de vivre notre vie. Il a mal toléré que je devienne adulte. Mon père m'a appris le travail, pas le bonheur.

Dans mon travail, les relations sont difficiles. Je n'arrive pas à prendre du recul. Ce qui a dirigé ma vie, c'est ma carrière. Je n'ai besoin de personne, je ne m'ennuie pas seule. Faire confiance à quelqu'un, ce n'est pas facile. Les seuls moments de plaisir, c'est mon boulot.

J'ai un sommeil difficile. J'ai encore peur la nuit. J'avais cette peur tout enfant ; je la ressens toujours, j'ai l'impression d'être étouffée, comme écrasée dans mon lit. Je me mets à écouter les bruits.

J'ai fait de la spasmophilie à l'adolescence et j'avais des pensées suicidaires. Je veux vous dire une parole qui m'a frappée quand j'étais enfant et qui m'a longtemps trotté dans la tête. L'institutrice a dit devant moi à une autre personne : "Dommage d'avoir des parents si beaux et des enfants si laids." Et de ce jour-là, j'ai été consciente que je n'étais pas belle. J'ai toujours lutté pour ne pas être en marge. J'ai fait une certaine recherche dans ma tenue vestimentaire. Il fallait toujours que je serre le ventre, je me créais une image élégante.

On m'a toujours associée à une vieille fille, depuis l'âge de quinze ans. J'ai toujours eu des difficultés sexuelles. Et je suis toujours célibataire. J'ai toujours pensé que les gens s'ennuyaient avec moi ; je ne sais pas quoi dire. C'est dramatique.

Ça m'attire de changer, et en même temps, ça me paraît infiniment dur et je me dis : “À quoi bon ?” Je vis comme si je m'étais condamnée, moi. »

On voit combien l'influence des parents, leur comportement ont étouffé la jeune femme qui, encore aujourd'hui, n'arrive à avoir ni vie sociale équilibrée ni vie personnelle. Les scènes de dispute sont restées gravées dans l'esprit de l'adulte. Elles avaient toujours lieu dans la cuisine ; Julie a horreur de faire la cuisine. Inconsciemment, elle a déplacé son aversion pour les scènes vers le lieu des scènes. On pourrait dire que la cuisine globalement est empoisonnée de ses souvenirs. Il faut opérer une petite dissection mentale pour déjouer le processus. Ceci n'aurait peut-être guère d'importance si la perception encore fort répandue de la condition féminine n'était pas liée, dans l'esprit de la plupart des hommes, à la femme au foyer, à la maîtresse de maison qui sait recevoir. Julie se condamne aux difficultés sociales. Comment trouver un mari quand on se sent incapable d'assurer un foyer ? C'est en effet ce qu'elle a pensé ou plutôt ce qu'elle a reçu comme message, insidieusement, pendant son enfance, sa jeunesse.

Cette pensée l'a enfermée dans un scénario de vie qui ne pouvait pas réussir, alors qu'il suffisait de penser que la condition féminine a beaucoup évolué et que cette manière d'entrevoir le mariage est rétrograde. Elle s'est sortie de cette impasse en étant célibataire et en mangeant tant bien que mal la nourriture des autres. Elle fréquente les petits restaurants. Et bien sûr, Julie a un embonpoint dont elle veut d'une manière cyclique absolument se débarrasser. Cet embonpoint, qui la complexe face aux hommes qu'elle aurait aimé séduire et face aux femmes qu'elle jalouse, l'enferme encore plus dans sa solitude, dans sa culpabilité. Elle se punit parce qu'elle n'a pas mis au clair sa culpabilité concernant le père, cette parole du maître qu'elle n'a pas acceptée. Le père l'a étouffée. Elle a eu l'exemple de sa mère qui a ancré le message, s'il en était besoin. Lorsque Julie dit fermement : « Je n'ai besoin de personne », il faut entendre : « J'ai un besoin immense des autres. J'étouffe d'être seule. J'ai envie d'aller vers eux. Mais je suis dans l'impossibilité de le faire et j'en souffre. Et ils ne peuvent pas le savoir, parce que j'ai érigé entre eux et moi un mur. Mais c'est un mur de protection, parce que j'ai peur de souffrir, j'ai trop souffert de ce manque d'amour de mes parents. » Elle n'a pas compris cette castration, elle a souffert de ces désirs coupés, désirs de vivre, de jouer et de rire – la scène avec le père est éclairante à ce sujet. Julie était heureuse, elle était sur les genoux du père. Elle aimait son père. Elle lui pardonnait. Il l'a brisée sous les regards de la mère qui n'a rien dit, qui a donc accepté le sacrifice non seulement d'elle-même mais également de sa fille.

Nous aurions pu parler de la venue de ce frère qui n'arrangea pas la situation. Nous avons assez d'éléments pour entreprendre un accompagnement sophronique.

Les étapes de l'accompagnement sophronique

Arrêt des larmes. Maîtrise de la respiration et des émotions. Travail sur le sommeil. Reprise des scènes du passé qui entretiennent la rancœur, la haine et le sentiment de culpabilité. Récupération d'énergie. Travail sur la colère. La colère associée au père. Explication du complexe d'Œdipe. Agressivité expliquée.

Julie comprend le mécanisme de l'autopunition qu'elle s'est imposée, l'agressivité qui la rend malade. Elle utilise la sophronisation de base chaque jour, à l'heure du déjeuner.

La progression du traitement se caractérise par une ouverture vers les autres, un développement de la confiance en soi et de l'acceptation d'autrui. Il s'ensuit des relations sociales plus développées, une recherche d'activités artistiques, la pratique d'un sport, qui épanouissent sa personnalité. Les conditions de vie changent : Julie veut maintenant trouver un autre appartement, plus spacieux, afin de recevoir. Elle envisage un régime alimentaire, une hygiène de vie pour préserver sa santé. Son visage plus souriant et plus mobile traduit sa nouvelle personnalité et une vision positive de la vie.

Un jour, Julie a accepté d'arrêter les comptes. Elle évolue et accepte de vivre en paix. Elle a assez payé. Le cas de Julie illustre jusqu'à la caricature la haine du père, le sentiment de culpabilité, le refus d'être femme et la difficulté de résoudre l'Œdipe.

Voyons le cas de Céline dont la situation actuelle ressemble à celle de Julie, alors que leurs enfances sont radicalement différentes.

Céline, trente-huit ans, célibataire, ingénieure

Céline vient parce qu'elle est complètement déprimée.

« Il y a un mois, mon ami m'a quittée. Tout s'est écroulé quand il m'a dit qu'il ne fallait plus qu'on se revoie. Je voudrais avoir confiance en moi, ne pas m'enfermer dans mes problèmes, rester ouverte aux autres, ce que j'ai beaucoup de mal à faire en ce moment. Nous ne recevions jamais ; mes parents dînaient toujours dehors et nous, les enfants, nous restions à la maison. Aussi, il m'arrive encore d'avoir des difficultés en public. Je suis capable de rougir encore, comme une petite fille. D'ailleurs, mes parents m'ont toujours considérée comme une enfant ; je ne me sens pas du tout adulte. Mon père et moi, on se ressemblait par certains côtés, une grande sensibilité. On n'arrive pas à être adultes. Il était très dépressif. Sa mort, qui remonte à un an, a été terrible pour moi. Je n'ai pas encore fait le deuil.

Mardi matin, je me suis levée avec l'angoisse de la mort. Je me suis levée avec cette idée : il fallait absolument que j'ouvre les volets, que je fasse quelque chose. Ça n'a pas duré longtemps, mais c'était très douloureux. J'étouffais. Il fallait que j'ouvre les volets, je pensais à mon père.

J'ai un frère avec lequel je n'ai pas beaucoup de relations. Il est très renfermé et a, lui aussi, des problèmes d'adaptation sociale. »

On note, chez Céline, une difficulté à finir ses phrases, comme si parler ne servait à rien. En fait, elle a du mal à communiquer avec les autres. Elle n'a rien à dire. Comme elle ne peut pas raconter ses angoisses, elle ne sait pas de quoi discuter. Elle se plaint de n'avoir aucune culture et de rencontrer des difficultés de concentration.

« Mon travail ne m'intéresse pas vraiment. Malgré tout, je suis très sérieuse. J'ai des difficultés avec une collègue qui travaille avec moi, j'ai du mal à la supporter. Mais je n'ai aucune possibilité de changer d'entreprise. Il faudrait faire des CV, des démarches ; je ne m'en sens pas le courage. La crise de l'emploi ne m'incite pas non plus à changer. Je sais bien que j'ai de la chance d'avoir un travail alors que beaucoup d'ingénieurs se retrouvent sur le pavé. Je fais partie d'un club de tennis et de gymnastique pour occuper mon temps et parce que je dois prendre soin de mon corps. J'ai des difficultés de sommeil et je prends des somnifères et un tranquillisant depuis de nombreuses années ; j'ai toujours eu beaucoup de mal à m'endormir. J'ai souvent des crises d'angoisse. En ce moment, j'ai des crises de colopathie dont j'aimerais bien me débarrasser. J'ai un manque de confiance en moi. Je ressens une fatigue extrême, je n'ai pas le moral. Je suis dépressive parce que je n'ai pas de but. Je rentre chez moi et je ne fais rien. »

Technique de sophromnésie

Sophronisation de base, atteinte du niveau sophroliminal. Céline se sent bien située : ici et maintenant, corps et esprit au repos. Avec son accord, je demande à Céline d'ouvrir mentalement un livre qui représente son existence. Je prends bien soin d'évoquer un livre important, ouvert au tiers, afin de lui suggérer que sa vie est loin d'être finie. Lorsqu'elle a pu fixer clairement cette scène, Céline lève son index droit.

Je dis alors : « Vivez ce moment intensément et fixez-le dans votre mémoire. » Je laisse quelques minutes de silence. Puis je lui demande de quitter cette scène après l'avoir datée dans le temps. Ensuite, je l'invite à feuilleter les pages vers la droite pour retrouver la page d'aujourd'hui.

Nous finissons cette séance par un exercice sur le point Hara : concentration sur ce point énergétique et central du corps. Une belle marguerite de couleur jaune vient spontanément envahir l'espace intérieur de Céline qui se concentre intensément sur la couleur. Elle se sent enveloppée d'une couleur chaude, vivifiante, elle la vit intensément comme une couleur énergétique qui la régénère.

Reprise mentale et physique dans le monde de la vigilance. Céline évoque le souvenir qui l'a transportée dans son enfance.

« C'est une image : j'avais cinq ans. Je vois la maison en bois, sur les pilotis sur la plage, face à la mer. Cette maison sur le sable, à une époque froide de l'année, perdue dans les dunes. Je suis toujours dans le couloir et je peux apercevoir un salon et un feu de cheminée. Je reste toujours dans le couloir. Je me retrouve sur la plage. Je suis habillée en hiver. »

Nous analysons alors cette image.

Le symbole de la maison

La maison qui est apparue a fait partie de la réalité de son enfance, mais elle représente symboliquement l'image du monde de Céline. Bien qu'elle ait trente-huit ans, elle n'a pas pris possession de toutes les possibilités que lui offre la vie. Il y a une cheminée, mais elle ne s'en approche pas. Elle ne profite ni de la chaleur ni de la lumière du feu. C'est l'hiver et elle remarque qu'elle est habillée pour lutter contre le froid. Le lieu qui est évoqué fait partie des souvenirs d'enfance, certes, mais pourquoi ce type de maison ? Pourquoi en hiver ? Le fait de rester dans le couloir n'est pas anodin. En effet, Céline ne s'est pas installée dans une vie d'adulte ; c'est toujours une enfant, désirant beaucoup et n'ayant aucune volonté, aucune persévérance pour faire aboutir ses projets.

La vie de Céline est trop vide. La solitude lui pèse. Passer le week-end seule est une catastrophe. Elle n'a pas d'amis parce qu'elle est très exclusive. Elle ne supporte pas de partager, alors elle étouffe les gens et elle les lasse. Une amie, avec laquelle elle passait fréquemment ses week-ends, la délaisse maintenant. Entre deux relations amoureuses, elle vit une solitude insupportable.

Séances suivantes : la figure du père

Les relations au sein de la famille vont occuper les séances suivantes. D'abord, la figure du père, mort depuis un an.

Il lisait beaucoup, elle était fière de son père. « C'était un homme cultivé alors que moi, je ne suis capable de rien ; c'est mon père qui a voulu que je fasse des études. »

Céline admirait profondément son père. Il avait sur elle une grande influence. Elle pleure à l'évocation de cette personnalité. Elle ne peut supporter sa mort. Elle ne l'avait jamais anticipée : il vient de mourir d'un cancer à soixante-deux ans. « Mes parents n'ont pas pensé à la vieillesse alors qu'ils programmaient tout très longtemps à l'avance. Ils ont beaucoup profité de la vie. »

Elle n'a pas le souvenir d'un véritable dialogue avec son père ; il ne cessait de parler et elle écoutait. Il avait un charisme indéniable.

Nous analysons les relations qu'elle entretient avec les hommes pour tenter de dégager les causes de ses échecs successifs et des ruptures mal vécues. Une première conclusion s'impose : Céline a la nostalgie des relations paternelles et tente inconsciemment de répéter ce type de relations avec les hommes. Elle est persuadée de n'avoir aucune conversation. Elle recherche les hommes qui se racontent. Devant eux, elle reste muette. Ils parlent, elle les écoute et se sent petite fille, vide et inintéressante. Elle commence très vite une relation sexuelle parce qu'elle est persuadée que c'est le seul don qui les intéresse ; elle a ainsi l'impression de lutter contre sa peur de décevoir et d'être vite abandonnée. C'est la seule façon pour elle de créer des liens. Son partenaire se méprend sur sa nature : ce n'est pas une fille facile, c'est une femme qui ne se sent pas en sécurité. Elle se conduit exactement comme lorsqu'elle était enfant. Le père et la fille ont été en osmose. Lui parti, elle se sent abandonnée. Sa mort ravive son complexe d'Œdipe. Elle est pleine de révolte. Elle est dans une phase régressive qui se dévoile à sa conscience, alors qu'elle a fonctionné ainsi depuis toujours.

Ce qui est frappant, c'est que Céline se pose la question d'une amélioration sans penser qu'il faudrait qu'elle participe elle-même à cet effort. Elle n'agit pas. Elle reste dans une routine dont elle n'ose pas sortir. Elle attend que les événements changent le cours de son existence. Le ressort est cassé ; il faut que quelqu'un arrive et le remonte. C'est comme une mécanique ; il y manque l'élan vital. Un certain nombre de séances se déroulent de la même manière, avec les mêmes propos négatifs, et elle ressasse les mêmes pensées, nous enveloppant dans le même déroulement.

Céline est habituée aux séances de sophronisation qui se placent toujours au milieu de l'entretien afin de laisser advenir la parole. En effet, les exercices apportent des éléments nouveaux à l'anamnèse, éclairant l'histoire du sujet. Entre chaque séance, Céline travaille sur un mot qui a paru condenser ses pensées. La sophrologie lui apporte une connaissance profonde d'elle-même et de ses mécanismes. Elle en tire un grand réconfort. Maintenant, elle doit apprendre à se libérer et à se dégager des liens qui retiennent encore son énergie. Nous décidons cette fois de travailler des exercices dynamiques.

RELAXATION DYNAMIQUE, PREMIER DEGRÉ, AVEC EXERCICE DE LA CIBLE[52]

Station debout. Respiration abdominale. Sophronisation de base. Puis exercice respiratoire.
Vous inspirez l'air par la bouche, vous levez les bras au-dessus de la tête, lentement, en prenant conscience de vos sensations venues de ce geste qui doit être ample et harmonieux. Puis, dans un geste de salut hindou, vous joignez les paumes de vos mains et vous descendez lentement vos mains jointes pour bloquer les narines et retenir l'air.
Au moment de l'expiration, vous vous courbez. Vous libérez vos narines tout en projetant vos bras en avant. Sur l'expiration, vous poussez en même temps dans le fond de l'abdomen afin de ressentir profondément l'intérieur de vous-même en ce qu'il a de plus caché et de plus secret. Puis vous laissez retomber les bras, toujours courbé. Vous vivez les sensations de votre corps. Vous êtes en prise directe avec vous-même dans le vécu de votre corps tout entier. Vous retrouvez la position du départ en remontant lentement vos bras et en déroulant votre colonne vertébrale. Votre tête, alors, reprend la position verticale. Sensation de lutter contre la gravitation terrestre. Puis vous récupérez et laissez s'installer un moment de silence où les sensations sont ancrées et vivez l'image de votre schéma corporel.

Exercices du cou

Vous effectuez des rotations de gauche à droite et de bas en haut en contractant les muscles antérieurs du cou. Ce sont des gestes musculaires qui ont une résonance mentale : celles du oui et du non. Vous laissez les associations se faire librement.

Exercice des épaules

Par des mouvements légers des épaules, vous prenez conscience

52. Dr Jean-Pierre Hubert, *La Relaxation dynamique*, Centre de sophrologie de Paris, 1980.

de vos épaules et du poids de vos bras tout en respirant avec le ventre. Ce geste peut faire émerger des associations d'idées, de pensées, que vous laissez venir.

Exercice de la cible

Cet exercice peut s'exécuter seul après quelques respirations abdominales si vous êtes bien entraîné.

Vous placez mentalement, dans une cible à votre portée, en face de vous, vos problèmes et vos difficultés, récents ou futurs, tout ce qui vous ennuie, tout ce qui vous perturbe, tout ce qui est négatif. Vous pouvez choisir de laisser venir une image ou une idée dans une cible vierge. Vous inspirez profondément, vous élevez votre bras droit, puis vous le projetez violemment en avant dans l'expiration, le poing fermé. Vous pouvez accompagner ce geste d'un cri de libération. Et avec ce geste de puissance, vous démantelez cette cible. Tout ceci dans un esprit de libération et d'apaisement. Vous vous délivrez et vous libérez votre agressivité. Vous faites ces gestes plusieurs fois, avec un bras, puis avec l'autre, puis avec les deux bras sur une respiration abdominale bien synchronisée.

Nous terminons l'exercice par un geste d'acceptation. Vous ramassez les débris de la cible. Puis, dans un geste d'ovation, de sérénité et d'harmonie, vous élevez les bras en formant un V. Vous ressentez pleinement ce geste énergétique de libération. Vous laissez ensuite les bras descendre le long du corps en prenant conscience de la forme de votre corps. Vous sentez une sérénité en vous-même, un bien-être physique et mental. Vous respirez profondément. Les expirations sont plus courtes que les inspirations. Vous vous faites à l'idée mentale de la reprise dans le monde quotidien, plein d'énergie positive.

Après cet exercice, le sujet s'exprime sur ses sensations, sur ses images et ses associations libres. Ceci fait partie du matériau d'analyse au même titre que l'étude des actes manqués et des rêves. Toutes ces informations nous renseignent sur ce qui s'améliore, ce qui change réellement au cours des semaines. Le sujet parle et s'analyse lui-même.

Peu à peu, Céline a changé. L'angoisse, les crises s'espacent. Elle ne prend plus qu'un demi-tranquillisant. Elle s'efforce de manger et d'améliorer sa nourriture au lieu de se gaver de pizzas. Elle étouffe moins, elle se sent moins fatiguée le matin. Dans l'ensemble, on note une amélioration. Elle ne prend plus de somnifères.

« Je commence à avoir un pouvoir de décision, j'arrive à me forcer à faire les choses, un sport, par exemple. Mais faire tout ça pour vivre, c'est fatigant. Avoir de la volonté, c'est ce qui m'est encore difficile : le maximum d'efficacité et le minimum d'effort pour bouger les événements, les situations. Pour se motiver, que faut-il faire ? Je sais que si je fais du sport, je serai mieux moralement. Mais je n'ai pas envie d'y aller seule et comme je ne connais personne pour venir avec moi, je ne fais pas de sport. »

Le refus d'enfant

Céline ne supporte pas les femmes enceintes. Elle en parle spontanément au début d'une séance. Elle ne veut pas d'enfant. « J'ai toujours l'impression d'avoir été une gamine pour mes parents. Je n'arrive pas à être une femme. J'ai envie d'aller de l'avant mais c'est beaucoup mieux de rester dans le giron de la famille. En nous couvant, ils ne nous ont pas préparés à vivre. »

Et voilà que, peu à peu, Céline prend conscience d'une autre réalité. Elle voit ses parents autrement. Sa mère à qui elle n'a pas le temps de parler, son père omnipotent. Son refus d'enfant signifie clairement pour elle qu'elle n'était pas prête à donner de l'amour, qu'elle aurait voulu capter sans cesse l'amour de ses parents, quel que soit son âge, qu'elle était jalouse de son frère, qu'elle n'a pas voulu quitter l'âge de l'enfance, qu'elle s'est refusée à une vie de femme, par peur de la vie. Le père imaginaire est confronté au père réel. En reprenant un statut plus complexe, il est devenu un être humain avec ses défauts et ses qualités. Il a pris sa place dans le passé vécu cette fois comme passé et non pas comme un état présent. Le père n'est plus. Certes, c'est la source d'une émotion très forte, mais Céline n'a plus cinq ans. Elle peut accepter cette mort, ce départ, comme une loi de la vie. Elle peut aimer quelqu'un d'autre, qui ne participe pas d'un choix programmé et inconscient : l'ami ne doit pas être le substitut du père.

« Je dois sortir beaucoup de choses. Je retiens tout cela ; quand je pense à mon père, c'est encore douloureux. Un jour, j'ai cru que j'allais m'étrangler en mangeant ; je mange très mal. Depuis toute gamine, j'ai des difficultés à manger de la viande. Mon père me forçait. Je n'ai pas le goût de manger toute seule. Je suis tellement nerveuse que ça ne passe pas. Ça a toujours été la guerre. Je me souviens du regard de mon père quand je mangeais, un regard très sévère. Il ne me comprenait pas : "Mais qu'est-ce qu'elle a à ne pas manger ?" C'était pire. Je croyais que j'allais m'étouffer. J'avais vraiment le désir de manger mais je ne pouvais pas.

J'ai connu pendant une période de ma vie un restaurant où je mangeais tous les midis ; on me faisait des petits plats, j'aimais bien les clients habituels de ce restaurant, j'avais une sensation agréable, c'était un climat chaleureux, je n'avais pas de problème de nourriture. Les repas, on me les a toujours plus ou moins faits. Mes parents ne faisaient pas la cuisine, ils n'étaient pas souvent chez eux, ils commandaient des plats cuisinés. D'ailleurs, je suis restée un an avec un ami parce qu'il savait bien faire la cuisine. C'est important pour moi.

Je me reposais sur mes parents. On a tout fait pour moi. J'ai vécu trop longtemps avec eux. Je ne supporte pas de vivre toute seule. Qu'est-ce que je fais, maintenant ? La mort est toujours là ; je veux dire : "À quoi ça sert de vivre pour moi, maintenant ?" Je me fais l'effet d'un petit oiseau qui ne peut pas voler, qui s'empêche de voler. Pourquoi ? Je n'ai pas envie de me suicider, mais je n'ai pas goût à la vie, pas de but. Je n'ai jamais fait de tentative de suicide. Ma mère n'a jamais déprimé. Seul mon père était dépressif. Avant sa retraite, il a fait une grave dépression nerveuse qui a duré six mois. »

Le problème des relations de la fille et du père est un handicap sérieux pour la vie sentimentale de la jeune fille. Toute l'analyse se développe autour de la figure du père qui s'est montré envahissant. Peu à peu, l'image idéale a fait place à une vue plus saine de la situation. Alors qu'au début de l'accompagnement sophronique, Céline avait une image obsédante qui l'empêchait de vivre, celle de son père sur son lit de mort, elle en vint à accepter le deuil et à revivre dans une relation amoureuse différente de celle qu'elle avait précédemment vécue. Alors qu'elle trichait toujours sur son âge, se rajeunissant volontairement, elle eut une relation avec un homme de son âge qui ne cherchait pas à briller devant elle et qui l'incitait à s'exprimer. Ses problèmes de nourriture et ses fréquentes sensations d'étouffement ont disparu. Elle finit ses phrases et parle maintenant sans hésitation.

> « Au petit-déjeuner, je me sentais sans force, même pas envie de me laver les cheveux, de m'occuper de moi, comme si j'étais fatiguée de vivre. Je ne voulais pas partir de chez mes parents, j'avais toujours l'impression que si je partais, il leur arriverait quelque chose. C'était pour moi inimaginable que mon père meure. »

On voit bien ici la pensée magique de l'enfant à l'œuvre. Elle a arrêté les somnifères. Dans la séance enregistrée, d'un commun accord, nous avons associé la sérénité avec cette phrase : « Je laisse mon père dormir en paix. J'accepte de vivre ma vie de femme. Je suis adulte. »

Séance de sophromnésie

Retrouver un souvenir heureux dans l'enfance. Sophronisation de base : lâcher-prise puis activation sophronique.

Le visage de Céline s'éclaire. Elle vit un moment heureux.

> « Quand je rentrais de l'école, je jouais à la balançoire. J'étais toute seule dans le jardin ; j'y ai passé des moments merveilleux. J'avais une impression de liberté. J'essayais d'aller toujours plus haut et je me laissais tomber. J'avais un grand plaisir. J'étais un peu casse-cou. Il était quatre heures, je prenais mon goûter, des tartines de confiture.
>
> — Vivez intensément cette scène de plaisir ; vivez profondément vos sensations. »

La séance lui a rendu son calme.

Nous utiliserons, dans les autres séances, cette scène de joie et de liberté pour soutenir et corriger des sensations de vide et le manque d'appétit de vivre. Associée à un signe-signal, le poing fermé, cette scène sera pour quelques semaines une image-ressource qui apaisera Céline lorsqu'elle repensera à son père.

Séverine, trente-six ans, mariée, deux enfants, commerçante

Séverine en est à son troisième mariage. Elle se retrouve une fois encore dans une situation de divorce, alors qu'elle reconnaît que son mari fait tout pour elle, qu'il a des qualités que les autres ne possédaient pas. Elle ne peut rien expliquer, elle ne se comprend pas et se culpabilise. Elle espère retrouver l'équilibre dans sa vie conjugale et s'améliorer.

Chaque fois, Séverine rejette l'homme qu'elle a *cru* aimer. Nous nous trouvons face à une série d'actes qui se ressemblent. Or, il n'y a apparemment aucune ressemblance entre les trois maris, ils seraient même opposés, car volontairement, consciemment, elle a choisi des hommes différents.

Pourtant, entre ces trois situations maritales, un élément n'a rien à voir avec le comportement de la personne. Cet élément, dont l'étude sera essentielle dans l'analyse, a été isolé inconsciemment au cours des stades du développement de l'enfant, lors d'un traumatisme. Ce « trait[53] » est un élément signifiant, il exhibe le traumatisme complètement oublié, qui pourtant fait agir Séverine à son insu. Toute la thérapie fera émerger ce trait, qui n'a jamais été pris en compte dans la vie du sujet, car il a été refoulé dans l'inconscient. C'est donc à l'insu du sujet que se font les identifications qui s'avèrent mauvaises pour l'équilibre de la personne.

Toute l'intuition est mobilisée pour mettre à jour ce trait. Il n'est jamais seul ; c'est ainsi qu'on peut le détecter, car il appartient à une série de traits tout aussi signifiants. Le détail se répète dans la vie de la personne et désigne une identification, il permet de comprendre la totalité de la situation conflictuelle qui a conduit au refoulement. Ce détail va unifier toutes les informations issues de l'histoire de la personne et permettre de comprendre ce qui s'est passé, alors même que le sujet n'a plus conscience du traumatisme, dont il croit s'être débarrassé. Il va en même temps donner la clef pour reconnaître les autres détails signifiants.

53. Jacques Lacan, *La Relation d'objet. Le Séminaire*, livre IV, Paris, Seuil, 1994.

Pour bien comprendre le mécanisme de cette identification symbolique, il faut se poser la question de l'identité du sujet qui parle et qui s'identifie à quelque chose. En effet, contrairement aux apparences, ce sujet-là n'a rien à voir avec la personnalité de l'analysant que j'ai en face de moi. Il se situe dans l'inconscient de la personne et il est absent de l'histoire de l'analysant. Or ce sujet – qui est le moteur des actions et qui n'est pas connu – n'a cessé de marquer la vie de cette personne d'une manière indélébile. Quand la parole, au cours de l'analyse, fait émerger ce sujet de l'inconscient qui ne fait pas partie de l'histoire de l'analysée, alors la libération se produit.

Séverine nous fournit un bon exemple. Alors qu'elle pensait diriger sa vie, faire des choix libres, elle se retrouve aujourd'hui devant un puzzle auquel elle ne comprend rien. Elle va d'échec en échec avec le sentiment qu'elle pourrait continuer à l'infini et multiplier les problèmes.

Au cours des premières séances, Séverine parle de ses problèmes conjugaux. Elle se libère. Elle justifie son comportement coléreux et emporté. Les techniques sophroniques employées dans cette première phase sont rassurantes – on les dit recouvrantes en ce qu'elles tentent de faire oublier ce qui fait mal. Il est évident que ce n'est qu'un pis-aller. La sophronisation de base est un baume nécessaire mais insuffisant pour Séverine. Trois séances de sophronisation, de sophrocorrection sérielle et de sophro-acceptation progressive lui donnent une paix intérieure qu'elle était incapable de trouver par elle-même et qui corrigent son comportement quotidien. Les tensions dans le couple s'apaisent. Séverine dort mieux. Elle accepte d'assumer les tâches quotidiennes avec son mari. Incontestablement, sa vie s'est améliorée et les relations avec ses enfants sont plus agréables : l'état de crise semble terminé pour un temps.

Séverine écoute régulièrement une séance enregistrée : la sophronisation de base avec une image qu'elle a bien voulu communiquer. Mais cela ne suffit plus. Séverine demande à se connaître, à chercher plus loin la raison de ce mal-être, de la culpabilité constante qu'elle éprouve encore de temps en temps alors qu'elle se sent mieux. Elle se complaît dans sa souffrance et ne supporte pas le calme, la paix avec son mari.

> « On dirait qu'une force me pousse, une force mauvaise. Je ne sais pas ce qui se passe, mais je dis quelque chose et ça démarre ; on était bien et brusquement, c'est la dispute. À propos de rien. »

Nous décidons alors d'approfondir la recherche intérieure. Nous utilisons la technique déjà citée plus haut : la sophromnésie.

Les séances de sophromnésie

Les séances de sophromnésie commencent toujours par une sophronisation de base.

Au cours de ces séances non enregistrées, Séverine parle de sa petite enfance. Elle a subi des attouchements sexuels de la part de son beau-père quand elle était très jeune. Elle a occulté ce traumatisme. Elle a vécu sans en parler, « comme si de rien n'était », selon la formule. Elle s'est mariée, comme tout le monde. Sa vie sexuelle avait peu d'intérêt car elle n'avait aucun orgasme. Les relations avec ses trois maris ont été assez pauvres. Mais pourquoi les quitte-t-elle ? Ils n'ont rien à voir avec le beau-père ni avec son histoire personnelle. Le trait signifiant qui se répète, c'est quelque chose qui n'a rien à voir non plus avec ses partenaires ni avec Séverine qui a choisi ses maris parce qu'elle les aimait sincèrement. Elle assiste à la destruction de ses relations, étonnée et culpabilisée, car elle se rend bien compte qu'ils n'ont pas une grande responsabilité dans l'échec de la relation. La culpabilité refoulée de ce traumatisme ancien rend Séverine incapable de plaisir sexuel. Le désir a été refoulé dans l'inconscient et perturbe sa vie.

Il se trouve qu'à un moment de la relation, l'image du beau-père en tant que violeur s'impose et coïncide avec l'image du mari. Cette coïncidence, cette identification d'image à image se fait à partir d'un détail signifiant : un geste, un mot ou une attitude dont Séverine n'a pas conscience, car le refoulement dû à la censure de son surmoi a provoqué une espèce de dédoublement. Séverine, en tant que personne réelle, perceptible par autrui et par elle-même, a un langage coupé du vécu qui a été refoulé. Cette Séverine-là, qui a été traumatisée, n'a plus la parole, pourtant elle continue à vivre dans la Séverine d'aujourd'hui. Le véritable sujet de la relation incestueuse qui a gardé une image inscrite dans son inconscient, à l'insu de Séverine, parle à mots couverts et agit à sa place. En fait, tout se joue en dehors de la volonté et de la conscience de Séverine alors qu'elle agit sous l'impulsion de cet objet imaginaire.

Pour l'analyste, le monde n'est pas composé d'êtres et de choses mais seulement d'images. Nous ne percevons jamais l'objet réel mais l'image de l'objet. Le terme objet doit être lui aussi bien défini : c'est la personne, l'autre, le regard, ou un objet. C'est une donnée essentielle de la conscience de ne percevoir qu'une image. On ne fonctionne que sur des images. Il peut y avoir un décalage entre la réalité des faits et l'image inconsciente, refoulée. L'objet du traumatisme peut être infime par rapport au sentiment, au vécu. C'est bien pourtant l'image qui est agissante dans la constitution de la personnalité. L'enfant a une vision globale de son image que le miroir reflète, mais c'est encore un Moi vide et les identifications imaginaires viendront peu à peu constituer l'idéal du moi, par stratifications successives.

Le traumatisme vient rompre cette construction ; le sentiment de mal-être qui en découle fragilise les identifications successives de l'être. Les maris successifs ont joué dans l'imaginaire de Séverine et à son insu un rôle qui rappelait la situation incestueuse. Tant que Séverine n'avait pas renoué avec cette partie inconsciente d'elle-même, avec cette part refoulée du passé, elle ne pouvait accepter d'être en harmonie avec un homme.

La relation incestueuse s'imposa dans les séances de sophromnésie. Il fallut par ailleurs entreprendre des séances de réassurance : développer des images positives de la vie familiale avec l'amour sincère du mari, la relation du couple avec les enfants nés des deux pères précédents. À ce niveau du travail de sophro-analyse, le mari est venu rendre compte du bénéfice des séances. Lui aussi concourt à l'équilibre du couple. Il fait des séances de relaxation et analyse la situation sereinement. Ainsi, nous pouvons éviter les scènes conjugales, fréquentes avant la prise en charge de Séverine, et qui se sont envenimées jusqu'à envisager une rupture.

La parole étouffée

Pour que Séverine se délivre de ses pulsions autodestructrices, de son surmoi sadique qui la culpabilise et détruit ce qu'elle aime le plus au monde, elle doit faire émerger à sa conscience les images refoulées dans son inconscient pour s'en délivrer.

Elle se déteste. Elle remet en question sa personnalité, son équilibre. Par un mécanisme de défense, elle a pris la place de l'agresseur. Elle se punit, elle se martyrise. Elle se sent souillée et indigne. Elle se comporte comme devrait se comporter le beau-père incestueux qui devrait se sentir coupable et indigne. Séverine a voulu que je rencontre le beau-père, qui avoua une seule scène incestueuse et qui sembla admettre que son comportement avait perturbé la vie de sa belle-fille. Depuis longtemps, il se sentait rejeté par la mère mais n'acceptait pas de quitter la maison pour des raisons financières. Pour Séverine et pour la mère, la cohabitation était devenue intolérable car elle semblait effacer ce qui était en réalité indélébile.

« Vivre en faisant semblant, c'était insupportable. Je me suis mariée très vite pour échapper au mensonge permanent. Il était gentil avec moi. On ne pouvait pas imaginer cela. J'ai été jusqu'à la tentative de suicide, il y a deux ans. À l'hôpital, j'ai pu le dire. Ma mère pensait que c'était une histoire ancienne, classée. »

Pour Séverine, le passé était toujours présent, il n'y avait qu'une répétition, une représentation permanente, ressassée. Rien n'était dit et tout était toujours là. La mère et la fille vivaient étouffées. Cette situation créait un paradoxe qui était l'étincelle de l'explosion, ce qui générait l'angoisse permanente. La thérapie améliorait considérablement le comportement et la personnalité de Séverine, et fit prendre conscience à la mère que son silence pendant des années leur avait coupé les ailes : l'énergie de vivre et la volonté. La mère savait mais s'était accoutumée à la situation. Pour Séverine, cette complicité incompréhensible la rendait malheureuse. La mère qui l'aimait se comportait comme une mauvaise mère qui sacrifiait sa fille.

Le chemin que Séverine a pris l'a conduite vers la racine des souffrances d'aujourd'hui. Il se produisit alors un long déroulement de la maturation inconsciente du sujet. Nous ne pouvons maîtriser cette maturation. Le travail s'accomplit en profondeur, un peu à l'insu de la conscience. La reconnaissance du corps qui a été nié est une étape essentielle ; elle a rendu possible la prise de conscience de l'identité. L'équilibre de la personne se réalise dans la réconciliation du corps, de l'esprit et du cœur à travers le langage qui permet d'accéder à l'ordre symbolique et établit une distance par rapport aux événements. Si rien n'est dit, tout est toujours présent et la souffrance est permanente.

Des séances hebdomadaires sont consacrées uniquement à un développement de l'énergie vitale, d'idées positives, à une prise de conscience de son identité par Séverine. D'autres séances intercalées ont été consacrées à un enracinement dans la réalité. L'ensemble de la thérapie a duré une année. Les exercices déjà cités de la cible et de l'arbre ont été des outils très puissants pour renforcer le Moi.

La répétition

Les scénarios successifs d'échec sont tous des manières de payer une culpabilité sans régler vraiment la note. Lorsque l'être humain, dans son enfance, a vécu un événement grave auquel il n'a pu faire face, qu'il n'a pu ni intégrer ni refouler, il en est réduit à le répéter. La répétition est un automatisme impossible à maîtriser, c'est l'indice d'un événement réel traumatisant que le sujet n'a pu affronter et qu'il n'arrive pas à se remémorer. On est amené de façon constante à prendre en compte la répétition et son caractère compulsif, c'est-à-dire indépendant de la volonté du sujet qui se sent soumis à une force à laquelle il ne peut résister. Parvenir à rompre ce phénomène équivaut à libérer et à dénouer une situation. Grâce à la relation transférentielle avec le sophrologue, comme avec l'analyste, le phénomène de répétition est élucidé. Sous forme de rêves, de mises en scénarios, d'images mentales ou de phrases récurrentes, la répétition est une symbolisation qui tend à réduire de plus en plus le traumatisme. En fait, elle en est le signe, elle l'indique d'une manière suggestive, métonymique.

Pour Sigmund Freud, cette répétition prend un sens précis[54] qui vient s'ajouter aux précédentes significations : c'est l'indication d'une pulsion de mort, située au-delà du plaisir et qui tend à faire revenir le sujet vers un état indéterminé, c'est un retour à l'origine. La répétition ramène non pas à la vie mais à la mort.

Casser la chaîne des répétitions, c'est retrouver l'élan vital qui permet de coïncider avec son présent et d'aller vers l'avenir. Au lieu d'un ressassement et d'une soumission à un traumatisme passé, le sujet prend sa vie à bras-le-corps. Le voilà enfin maître de lui-même.

54. Sigmund Freud, « Au-delà du principe de plaisir », 1920, dans : *Essais de psychanalyse*, Paris, Petite Bibliothèque Payot, 1983.

L'accession à la parole

L'accession à la parole se fait dans la relation avec le sophrologue durant une sophro-analyse. La séance crée une structure où chacun est partie prenante. La sophro-analyse permet à la personne de retrouver un pouvoir de décision et de comprendre ce qu'est l'inconscient : l'inconscient n'a pas de profondeur, ce n'est pas une poche que l'on vide, c'est un code d'images que l'on déchiffre et qui parle. Comme le développe Jacques Lacan, dans ses *Écrits* : « L'inconscient est structuré comme un langage. » Il est en fait comme une surface double. L'inconscient ne peut être perçu que par la symbolisation. Il n'y a rien d'autre que la parole. Faire advenir la parole, c'est donner accès à l'inconscient. Dans la première phase des entretiens, le sujet parle de lui-même dans une position extérieure à lui. Peu à peu, il révèle le sujet de l'inconscient et se saisit comme un autre à l'intérieur de lui-même dans son fonctionnement symbolique, celui des représentations et des images.

La personnalité retrouve alors son unité et son dynamisme. Le passé n'est plus évoqué avec émotion. Il fait partie d'un discours qui n'a plus cours. Les mots ont changé. La compulsion de répétition a cessé. Le sujet est rendu à ce qu'il est : le présent de l'acte. Ce que l'on apprend ici, c'est que le sujet de l'inconscient n'existe pas en dehors du monde des mots[55]. Et le conscient n'est certes pas ce qui constitue la totalité de l'être.

L'inconscient est reconnu, car la réalité de l'être est bien dans l'inconscient, mais celui-ci ne peut être appréhendé qu'avec des mots : ce n'est pas un volume, c'est un langage. C'est ce qu'affirme Jacques Lacan dans cette formule concise : « Le réel, c'est l'inconscient, l'inconscient, c'est le symbolique. » On ne peut se passer de l'inconscient qui est le réel, mais il faut décoder ses signes. Concrètement, dans les entretiens thérapeutiques qui sont évoqués dans ce chapitre, nous voyons bien que, chaque fois que le sujet a pu parler, il a révélé la face cachée, sous-jacente à son mal-être, et sa culpabilité a disparu. Le passé ne se répète plus. Le sujet qui parle se libère du passé. Il peut alors accéder à sa vie.

55. Jacques Lacan, *Séminaire de Sainte-Anne*, 10 novembre 1978.

Le pouvoir de soi

PAUSE RESPIRATION

Aujourd'hui qui suis-je ? Je suis au clair avec moi-même. Je suis libéré. Mon passé est derrière moi, mes expériences ont renforcé ma personnalité. Je peux. Je veux. Je vais vers l'avenir. Je suis en marche. Je progresse. L'horizon est ouvert.

La personne qui s'est détachée de son passé après en avoir tiré les messages et les leçons a une vision évolutive de sa vie. La projection vers le futur et l'anticipation ne sont possibles que par cette mise à plat des expériences d'hier. L'être humain est rendu alors à son pouvoir de création, à son dynamisme. Il peut dire « je ». Il a une conscience de lui-même qui lui permet de mesurer ses capacités, d'avoir confiance en lui et de marcher sans peur.

La sophrologie est une phénoménologie existentielle, c'est-à-dire qu'elle s'attache au vécu, au présent. Certes, le passé est représenté dans des séances découvrantes faisant appel aux souvenirs traumatisants, mais leur objectif est de remettre rapidement le sujet en situation d'équilibre entre le passé et le futur. La sophrologie crée les conditions d'apaisement pour agir sereinement, arrêter les comptes et vivre en accord avec soi.

Être, c'est agir. Ce n'est que dans l'action que l'humain s'élabore. C'est dans l'équilibre, ici et maintenant, qu'il trouve sa liberté et existe, c'est-à-dire manifeste sa présence.

Chapitre 7

Qu'est-ce qui dirige votre vie ?

Des croyances héritées

Dans un premier temps, l'éducation des parents et de la famille proche, relayée ensuite par les partenaires de l'école, a une influence prépondérante sur la représentation que l'individu se fait du monde. Celle-ci s'affine à travers les images véhiculées par les médias. Les rencontres humaines, puis les expériences personnelles qui tissent le vécu quotidien de l'individu vont l'enrichir et contribuer à apporter des réponses originales aux questions que chacun se pose. Au moment d'une crise de conscience, d'une perte de confiance en soi, lors d'une crise familiale ou sous le choc d'un événement traumatique, l'être humain s'interroge : « Qu'est-ce qui dirige ma vie ? Quels sont les moteurs de mon existence ? Quel est mon idéal de vie ? Qu'est-ce qui peut l'influencer dans sa trajectoire ? Quels sont les choix qui s'imposent ? Sur quels choix fondamentaux ai-je assis mon existence ? Quel but puis-je atteindre ? Quel est mon type d'existence aujourd'hui ? Correspond-il à mon idéal, à mon système de valeurs ou, au contraire, est-ce que je le subis ? Est-ce que je peux le changer ? Suis-je bien l'agent principal de ma propre vie ? »

Le métier

On peut passer en revue les différents points qui attestent de la qualité d'une existence. Le premier souci de l'humain est d'assurer sa subsistance. Le choix d'un métier, les études et la formation qu'il requiert, la somme d'investissement personnel déterminent une bonne partie de la vie. Le nombre d'heures passées à travailler justifie qu'on apporte à son métier un intérêt de premier ordre. Dans de nombreux cas, le mal-être de l'individu est amplifié par les mauvaises conditions de sa vie professionnelle, qu'elles soient concrètes ou relationnelles.

Élodie, vingt-sept ans, célibataire, comptable

« Ah ! Si je pouvais changer de métier ! Huit heures par jour, je ne m'appartiens pas. Je déteste ce que je fais, j'attends les vacances. Je ne sais pas comment je vais faire pour aller jusqu'au bout. Les relations dans l'entreprise sont difficiles. Chacun s'épie et cherche à prendre la place de l'autre. Le stress du travail, des fins de mois et la nervosité des gens, c'est trop dur. On a un boulot fou et le patron est d'une humeur massacrante. C'est un monde de jalousies et de continuelles disputes sur des points ridicules. Nous sommes trois dans un grand bureau. Je ne supporte pas les deux autres, leurs conversations le lundi matin, leurs commérages. Je n'en peux plus. Mon travail me rend mauvaise. »

Que faire ? Faut-il supporter un lieu de travail aussi négatif ? Peut-on en changer ? Le métier est lié à la qualification du travailleur, à l'argent qu'il procure, donc au niveau de vie qu'il apporte, mais il est indissociable d'un problème géographique, humain et conjoncturel. Il est difficile de faire comprendre à quelqu'un qui souffre des conditions de son travail qu'il doit étudier les possibilités de changer d'entreprise, voire de région. Cette jeune femme qui ne supporte pas son patron, dont elle égrène les brimades au cours des séances, se retrouve régulièrement malade. Elle ne veut pas envisager de rechercher ailleurs une semblable position. Elle peut alléguer légitimement ses liens familiaux, la peur de s'éloigner de sa famille et de ses amis. Mais ces raisons ne tiennent pas réellement, car si elle se mariait, elle accepterait de partir vivre ailleurs. Ne serait-ce pas une solution d'ouvrir son horizon, de changer d'habitudes, de changer d'environnement ? Elle se retrouverait plus libre, plus détendue et plus disponible pour d'autres rencontres. Ce serait l'opportunité de changer réellement de vie. C'est possible, mais elle se refuse à le faire. Elle a peur d'être abandonnée, elle n'a pas confiance en ses potentialités. Elle préfère se maintenir dans cette atmosphère nocive où il lui est difficile de respirer la vie.

On peut alors se demander les bénéfices qu'elle retire de cette situation intenable. Est-ce une autopunition liée à un sentiment de culpabilité qu'elle puise dans les difficultés de son enfance, avec son père ? Tout chez elle semble dire : « Voyez comme je souffre ! » Sa santé et son humeur s'en ressentent. Élodie ne dirige pas sa vie. Son propre mal-être, son ressentiment profond et inconscient la maintiennent dans une situation impossible. « C'est intenable, dit-elle en substance. Voyez comme il est méchant, voyez comme je suis courageuse ! »

Élodie demande à la sophrologie de l'aider dans un premier temps à supporter son travail, ses collègues et son patron. Grâce au travail sur la respiration abdominale réflexe pour supporter son stress quotidien, elle maîtrise mieux ses accès de larmes et ses réactions émotionnelles trop impulsives. Elle retrouve une pensée positive en associant des mots positifs à chaque inspiration et à chaque expiration dans une respiration synchronique volontaire. Ses séances journalières de sophronisation de base, qui ont été enregistrées pour elle personnellement et ont été associées à des situations vécues très précises, sont un puissant appui pour accepter la situation et ne pas nourrir les incidents. L'atmosphère du bureau est plus détendue ; son calme et sa maîtrise nouvelle surprennent ses collègues. Élodie envisage d'avoir de vrais contacts avec elles.

L'enfer, elle l'avait vécu dans sa tête, elle l'avait amplifié jour après jour pour en arriver à un état de crise. Peu à peu, les messages positifs ou neutralisants sont perçus et intégrés dans l'inconscient au niveau sophroliminal : ils jouent un rôle de levier. La perception d'Élodie se modifie insensiblement et elle en ressent un tel bienfait qu'elle se demande aujourd'hui comment elle a pu en arriver là.

Une analyse en profondeur permit à cette jeune femme de prendre conscience peu à peu du fait qu'elle ne dirigeait pas sa vie mais qu'elle était submergée par sa propre sensibilité, ses pulsions et son surmoi. Elle alla mieux. Elle ne changea ni de région ni d'entreprise. La « maison » s'était agrandie et d'autres locaux furent aménagés dans une autre partie de la ville, ce qui l'éloigna de son patron et de ses collègues.

Élodie s'est inscrite ensuite dans un groupe de sophrologie d'évolution personnelle, afin de garder un contact avec les techniques apprises et de développer un esprit sophronique pour continuer à résister au stress. Ces séances s'articulent sur quatre degrés. Ils correspondent à des étapes de prise de conscience et demandent donc un long apprentissage. Ils peuvent être travaillés par séquences sur une durée qui se détermine en fonction de l'évolution du groupe. Toutefois, ils commencent toujours par une sophronisation de base, soit debout, soit assis, soit en position allongée, et se terminent par une désophronisation. Donnons succinctement une approche de ces quatre degrés ; ils sont longuement détaillés dans *La Relaxation dynamique* du Dr Jean-Pierre Hubert, citée précédemment, et forment la base de l'entraînement pour la formation des sophrologues.

Les quatre degrés de la relaxation dynamique

1. DÉMANTELER LES CENTRES DE BLOCAGE

Ces centres : le diaphragme qui se bloque sous l'effet des émotions, puis le centre des facultés cérébrales situé entre les deux yeux, que les Orientaux appellent l'œil de Civa et qui se mobilise sous l'effort intellectuel, ensuite le cou et la gorge, enfin la zone sacrée qui comprend le bassin et les organes génitaux. Les exercices sont centrés sur la prise de conscience du poids, du schéma corporel et de la place du corps dans l'espace. Dans la libération du geste de la cible, l'être se détache de ce qui lui est négatif. Il atteint un moment de libération et de sérénité. Ces gestes peuvent également se travailler dans une séance individuelle et isolés les uns des autres.

2. SENTIR

La relaxation dynamique du deuxième degré est centrée sur une méditation, sur la place du sujet dans l'espace et dans le temps, et sur un travail approfondi du vécu sensoriel ; les cinq sens sont mis à contribution sur un *objet* choisi par le sujet ou proposé par l'entraîneur.

3. MÉDITER

La relaxation du troisième degré permet de travailler la respiration par le bas du ventre et le lâcher-prise. Le sujet se place en position anatomique : il est assis sur le bord du siège tout en gardant le bassin projeté en avant, la colonne vertébrale est droite naturellement, les épaules légèrement en arrière, la main droite

sous la main gauche sur le point Hara, les yeux fermés, le menton légèrement bloqué. Le sujet trouve naturellement un rythme régulier inspiration-expiration qui peut se traduire par un léger balancement du corps, en arrière pour l'inspiration, en avant pour l'expiration. La respiration peu à peu trouve son axe dans le bas-ventre. Les mains sont croisées sur le bas du ventre et contrôlent la respiration avec une telle synchronisation que l'on ne sait plus si c'est le ventre qui dirige les mains ou les mains qui dirigent le ventre. Peu à peu, le sujet entre dans cette méditation où le temps n'existe pas. Les mots forts de cette méditation sont : « Vivez ici et maintenant. » Les yeux sont légèrement ouverts. Puis s'installe la phase du silence. La méditation se fait sur les mots « énergie », « nature », « vie ». Le silence dure en fonction des participants au groupe et de l'entraîneur, selon le degré d'évolution acquise. Cette méditation se poursuit par une marche sur le rythme d'une respiration synchronique : inspiration-rétention-tension, un demi-pas en avant et expulsion. On termine le pas, puis on exécute un autre demi-pas sur le même rythme.

4. SE LIBÉRER

Le quatrième degré est une reprise des trois degrés précédents en position assise. L'exercice est centré sur une conscience de la posture anatomique, puis sur une libération des sentiments négatifs et des sensations négatives, un vécu de la position verticale et d'une conscience des sens, d'une présence de la corporalité, d'une prise de conscience des choses et des êtres positifs aimés. Les structures positives sont activées, les projets qui tiennent à cœur sont présents à la conscience. Dans cette relaxation dynamique du quatrième degré, nous ressentons une grande force vitale pour une existence positive, nous regardons les choses avec tendresse. La vie s'exprime dans sa plénitude ; la conscience de la vie est profonde. Nous exprimons une reconnaissance d'être au monde. C'est comme une prière, un élan du cœur, de l'esprit et une sérénité enveloppante. Puis nous reprenons les tensions habituelles.

Que recouvre le « je » des relations ?

C'est le 1er mai. Je choisis d'aller chez mon amie pour lui offrir un brin de muguet : voilà un geste de communication qui peut s'interpréter de plusieurs manières. Est-ce un geste qui obéit au rituel social ? Est-ce une occasion pour lui témoigner mon amitié ? Révèle-t-il d'autres intentions à l'égard de mon amie ? Est-ce qu'elle représente ma mère ? Est-ce que je suis une mère pour elle ? Comme elle vit seule et qu'elle est déprimée, je la prends en charge comme si elle était ma fille. Ce geste insignifiant exprime quelque chose. L'absence de ce geste, en ce jour du 1er mai, peut aussi revêtir de nombreuses significations. Le silence même est une forme de communication, il signifie : « On ne peut pas ne pas communiquer. » Notre présence est toujours communicante : nous ne cessons d'établir entre nous des *transactions*, c'est-à-dire des rapports.

Les états du Moi sollicités dans la communication

L'étude de ces transactions a été développée en 1970 par Éric Berne, psychiatre américain, créateur de l'analyse transactionnelle (AT). Que veut dire ce brin de muguet ? Sans aller chercher dans l'inconscient, on peut déjà mettre au clair une sous-conversation, un réseau de non-dits, d'idées à peine ébauchées qui jouent sur un niveau de messages que nous n'avons pas le temps de décoder. L'analyse transactionnelle étudie les types de comportements sociaux qui s'établissent entre les gens, souvent sans qu'ils s'en rendent compte, soit par inconscience soit par étourderie ou aveuglement. Quels messages se transmettent entre l'émetteur et le récepteur ? À quel niveau se situe leur communication ? Que transmettent-ils sans le savoir ?

Notre communication sociale s'organise selon trois schémas principaux qui peuvent varier en fonction des circonstances et des personnes : la communication sur le mode *parent* qu'un père ou une mère établit avec son enfant, la communication de mode *adulte* qui s'établit entre deux personnes responsables, la communication de mode *enfant* qui vient d'un enfant et s'adresse à un parent. Chaque personne, selon les circonstances, joue sur un mode de communication : *parent, adulte, enfant.* Le schéma parental marche bien si l'on a en face de soi un enfant, mais il ne convient pas entre un directeur et son employé. Pourtant, on note souvent chez des personnes qui détiennent une autorité un côté paternaliste évident. Si le récepteur du message fonctionne sur un mode adulte, il ne supportera pas la remarque parentale ou infantile de l'émetteur. La demande de reconnaissance si fréquente chez un employé est une demande d'enfant. Pour que les rapports soient harmonieux, les comportements doivent être adaptés, non seulement dans la situation de communication présente, mais également entre les interlocuteurs et leur degré d'adaptation. Si vous exprimez une peur d'enfant devant quelqu'un qui vous considère comme un adulte, vous vous exposez au ridicule et aux remarques qui vous feront honte. Si vous le faites dans l'intimité devant votre conjoint pour pouvoir exorciser cette peur, vous êtes en confiance et vous gérez mieux votre problème. En chacun de nous, un enfant sommeille. Il n'est pas bon de le montrer dans des situations de communication professionnelle où l'on attend de vous que vous agissiez en adulte qui sait analyser objectivement une situation et prendre les décisions qui s'imposent.

Les états du Moi ne sont pas bons ou mauvais, ils le deviennent selon qu'ils sont appropriés ou non à la situation ; un individu équilibré a un côté adulte qui fonctionne correctement, qui sait évaluer la situation et peut maîtriser son comportement. Toutefois, cette même personne saura être un enfant joueur et libre dans des rapports amoureux. La difficulté est d'exprimer la totalité de sa personnalité sur les trois modes de communication.

Bénédicte, trente-sept ans, mariée, sans enfant, commerçante

Bénédicte souffre d'insomnie et de crises de spasmophilie. Son médecin généraliste lui conseille de faire de la relaxation. Elle vient donc suivre quelques séances de sophrologie. Très vite, elle parle d'elle-même, de sa vie professionnelle, de son manque d'assurance, de son anxiété qu'elle rattache tout de suite à l'atmosphère familiale qu'elle a connue. Elle se dit incapable de diriger sa vie.

> « Mon père, on le voyait peu. C'était un important agent d'affaires import-export ; il voyageait beaucoup. Quand il rentrait à la maison, ce n'était pas pour nous faire des câlins. Il nous rapportait des cadeaux toujours utiles et inintéressants pour nous. Il nous demandait nos notes scolaires et c'étaient toujours des discours, des remontrances. On ne comprenait même pas tout

ce qu'il nous disait, on avait l'impression qu'il ne nous voyait pas, on était comme ses ouvriers. Mon frère et moi, nous étions toujours très déçus. On savait toujours comment ça se passerait quand il reviendrait. Ses relations avec notre mère étaient semblables. Il faisait des remarques sur tout, sur ses achats, sur la manière dont elle s'habillait, sur notre éducation qui n'était pas assez stricte ; elle pleurait, et nous, on finissait par avoir peur de lui. »

Le père se comportait en père trop critique, face à sa femme et à ses enfants. Ses trois états du Moi, *parent, adulte, enfant,* se contaminaient. Il n'était plus que le directeur en toutes circonstances, agissant, marchant, vivant en directeur, selon l'image qu'il avait introjectée enfant de son propre père dont il avait eu à souffrir à cause de sa sévérité. Il reproduisait le scénario qu'il avait vécu étant enfant. Et pourtant il croyait qu'il était libre, qu'il dirigeait bien sa vie.

Pendant les séances, Bénédicte se délivre de l'image de son père : « Il ne s'était même pas posé la question de l'image qu'il donnait aux autres. Il copiait un modèle. » En fait, ce n'était qu'un enfant qui s'était soumis au modèle paternel. Il fallut un événement grave dans sa vie, son divorce et des problèmes dans son entreprise, pour qu'il prenne conscience qu'un directeur devait se comporter autrement.

« Aujourd'hui, il a mis de l'eau dans son vin. » Il sent qu'il doit s'adapter, il a une manière différente d'appréhender les rapports humains, dans le respect et dans un dialogue constructif, entre adultes qui refusent les stéréotypes et l'infantilisation. Plus les individus sauront s'adapter à une situation, plus ils seront libres et plus ils seront efficaces. La sophrologie, qui cultive la sérénité, cherche à harmoniser les relations humaines, développe le sens de la communication en utilisant abondamment les schémas de l'analyse transactionnelle.

Mieux comprendre son comportement pour mieux diriger sa vie

L'analyse transactionnelle d'Éric Berne[56] éclaire surtout nos propres comportements et donne une technique pour se changer soi-même plutôt que de vouloir changer

56. Éric Berne, *Analyse transactionnelle et psychothérapie*, Paris, Payot, 1971.

les autres. Les comportements que l'on adopte en face d'une situation donnée révèlent en nous trois états différents du Moi qui nous gênent dans notre pouvoir sur le réel et nos contacts avec les autres. Comment réussir à diriger sa vie ? Éric Berne recommande de respecter « la loi des 3 P » : *protection*, *permission*, *puissance*. Pour agir, il faut développer des pensées du type : « Je suis en sécurité », message que donne le Moi *parent* protecteur au Moi *enfant*, « je me permets d'être libre », message du *parent* dominateur au Moi *enfant*, qui permet de mener à bien le projet ; ensuite, il faut trouver en soi les moyens d'agir, évaluer les outils en sa possession et la meilleure stratégie à adopter. Le message doit être clair : « Je suis capable. J'ai les possibilités, les compétences nécessaires pour faire aboutir mon projet », car c'est le Moi *adulte*, cette fois, qui sait évaluer la situation, qui peut alors l'affirmer. Ainsi, les trois états du Moi auront été mis à contribution d'une manière positive et auront remplacé les pensées parasites et négatives qui surviennent trop souvent.

Bien sûr, ce n'est jamais aussi simple. On ne peut se laisser réduire à une schématisation des rapports entre les êtres. Ce Moi qui se laisse deviner à travers les messages est le résultat d'une certaine catalyse favorisée par le milieu ambiant.

Le milieu est dépendant des personnes présentes et le système qui se crée dans le groupe est irréductible à chacune. Il exerce une force indépendante de la résultante des forces exprimées par les individus présents. Il semble donc que nous ne puissions pas maîtriser totalement une situation de communication : il arrive que les gestes ou les paroles dépassent les intentions de l'émetteur qui se sent lui-même *débordé*, comme le fleuve peut l'être. Il a dépassé ses limites sans s'en rendre compte, parfois en bien, parfois en mal. Le jour J, le sujet est porté par le groupe et par le milieu ambiant : c'est l'orateur qui réussit son meilleur discours ou le sportif qui réalise le meilleur score, mais c'est aussi la personne qui perd son sang-froid ou la personne forte qui reste sans voix.

L'importance de l'expression des sentiments

Les réflexes conditionnés, les apprentissages sanctionnés de récompenses et de punitions ont façonné des conduites sociales et occulté les vrais sentiments. Vous entendez fréquemment dire : « Je ne sais pas aimer, je ne sais pas le lui dire, je ne comprends pas pourquoi je suis ainsi, je ne sais pas finalement si je suis capable d'aimer quelqu'un. »

Le développement d'une personnalité authentique passe par le retour aux sentiments de base : peur, joie, colère, tristesse, même si l'on doit souffrir. On souffre forcément s'il faut briser ses carapaces, enlever ses chaînes à l'instar de ces femmes girafes à qui la coutume impose de porter des cercles autour du cou pour le développer anormalement et satisfaire ainsi à certains canons de la beauté : si on les leur retirait trop brutalement, elles risqueraient la mort. Même une thérapie douce ravive certaines douleurs ; il n'y a pas de réelle thérapie sans larmes. Lentement, les individus se sont construits eux-mêmes des apprentissages et des cuirasses pour se préserver de la souffrance et étouffer la voix du cœur. Le monde du travail est un monde où l'individu étouffe. Le temps perdu à écouter les problèmes individuels nuit à la productivité. Quand l'être humain est blessé dans sa vie personnelle, son métier peut être un dérivatif nécessaire ou un poids oppressant.

Un ouvrier vient d'avoir un souci familial qui a perturbé son emploi du temps, il arrive avec deux heures de retard sur son lieu de travail. Le patron l'attend, furieux : « Vous avez vu l'heure ? » La réaction de l'ouvrier dépendra de la maîtrise de ses émotions, de la place qu'il accorde à sa vie privée et de la manière dont il s'assume sans se sentir coupable d'exprimer ses sentiments. L'ouvrier soumis ou qui manque de confiance en lui s'excuse avec un sentiment de gêne et de culpabilité, comme un enfant réprimandé. Il nourrira une certaine rancune contre son patron qui ne le respecte pas dans son être profond. Si l'ouvrier se comporte en adulte, s'excuse de son retard et rapporte son incident avec calme et objectivité, le patron peut alors s'offusquer de cette observation claire, débarrassée de tout sentiment, qui place les interlocuteurs sur un pied d'égalité ; il semble dire : « Chacun a droit à sa vie privée. » Si le patron préfère cultiver une distance, un écart entre son ouvrier et lui-même, il peut rester silencieux pour montrer son désaccord ou, au contraire, chercher les confidences, ce qui le mettrait en position de parent protecteur. Dans le meilleur des cas, le patron fait la part de l'incident privé et des contraintes du travail. Il agit en homme équilibré, sachant donner la réelle importance aux sentiments et à l'expression d'une personnalité. Le dialogue sera vrai et juste. Il aura remplacé le silence dont peut naître le pire comme le meilleur.

On ne peut se fier au silence. Le dialogue mené avec objectivité est plus apte à desserrer l'étau des conflits. Le calme, en effet, n'est pas obligatoirement le reflet d'une situation sereine. Il peut être le signe d'un compromis de longue date qui entretient un système d'aliénation. Sous la cendre se cachent quelquefois des braises qu'un vent rallumera sans que personne ait pu le prévoir. Et l'on découvre ainsi des bourreaux et des victimes. Les premiers ne savent pas toujours qu'ils le sont, les secondes n'arrivent pas à s'y soustraire seules. Ce sont les circonstances qui leur feront prendre conscience de leurs dépendances.

C'est dire la responsabilité qui incombe aux thérapeutes lorsqu'ils entreprennent une thérapie de changement. Certains individus ne peuvent imaginer une évolution notable dans leur vie, un changement. Ils ont très peur de tout remettre en question. Leur parler d'évoluer est dangereux. Essayer de les éclairer sur leur comportement, c'est leur demander de changer de langage et de type de communication, de corriger l'expression d'une toute-puissance, de renoncer au mépris de l'autre ou à la recherche de protection parentale, à l'expression de gamineries d'enfant rebelle, à la soumission d'esclave peureux pour réussir enfin à exprimer une attitude plus objective et plus responsable. Un locuteur est inséparable de son auditeur quand ils communiquent. D'une certaine manière, en se posant l'un face à l'autre, chaque *je* se détermine. Changer son comportement équivaut insensiblement à changer l'autre et vice versa. À la manière des mobiles de Calder[57], lorsque l'on touche un élément de la construction, tout l'ensemble évolue. C'est une dimension systémique qui doit rester présente à l'esprit lorsque l'individu parle de son vécu. La thérapie familiale, mise au point par l'équipe de Palo Alto en Californie dès 1980, utilise avec profit le système de la famille pour soigner les schizophrènes qui, inconsciemment, prennent en charge le malaise du groupe et se comportent en patients désignés, responsables de l'ensemble.

La valeur symbolique de l'argent

Qu'est-ce qui dirige le monde ? L'argent et le sexe. Voilà ce que l'on entend communément. Les gens n'ont plus le temps de vivre ; ils ne pensent qu'à obtenir l'argent pour s'offrir tous les biens de consommation dont la publicité leur donne envie et qui serviront leur image. Prenons l'exemple classique de la voiture haut de gamme. Elle est le signe d'une réussite sociale, puisque la posséder demande un niveau

57. Alexander Calder (1898-1976), sculpteur américain, célèbre pour ses mobiles. Un mobile est un ensemble de tiges de métal qui supportent des plaques de métal et sont sensibles au moindre souffle.

de vie confortable. Elle renforce chez celui qui la possède le sentiment d'exister socialement, ce que traduit le langage commun : « Elle renforce son ego. » Cette satisfaction est sous-tendue par le plaisir discret de narguer son voisin en excitant son envie et son dépit. Le marketing publicitaire accentue, si besoin est, la valeur symbolique de la voiture en question. Elle est en effet le symbole de la puissance et de la virilité. Le commentaire accompagnant la publicité est éloquent : on vante son élégance, sa douceur, la chaleur intime de son intérieur et, pour couronner le tout, une jolie déesse vient s'asseoir sur le capot ou se blottir contre le conducteur. Les biens de consommation les plus exposés au regard des autres, comme la maison, le bateau ou la voiture, disent clairement que vous avez réussi dans la vie, c'est-à-dire que vous avez un pouvoir, celui de l'argent. En clair, vous avez le pouvoir sur l'autre.

D'où vient cette puissance de l'argent ? Du point de vue psychanalytique, l'argent a une valeur symbolique extrêmement différente selon les individus, et chez un même individu selon les situations et les périodes. Sa valeur représentative nous éclaire sur le degré d'évolution d'une personne et sur sa pathologie. Sans argent, l'individu d'aujourd'hui se sent dépossédé de lui-même. S'il n'a pas eu la chance de naître « sous une bonne étoile », c'est-à-dire dans une famille aisée, il peut être tenté d'acquérir des richesses par son travail – c'est la voie la plus noble et la plus longue – ou par le vol, plus ou moins déguisé, qui comporte autant de risques pour son image que pour sa propre personne. L'acquisition de l'argent est le mobile de bien des conduites et des comportements sociaux. L'argent, depuis l'aube de l'humanité, est un objet convoité et, parallèlement, sa valeur naît très tôt dans le développement de la psychologie de l'individu. Dès les temps primitifs, la monnaie était investie d'un pouvoir sacré et redouté, car elle conférait des pouvoirs magiques à celui qui la détenait.

La valeur de l'argent prend sa source au deuxième stade de l'évolution psychique de l'individu, soit entre deux et quatre ans, au stade du « non » systématique, stade sadique-anal d'expulsion et de rétention qui se cristallise autour des matières fécales ; l'enfant retient ses matières fécales et passe des heures sur son pot pendant que sa mère attend. Le plaisir qu'elle marque lorsqu'enfin il les lui donne renseigne l'enfant sur la valeur du don et, dans le même temps, il connaît le plaisir de l'expulsion retardée. C'est alors que les excréments prennent la signification du cadeau. S'il veut faire plaisir à sa mère, l'enfant lui accorde ce cadeau, le seul qu'il puisse donner. Qu'a-t-il d'autre à offrir qui vienne de lui, de sa propre chair ? Il apprend qu'il peut agir sur sa mère, qu'il peut la punir pour une raison ou pour une autre. Il jouit de son déplaisir, il aime le déplaisir qu'il crée, il découvre le pouvoir de faire souffrir l'autre, ses tendances sadiques, agressives, y trouvent leur compte et elles sont liées à l'ambivalence des sentiments qu'il a pour sa mère. L'identification à sa mère va lui apporter le plaisir de la souffrance qu'elle ressent. C'est ainsi que la pulsion sadique-anale se renforce, elle fait partie de l'inconscient de l'individu. Dans sa vie d'adulte, l'humain ressentira cette pulsion que son Moi devra contrôler pour assumer son rôle social : il ressent la capacité nouvelle pour lui d'agir sur la situation et d'affirmer sa volonté.

L'intérêt que l'adulte porte à l'argent prend sa source dans ce processus de rétention et d'expulsion et dans l'ambivalence des sentiments qui investissent l'objet. Il met en évidence également le processus d'élaboration du Moi, de son pouvoir sur les pulsions du *ça*. Le premier déplacement de l'investissement se fait ensuite de l'excrément au pénis, en raison de leur analogie organique : ils excitent tous les deux un canal muqueux et font partie du vécu corporel. L'un comme l'autre se détache du corps.

L'argent diffère des excréments, du pénis, en ce sens qu'il n'a pas un rapport direct avec les fonctions érogènes du corps. Il y a bien un changement de structure ; l'argent serait alors vu comme une matière première au service de la pulsion, avec cette dimension différente qu'il est inséparable de la constitution du Moi. Le symbole de l'argent est en rapport direct avec la manière dont le sujet se situe comme Moi. C'est pourquoi le symbole s'éclaire de la structure du Moi de l'individu.

La valeur symbolique que l'individu attribue à l'argent est fonction de son niveau d'organisation libidinale, sur lequel Hana Reiss-Schimmel[58] a apporté un éclairage très instructif ; il marque l'aptitude à symboliser. L'étude de l'argent, c'est donc l'étude du processus de symbolisation de l'individu. Au stade oral, le sujet et l'objet sont dans la confusion. Il n'y a donc pas de possibilité d'échange ; le fantasme d'incorporation réciproque est la seule modalité relationnelle possible.

58. Hana Reiss-Schimmel, *La Psychanalyse et l'Argent*, Paris, Odile Jacob, 1994.

La mesure de l'argent implique des capacités rationnelles : remplacement d'une valeur par une autre, détachement du sujet. Il faut donc avoir bien acquis cette possibilité de différencier le sujet, l'objet, l'avoir et l'être : ce qui implique que l'individu ait atteint un niveau de maturation qui se situe au stade génital. C'est à ce moment-là que l'individu peut se concevoir comme personne différente d'une autre et pouvant entretenir des rapports d'égalité. La sublimation de l'argent et sa fonction d'objet d'échange rationnel réglé suivant les exigences de la réalité sont l'aboutissement d'un processus évolutif complexe. Lorsque sa possession vient confirmer une illusion de toute-puissance infantile, l'individu est en régression, et c'est ainsi que nous voyons des adultes, soit trop économes, soit trop généreux qui maîtrisent mal l'argent, monnaie d'échange. Le sujet névrosé a souvent des problèmes d'argent qu'il ne peut combattre ; la source, en effet, est inconsciente. Il peut être d'une boulimie irrépressible et il achète compulsivement pour combler un manque et tenter de dissiper un mal-être persistant ; il privilégie le plaisir immédiat d'un vêtement nouveau pour *changer de peau* et amplifie par ailleurs son problème financier. Un être équilibré utilise l'argent mais ne le valorise pas au détriment des valeurs humaines. Il s'en sert comme un moyen mais pas comme une fin en soi.

La construction d'un foyer

Nous recevons beaucoup de jeunes femmes qui ont des difficultés pour établir des relations amoureuses dans le but de fonder un foyer. Le désir d'avoir un enfant est une obsession et perturbe le choix du partenaire amoureux. Les liaisons sont souvent orageuses, car la femme et l'homme ne poursuivent pas obligatoirement les mêmes objectifs dans la relation. Aimer quelqu'un n'engage pas définitivement l'avenir ; cela ne veut pas dire obligatoirement que toute ouverture vers d'autres horizons est impossible. Malheureusement, les deux partenaires ont souvent des représentations de l'avenir très divergentes. Le désir d'enfant peut être vécu dans le couple de manière fort différente, il peut être un obstacle à une relation de longue durée ou apporter une raison supplémentaire d'exister. L'engagement est de plus en plus difficile à gérer : n'évoque-t-on pas trop souvent la difficulté d'éduquer et d'élever un enfant, de lui trouver une place dans la société ?

Agathe, vingt-huit ans, célibataire, responsable de gestion

Agathe pense qu'il est temps d'avoir un enfant. Elle vit avec un homme, Loïc, qui a déjà vécu un divorce traumatisant et ne veut pas se marier. Par ailleurs, il a eu de son premier mariage une petite fille dont la présence lui manque ; il ne désire pas un autre enfant de peur de se retrouver un jour dans la même situation. Il aime Agathe, mais son couple lui suffit : il sublime dans son poste à responsabilités. Il est, selon les dires d'Agathe, très heureux dans son ménage. Elle s'ennuie. Le train-train quotidien l'assomme. Ils n'ont pas grand-chose à se dire ; ils allument la télévision pour regarder ensemble le journal et le film de la soirée. Agathe est en dépression nerveuse et sous tranquillisants. Loïc ne supporte plus ses scènes. Elle dort mal, pleure tout le temps et est en arrêt de travail. Un médecin lui a recommandé de faire de la sophrologie. Elle connaît une personne qui a suivi des séances qui l'ont aidée à transformer sa manière d'appréhender l'existence et à mieux diriger sa vie. Le problème, pour elle, est clair :

> « Mon désir est légitime, je suis jeune, je ne dois pas trop attendre pour avoir un enfant. Loïc a des problèmes personnels qui l'empêchent d'être heureux, mais il refuse de le reconnaître. Moi, je veux un enfant. Je suis à bout, au bord de la rupture. »

Toutes les journées d'Agathe sont perturbées par ce problème à résoudre, par son projet de vie qui semble impossible. Agathe souffre par ailleurs d'un problème relationnel avec sa mère, que nous travaillerons dans des séances de sophro-analyse. Pour l'instant, il faut calmer le jeu, revenir à une situation sereine, maîtriser les émotions qui perturbent la vie des partenaires et reprendre le cours normal de l'existence. Par son attitude, Agathe déstabilise profondément le couple. Elle envisage même la séparation. Le maître-mot de la situation : attendre. Elle a un besoin d'amour excessif et son comportement étouffe Loïc qui se referme dans sa coquille. Peu à peu, au cours des séances de sophrologie, elle prend conscience qu'elle veut imposer son projet par la force et que, par l'expression de ses émotions, de son désarroi, elle veut infléchir la décision de Loïc. Peine perdue. Elle s'enferre et ce n'est pas le respect d'autrui ni d'elle-même qui guide son comportement, c'est le désir régressif de vivre une relation fusionnelle difficile à supporter pour le conjoint. Certes, elle n'est pas prête psychologiquement à avoir cet enfant. Elle a compris qu'il faut évoluer, trouver un équilibre intérieur, que le dialogue doit reprendre, qu'elle doit « grandir dans sa tête » pour assumer une responsabilité et la faire accepter à son ami. Leur vie doit être sereine, pour eux et pour l'enfant à venir. Au bout de trois mois, le résultat est spectaculaire. Celui qui se taisait et fuyait la maison parce qu'il ne pouvait plus supporter les reproches et les récriminations de toute sorte revient avec plaisir vers sa compagne apaisée. C'est lui-même aujourd'hui qui envisage un mariage et un autre enfant. Agathe a perdu le mécanisme des scènes, des larmes, ne prend plus de médicaments et dort bien, elle est transformée. Elle donne enfin sa confiance à son ami, car elle a progressé dans sa manière de comprendre la situation et a donc abandonné un comportement qu'elle juge maintenant insensé.

Aude, trente-deux ans, divorcée, un enfant, secrétaire

Aude est une jeune femme divorcée en dépression. Elle est anorexique, fume beaucoup et ne vit que sous tranquillisants depuis trois ans. Elle vient faire de la sophrologie parce qu'elle n'arrive plus à diriger sa propre vie et se sent prise dans un tourbillon très angoissant. Elle vit seule avec une petite fille qu'elle n'a pas désirée, mais qui est aujourd'hui un rayon de soleil dans son existence. Sa mère garde l'enfant très souvent, ce qui permet à Aude de vivre avec peu de contraintes. Elle a mal supporté son divorce qu'elle a ressenti comme un échec et qui l'a profondément dévalorisée. Les relations avec son ex-mari sont toujours difficiles et s'exacerbent tous les quinze jours, chaque fois qu'elle doit lui laisser son enfant en week-end. Toute sa pensée est perturbée par le souvenir d'un ami, Victor, avec lequel elle eut une longue liaison de six ans ; elle aurait pu se marier avec lui s'il n'avait eu un « caractère difficile et entier ». La seule solution qui a germé dans l'esprit de cette jeune femme a été de retrouver Victor. Et si tout était possible comme avant ? Elle lui téléphona. Il était marié. Elle réussit à le rencontrer de loin en loin. La passion et la jalousie envers l'autre femme la déchirent. Rien ne l'intéresse. Elle accomplit son travail consciencieusement, s'occupe de sa petite fille et passe des soirées difficiles ; elle s'efforce de s'amuser, de rencontrer des amis, mais elle n'arrive pas à se dégager de l'emprise de Victor qui cède quelquefois à ses pressions. C'est à cette période qu'Aude suit des séances de sophrologie.

Ces séances très régulières lui ont permis de parler et d'être enfin écoutée. Peu à peu, elle a éclairci sa situation. Aude poursuit un but insensé. On ne peut pas recommencer le passé. On ne peut se retourner sans cesse sans se perdre tout à fait. Le travail thérapeutique fut, dans ce cas, très long. En effet, les bénéfices secondaires de la dépression étaient trop forts. Il a fallu qu'Aude réapprenne le sens de la marche et qu'elle recherche à construire une vie. La présence de la petite fille a été un atout dans sa progression. Les relations parentales difficiles dans son enfance ont été pour une grande part à l'origine de cette régression infantile. Le divorce de ses parents a été perturbant. Elle faisait des crises d'asthme et des allergies qui n'ont pu être expliquées. Des séances de sophromnésie ont permis de travailler des scènes traumatisantes afin de les neutraliser en partie. Pendant une année difficile, Aude vint chaque semaine parler, se libérer de ses pensées destructrices et mettre de l'ordre dans sa vie chaotique. Elle se mit à vivre mieux, différemment. Mais Victor revint vers elle sans vouloir toutefois quitter sa femme et commença à détruire le travail de reconstruction psychique qu'Aude avait fait. Il l'a trouvée transformée par la sophrologie : elle ne prenait plus de médicaments, avait cessé de fumer et avait pris du poids. Il la couvrit de cadeaux alors qu'elle était dans une situation financière peu brillante et lui offrit même une voiture qu'elle accepta. Il lui était alors impossible d'ouvrir sa fenêtre sur l'avenir et de se donner des chances de retrouver un être neuf. Elle préféra une existence déstructurée avec des moments intermittents d'amour, mais aussi des déchirements avec Victor, plutôt que de poursuivre une analyse qui l'amenait à se détacher de lui.

Leur vie se passait dans le mensonge, ce qui les obligeait à se méfier de leurs amis, à éviter les uns, les autres, pour des raisons qu'ils étaient seuls à connaître. Victor vivait une double vie avec aisance et entretenait ses deux femmes. Aude était mal dans sa tête. La relation était devenue sadomasochiste. Lorsqu'elle était très fatiguée nerveusement, elle fermait sa porte à Victor et trouvait un dérivatif passager à sa vie : elle faisait alors beaucoup de sport et dépensait ainsi son énergie. Elle avait des phases où elle était en pleine forme pendant une dizaine de semaines, puis elle retombait dans ses angoisses et se sentait complètement en échec. Aude s'est installée dans cette situation qu'elle ne dirige plus. Elle a arrêté les séances de sophrologie tout en pensant qu'elles pourront un jour lui être encore nécessaires.

Amour, vous avez dit amour ?

Ces êtres sans cesse ballottés entre leurs amours passées ont des difficultés à prendre la direction de leur vie, à gérer les conséquences d'une situation et à s'ancrer dans le réel. L'agressivité contre soi et contre l'autre qui empoisonne l'existence du sujet est difficile à gérer. Aude ne peut faire le deuil de son *objet*. L'absence de l'autre crée une béance dans sa vie et la présence de cette personne est aussi mal vécue, car la jalousie destructrice la guide dans ses actes. Aude a de grandes difficultés à accepter qu'une autre ait pris sa place dans *sa* maison, alors qu'elle n'a pas été innocente dans la rupture, elle le reconnaît elle-même. La sophrologie trouve ici sa limite. Le sujet s'est figé à un stade régressif.

Dans ces deux exemples, il est frappant de voir que les deux femmes cherchent, *parce qu'elles l'aiment*, à diriger la vie de l'autre, à le faire entrer dans la représentation de leur propre univers. C'est *l'objet* de leur désir qui compte. Lorsque l'autre résiste, leur agressivité contre lui se déchaîne et se retourne contre elles-mêmes. Agathe se détruit inconsciemment pour que l'autre s'apitoie et accepte de se sacrifier sur l'autel de son désir. Les actes graves que sont le mariage et la procréation sont des détails pour elle. Le pouvoir du Moi qui ne se dégage pas suffisamment des pulsions instinctives du premier stade infantile indique une régression au stade oral de la dévoration. Ces jeunes femmes, qui ont mal réglé l'ambivalence de leurs sentiments dans leurs relations avec la mère, poursuivent une quête qui ne fait que les détruire et détruire les êtres autour d'elles. Pour Agathe, la sophrologie a été un levier très efficace ; pour Aude, elle a été et reste encore une aide intermittente, un soutien, un lieu d'écoute qui cherche à améliorer l'exercice du libre arbitre. Ces deux femmes ont à découvrir que leur maturité s'acquiert en privilégiant le principe de réalité plutôt que le principe de plaisir dévastateur.

Dans les situations de crise, le conseil majeur est de favoriser l'évolution positive de la personne qui vient demander de l'aide, dans le respect de chacun des partenaires de la vie du sujet. Toute la difficulté de l'accompagnement sophronique est de ne pas influencer le cours des choses ; on se doit de rester en éveil, à distance. L'essentiel, dans un premier temps, est de conduire la personne épuisée par ses luttes intérieures à travailler un lâcher-prise total.

Comment comprendre le lâcher-prise ?

Le lâcher-prise commence par le corps. Il se travaille dans l'exercice fondamental de la sophrologie : la sophronisation de base. Comprenons-le d'abord comme une libération des tensions, un abandon physique des résistances qui induit une détente mentale, cérébrale : lâcher prise, c'est avant tout laisser faire les choses, laisser aller sa volonté, s'abandonner au processus naturel et spontané du corps et de la vie, et accepter que l'échec comme la réussite fassent partie des lois naturelles.

Chez des personnes dont les pulsions sont refoulées, on note immédiatement la difficulté à respirer profondément. Elles réduisent l'apport d'oxygène dans leur organisme et diminuent leur énergie. Pour remobiliser cette énergie mal contrôlée, il est indispensable de respirer avec le ventre. Respirer pleinement, c'est accepter de reconnaître ses émotions, c'est vivre sa nature physique, animale, en l'intégrant à la personnalité tout entière ; c'est reconnaître la globalité de l'être, son unité corps-esprit. Accepter la reconnaissance d'une énergie libidinale, c'est permettre à la vie de s'épanouir, de n'être que mouvement naturel : c'est se passer de la volonté.

Maria, trente-cinq ans, mariée, deux enfants, journaliste

Le problème de Maria est simple : son mari a une liaison après dix ans de mariage. Elle ne veut pas divorcer. Ils ont des explications très franches. Elle ne supporte ni le divorce ni sa liaison. Que faire ? Elle n'arrête pas de pleurer, elle se met à manger d'une manière compulsive, prend du poids, se dévalorise, se déteste et avale des tranquillisants. Après les séances habituelles, déjà décrites dans les chapitres précédents, le travail consiste à lâcher prise, à abandonner une résistance qui épuise le sujet et qui ne règle pas le problème, bien au contraire. La vie est impossible alors que les deux partenaires ont encore beaucoup de choses en commun, des souvenirs, un amour vrai et surtout deux enfants. Dans ce cas, il est préférable de chercher pour chacun d'eux une situation d'attente et de lâcher-prise. Ceci sera expliqué au cours de plusieurs séances et vécu physiquement grâce à une longue sophronisation de base.

Qu'est-ce que le lâcher-prise mental ?

« Le lâcher-prise, je sais ce que cela veut dire physiquement, je n'arrive pas à le comprendre mentalement, à savoir ce que je dois faire ?

— Il n'y a rien à faire, sinon attendre.

— Alors, on est passif. Je n'aime pas être passive, je dois décider quelque chose.

— Décidez alors de vous mettre à la cape, comme un bateau, pris dans une tempête. Vous êtes débordée par les événements. Tout vous dépasse et vous êtes prise dans un tourbillon. Les événements, en ce moment, ne dépendent pas de vous. Vous tenez à votre mari, il tient à vous, mais il a une liaison que vous ne supportez pas. Il vous dit que ça passera, qu'il faut attendre, qu'il vous reviendra. Vous voulez préserver vos enfants. Vous souffrez de le voir partir avec quelqu'un, qui vous vole votre vie de couple. Une partie de vos amis le soutiennent et vous isolent. Vous voudriez bien vous joindre à eux pour ne pas rester seule, mais vous ne pouvez pas, vous souffrez trop de les savoir ensemble, votre mari et l'autre femme. Vous n'arrêtez pas de pleurer quand vous êtes seule, et lorsqu'il rentre, vous ne pouvez pas vous empêcher de lui dire des phrases qui sonnent faux, qu'il ne supporte pas. Que pouvez-vous faire ? Attendre. Attendre que le mauvais temps change. Revenir à la respiration profonde abdominale : cultivez des images positives, arrêtez la voix de la jalousie, les images sur votre écran intérieur. Vivez ici et maintenant. Rechargez-vous. Occupez votre temps. Sortez avec d'autres amis. Occupez-vous de vos enfants qui ont besoin de vous. Laissez faire. Attendez.

— Alors, c'est être fataliste ?

— Pas du tout. C'est laisser le temps au temps. C'est voir comment les événements vont évoluer. C'est ne pas agir d'une façon brouillonne, impulsive, mais voir plus large. D'une manière paradoxale, tenir dans la tempête en connaissant la météo et ne pas nier cette vérité simpliste que tout bouge, que l'évolution est inhérente à la vie et qu'il faut espérer une solution. Donc, se mettre en attente. Restez dans le mouvement et laissez-vous porter, insensiblement. Vous allez avancer, en douceur, sans risque de casser le bateau, c'est-à-dire sans risque de vous briser et de casser le couple et les enfants.

Tout votre travail personnel, intérieur, c'est d'éviter d'agir, de prendre des décisions irrémédiables, de développer des forces qui seraient catastrophiques en ce moment. C'est le sens du travail que je vous suggère, dans les séances de sophrologie.

Reprenons cette image du bateau. La cape est une allure de sauvegarde. C'est une position d'équilibre dans la tempête, qu'il faut rechercher par essais et erreurs. En ce moment, vous tâtonnez, mais ne cherchez pas à vouloir, à agir, à décider. Et vous pourrez reprendre la direction de votre bateau, dès que le temps le permettra, si vous désirez continuer le chemin. Personne ne connaît l'avenir. En ce moment, reprenez des forces morales, physiques, psychiques. Plus tard, si vraiment vous ne pouvez plus rien supporter, vous quitterez le bateau, mais donnez-vous un délai raisonnable et laissez les choses se faire. Lâchez prise. Donnez du temps au temps. Travaillez votre respiration, récupérez votre énergie, nettoyez votre cerveau. Ne développez pas des forces inutiles. Vous vous fatiguez. Vous vous brisez et vous perdez toute séduction et tout crédit pour les autres. Vous serez celle qui casse tout puisque lui se tait et reste discret. N'utilisez pas le scandale qui vous nuira à tous les deux, bien qu'il soit, lui, en grande partie responsable du trouble familial. On vous prendra pour une folle si vous hurlez. Vous ennuierez votre entourage et vous vous condamnerez à être rejetée. Quant à vos discours, il ne les entend plus, ce ne sont plus que des ressassements sempiternels. Le retour au passé n'est guère bénéfique. Si vous vous retournez sans cesse, il n'y a plus alors de marche possible, la situation ne peut pas progresser. Vous êtes reliée par un élastique qui vous renvoie en arrière et vous fait revivre des scènes du passé qui n'ont plus aucun sens aujourd'hui. Travaillez le dialogue avec votre mari, vous analysez en ce moment la situation ensemble et vivez simplement les bons moments que vous pouvez encore partager. Utilisez la respiration abdominale, la pensée positive pour vous recharger énergiquement et devenir ainsi assez forte pour prendre une décision et dénouer la situation dans le calme.

— Je sais que c'est sans solution.

— Bien au contraire. Les solutions, vous ne les voyez pas, mais elles existent. C'est là que tout commence, par une analyse approfondie de votre désir, par une analyse du chemin que vous avez parcouru ensemble, par une prise de conscience de votre force et de vos possibilités de renouvellement personnel. Profitez-en pour évoluer, pour faire les choses dont vous aviez envie : des voyages, de la musique, du sport, et renoncez aux situations rigides que votre mari vous reproche ; devoir et falloir, ces mots que vous prononcez trop souvent à son égard et qu'il serait diplomatique d'abandonner aujourd'hui. Lâchez prise. »

La séance se travaille à partir de ces mots : lâchez prise, laissez le temps au temps. Elle s'enrichit des visualisations en niveau sophroliminal que le sujet développe à partir de ces mots clefs. C'est l'imaginaire plus que la volonté qui est sollicité.

Maria a beaucoup évolué : « J'ai fait du chemin dans ma tête. Si j'avais su, je n'aurais pas eu mes comportements de petite fille qui voulait tout posséder ; je l'ai lassé sans m'en rendre compte. »

Le couple a tenu bon. Les enfants ont grandi. Rien à ce jour n'a été décidé. La nostalgie d'un âge d'or est toujours vivace dans le mental de Maria, mais elle s'efface devant la réalité de la vie. Les enfants sont là avec leur amour. Elle a entrepris un travail d'analyse qui lui permet d'accepter sa situation et d'envisager une vie nouvelle, en douceur. Personne ne sait si ce couple va encore évoluer ou se séparer. Aujourd'hui, la vie familiale est devenue sereine. L'adaptation s'est faite et les deux partenaires acceptent d'envisager plusieurs plans de vie qui respectent l'un et l'autre.

La volonté, c'est l'urgence

La volonté est le contrôle du Moi sur les mouvements. C'est une force supplémentaire qui mène le corps et s'ajoute à la pulsion quand elle n'est pas adéquate. Normalement, on y fait appel en cas d'urgence pour des situations précises dans lesquelles l'être doit se dépasser, mais trop de volonté est nuisible. Quand la volonté prend toujours les rênes, le corps est harnaché par le Moi, comme le cheval l'est par son cavalier. L'être se sent prisonnier d'un carcan qui brise son élan. La volonté est aussi la façon dont l'individu est harnaché au système patriarcal et à ses valeurs : pouvoir, production, progrès.

La volonté, que l'on nomme plus justement *volition*, c'est en fait la conduite qui inclut non seulement le projet de l'individu, mais également l'évaluation de ses moyens, la décision de l'acte et son exécution. Ces étapes, toutes liées d'une manière inextricable, signent l'acte volontaire. Mais ce schéma est-il toujours aussi complet et permet-il de penser que l'être choisit réellement son acte, qu'il exprime sa propre nature, qu'il est exempt de tout déterminisme ? Est-il l'expression du libre arbitre de la personne ? On ne peut passer sous silence d'autres facteurs. L'acte volontaire est l'acte que l'on assume, c'est celui que l'on a voulu, donc celui dont nous nous sentons responsables. Ce n'est pas aussi facile. Beaucoup d'êtres humains croient vouloir quelque chose mais ils ne sont poussés que par des pulsions inconscientes et surtout des mécanismes qui les étonnent eux-mêmes.

« Je ne sais pas pourquoi j'ai fait cela. » « J'ai envie de travailler mais c'est trop difficile, je n'arrive pas à vouloir. » La volonté est comme la raison distribuée en chacun de nous, mais elle n'est pas utilisée avec la même puissance. La différence naît de l'envie de vouloir, ce qui est déjà plus complexe. Car qu'est-ce qui donne l'envie de vouloir, d'agir ?

La puissance de l'imaginaire

Nous sommes souvent confrontés à des sujets qui comprennent parfaitement ce qu'ils doivent faire, qui se donnent toutes les bonnes raisons d'agir et qui, brutalement, font tout autre chose ou ne font rien. Combien de parents se lamentent devant leurs enfants qui montrent à l'évidence de la bonne volonté, mais qui n'ont aucune ténacité, aucune persévérance et ne produisent aucun travail ? Ils ont perdu l'habitude de l'effort, alors qu'ils se dépensent dans des domaines extrascolaires nourrissant leur imaginaire. C'est là une réalité qui nous paraît fondamentale : l'imagination est plus forte que la volonté. Et lorsque l'imaginaire sous-tend la volonté, l'effort est facile. Qu'est-ce qui fait courir le champion ? C'est l'image de soi sur le podium, sur la plus haute marche ; c'est la sensation très forte d'être admiré, reconnu par tous ; ce sont des sensations sonores : les applaudissements, les félicitations ; c'est un ensemble de perceptions positives, chaleureuses. Tous les sacrifices sont oubliés en cet instant privilégié qu'il a voulu atteindre. Il en est de même de l'homme politique qui accède au pouvoir. Ce sont des images qui l'aident à travailler des heures durant, à supporter des campagnes harassantes ; son énergie mentale, physique, intellectuelle est décuplée ; il sent l'effort, mais il est devenu presque naturel et ne génère qu'une bonne fatigue. Il est épanoui parce qu'il est passionné. Il en est de même du savant, de l'artiste, de l'écrivain, du scientifique, du philanthrope, du religieux. La passion s'enracine et se construit sur un imaginaire qui secrète sans cesse les images d'un idéal que l'on porte en soi.

Le sport

L'esprit de compétition, en canalisant l'agressivité, favorise la sublimation de l'instinct sexuel. Grâce à ce détournement de la pulsion instinctive, l'individu se sent plus adapté à la vie et à l'environnement. Le sport est une nécessité vitale et fait partie d'une hygiène de vie. Nombreux sont ceux qui s'y adonnent pendant leurs loisirs. La sophrologie est un outil précieux pour celui qui fait du sport un objectif prioritaire dans son existence. L'efficacité de la sophrologie n'est plus à démontrer dans les milieux sportifs aujourd'hui. Quel champion de haut niveau ne demande pas l'assistance d'un sophrologue pour améliorer ses performances ? Sont concernés en particulier les sports qui exigent une continuelle confrontation avec soi-même et une concentration optimum, comme la navigation en solitaire, l'escalade en haute montagne, le ski de haut niveau, le tennis de compétition, le cyclisme, le tir à l'arc... Les clubs de football et de rugby font appel à la sophrologie pour canaliser la combativité et souder les équipes.

Les techniques respiratoires et mentales renforcent la motivation, la confiance en soi, l'endurance, apprennent à faire face à la défaite, améliorent l'humeur, permettent de gérer la fatigue, la douleur et réduisent les temps de récupération. La sophrologie favorise l'attitude mentale d'introspection et de remise en question de ses points faibles par le champion, développe sa concentration et son autoprotection. Le sportif a une grande volonté mais, paradoxalement, il reste fragile et peut aussi se briser par excès d'entraînement. Sa vie tout entière tourne autour de son succès. Il ne se contente pas de la première place, il veut la conserver le plus souvent et le plus longtemps possible. Il est fragile, il se sait éphémère ; il est très attentif à l'image qu'il donne de lui-même. Il est dominé par l'obligation de se dépasser sous le regard de tous : position difficile à tenir.

Matthieu, vingt-deux ans, champion de karaté

Matthieu évolue en championnat de France. Il pratique le karaté. Ses difficultés viennent de ce qu'il ne gagne jamais en individuel ; il finit toujours second. Il vient faire de la sophrologie pour prendre confiance en lui et pour gagner. Il veut un mental fort, c'est la différence entre un premier et un second dans un sport de haut niveau, il le sait. Une gêne momentanée peut entraîner une déconcentration très courte, mais qui peut être fatale au joueur fragilisé. Il doit se construire une forteresse, renforcer sa personnalité et diriger son jeu dans une concentration intense.

> « J'ai une petite voix dans ma tête qui m'empêche d'aller plus loin. Pour tout, c'est pareil, j'ai une petite voix qui me distrait, je sais que c'est moi qui me parle dans ma tête, c'est contradictoire. Même quand je me dis que je vais y arriver, il y a une petite voix qui m'en empêche. »

Matthieu se prépare pour la Coupe du monde, il participe à des triangulaires entre nations. Il doit partir s'entraîner à l'étranger. Ce départ imprévu et précipité le perturbe. « Je voulais profiter, profiter de mes amis, faire ce qu'il me plaît, ça m'a tout coupé, ça m'a énervé, je suis un peu sur les nerfs. »

Nous commençons l'exercice de sophronisation de base qu'il travaillera toute la semaine, des exercices de respiration synchronique, des séances d'ancrage dans le réel et des exercices de sophro-anamnèse qui lui redonnent le vécu de sensations positives : la joie ressentie lors de combats précédents en équipe. Nous étudions ses performances. Il parle de son entraîneur.

> « Mon entraîneur fait des fiches sur mes combats, parle un peu avec moi. Quand je serai à l'étranger, je serai tout seul, c'est à moi de gérer mes combats, de savoir ce que je veux. Ce qu'il me faut, ce sont des paroles au bon moment, avant de monter faire mon combat. Il a des mots à me dire pour me réconforter. Quand j'ai fait de bons combats, il a toujours été là. Le bon mot : "T'es pas plus con que les autres, tu vas gagner, tu vas y arriver." »

Le sophrologue reprend les mots que le sportif aime entendre, ceux dont il a besoin. Il les utilise dans la séance enregistrée associée à la vision du combat à venir. Tout le travail préparatoire à l'enregistrement qui sera le substitut de l'entraîneur aura une efficacité maximale s'il reprend les mots et les images du sportif lui-même. C'est une technique conditionnée. L'effet est spectaculaire. Dans un deuxième temps, après plusieurs entraînements sophroniques, le sportif est capable de gérer ses propres images positives et dynamiques, celles qui le font gagner.

La sophrologie systématise des techniques apprises au fil de l'expérience personnelle du sportif ou entendues au hasard de conversations avec d'autres sportifs. Dans son bain, Matthieu imagine avant le combat qu'il sera vainqueur. Il se souvient de cette technique personnelle qu'il a éprouvée lui-même avec succès. En effet, le bain l'assoupit dans une torpeur agréable ; c'est l'équivalent de la séance brève de sophronisation de base avec un vécu du corps global dans cet instant privilégié. Le bain est symbolique et induit une impression de détente qui favorise l'imaginaire ; ensuite, Matthieu s'imagine victorieux dans le film du combat qu'il anticipe.

Comment soutenir le sportif et l'aider à se dépasser ? En sachant ce qui marche, quand ça marche et en l'utilisant systématiquement, en tirant les leçons de l'expérience d'une manière objective, en étudiant avec lui la meilleure stratégie, ses réelles possibilités de perfectionnement et en lui demandant d'utiliser une respiration abdominale réflexe. Ensuite, ce sont les particularités de chacun qui font la différence d'entraînement sophronique. L'échange avec le sophrologue est d'une grande précision ; les mots qui pénètrent dans les oreilles, grâce aux écouteurs du baladeur, se coulent intimement dans l'inconscient du sujet. Il redonne une confiance en soi inébranlable qui doit être perçue par l'adversaire : « Je me recharge, je me dynamise, je gagne. » Dans le sport de combat, il faut imposer sa stature et surtout son regard. « Je dois être fort dans les yeux, je déstabilise déjà au niveau du regard. »

La sophrologie motive à maîtriser ses conditions physiques, son hygiène de vie. Matthieu s'analyse avec de plus en plus de précision.

> « Je ne peux pas assumer mon sport, les études, les relations, si l'on est trop sur moi. J'ai besoin d'être indépendant, d'être libre, je prends les choses avec du recul. Avant, je m'énervais sur beaucoup de choses, je me disputais souvent avec ma copine, maintenant, c'est cool. Je n'ai pas envie de faire des

projets pour le futur, je pense seulement à mes combats, je m'imagine gagner, c'est le plus important en ce moment dans ma vie. Avant, je me contentais facilement d'une seconde place ; maintenant, je veux être en finale. »

À son combat suivant, il eut le trophée. « J'ai l'impression que je n'ai pas la taille d'un gagnant et pourtant je gagne, j'ai l'impression de mentir quelque part, je ne suis pas encore habitué. »

Nous nous trouvons devant le complexe du gagnant, qu'on appelle aussi le complexe de l'imposteur, fréquent chez tous ceux qui ont eu de la difficulté à être le meilleur dans un domaine ou dans un autre. Le départ de Matthieu est proche.

« Le départ de chez moi m'aurait culpabilisé avant les séances, plus maintenant. Ce n'est pas facile d'assumer les relations personnelles avec mon sport, mais j'y réussis. »

La carrière du champion est à ce prix. « Que retiens-tu de tes séances ? — Je me dis maintenant, avant le combat, que je dois rafler tout ce que je peux rafler ! »

L'exercice de l'arbre utilisé en bioénergie lui apporte une image très positive : il se voit en pleine expansion, en pleine vie, un développement harmonieux des branches, beaucoup de feuilles, un chêne puissant, solide. Il laisse ensuite venir l'image de la victoire, geste énergétique, les bras en V, les racines au bout des talons s'enfoncent très loin dans le sol. Il est bien enraciné. La connaissance de soi, de ses points faibles et de ses points forts est essentielle. Le sportif renforce ainsi sa personnalité et saura mieux conduire sa vie professionnelle et sentimentale.

« Je profite du moment présent, je me charge d'énergie positive, je suis en accord avec moi-même. Dans le geste de la cible que j'ai dessinée devant moi, j'ai tout rassemblé, toutes les choses qui m'empêchaient d'aller plus loin, j'ai tout mis dans la cible, et quand j'ai lancé mon poing, j'ai senti comme un éclair blanc, j'ai tout pulvérisé. Je me sens très détendu maintenant. »

Florian, quatorze ans, champion de tennis

Florian fait de la sophrologie pour gagner plus régulièrement ses matches. Ses relations avec sa famille et avec ses amis sont bonnes. Il n'a pas de problème particulier. Il est en excellente forme. Il est le meilleur de sa catégorie.

> « Il faut que je sois toujours parfait. Je suis un peu trop maniaque, je suis prisonnier de mes rituels. Je sens que ce n'est pas bon, j'ai un tempérament anxieux. Je fais souvent des rêves angoissants : je sauve une personne prête à tomber dans un ravin et c'est moi qui tombe ou bien je n'arrive pas à courir quand quelqu'un me poursuit.
>
> Quand je joue, je suis heureux, je m'épanouis. Quand je ne joue pas très bien, ce n'est pas vraiment une déprime, mais ce n'est pas une bonne sensation. Je ne suis pas suffisamment concentré, je m'évade, je ne m'en rends pas vraiment compte une seconde, je sors du match. Et c'est trop tard. Je dois apprendre à me mettre dans une bulle, ne rien entendre, pas facile, mais j'y arrive de temps en temps ; je dois absolument gagner mon match dans deux semaines. »

Deux semaines pour l'entraîner en sophrologie ! Nous commençons par la sophronisation de base et une visualisation anticipée de la victoire. Il écoute la séance tous les jours. Au cours de la deuxième séance, quatre jours après, nous travaillons une technique de relaxation plus courte : nous commençons par le training autogène de Schultz, puis nous mettons au point des schémas de jeux très précis.

Après une rapide mise en condition sophroliminale, un lâcher-prise physique et psychique, Florian visualise les messages que nous avons préparés ensemble. Il est maintenant mentalement entré sur le court, il voit son adversaire qu'il connaît bien, et je déroule le texte comme convenu, me mettant à sa place :

> « Je fais une bonne première balle. Derrière, je fais deux coups droits décalés, appuyés sur le coup droit de mon adversaire. Et juste derrière, j'ai une balle courte pour attaquer sur le revers de l'adversaire. Ensuite, je monte au filet et je fais le point. J'ai un jeu concret, efficace, simple, je suis tou-

jours à l'intérieur du court, je reste concentré, concentré. Je suis souvent en défense, le point est engagé. Il joue sur mon revers, moi, je fais les revers à un ou deux mètres au-dessus du filet. Pas de risques. Mes revers sont toujours croisés. Dès que j'ai l'opportunité, je me décale, je rends mon coup droit. À ce moment-là, je mène le point, je mène le jeu et je gagne. »

Après la séance, Florian donne son impression. Il a très bien visualisé le jeu. Il se sent fort et puissant. « J'ai une image du gagnant : c'est moi qui mène le jeu, je finis dynamique, je reste concentré. »

Florian travaille chaque jour avec son entraîneur et avec cet enregistrement. Il a gagné son match. Il a continué son entraînement sophronique et a progressé en concentration et en rapidité. Son jeu est devenu concret et précis. Il est très motivé. Il écoute encore ses séances avec plaisir de temps en temps car, aujourd'hui, il a parfaitement intégré le mécanisme qui est devenu un automatisme. Par ailleurs, il utilise largement la relaxation et le développement de pensées positives, associées à la respiration abdominale réflexe. Il occupe aujourd'hui la première place de sa catégorie. L'efficacité de la séance est directement liée à la confiance du sujet qui croît lorsqu'il gagne et à la précision du texte qui permet une visualisation claire de la compétition. À présent, Florian est capable d'améliorer lui-même son jeu.

Nous adaptons le training autogène de Schultz afin que Florian puisse l'utiliser avant le match ou entre les compétitions.

RESPIRATION ABDOMINALE

Pensée positive : ***je me mets en forme, je me dynamise.***
Bras droit lourd, bras gauche lourd. Mains agréablement chaudes. Écoute des battements du cœur, cœur régulier. Écoute de la respiration libre. Plexus solaire agréablement chaud. Énergie dans le bassin, sur le centre Hara, énergie agressive pour gagner.
Je suis dynamisé. Mon mental est fort. Mon cerveau est lucide. Je suis clair, efficace. Je visualise ma victoire. Ma technique est bonne, agressive.
Je me dépasse. Je suis heureux.

La sublimation

La sublimation est un processus inconscient qui tire son origine de la pulsion de la libido. Les réalisations dues à ce travail psychique n'ont plus rien de commun avec la sexualité, si ce n'est cette énergie de vie qui la caractérise. Les buts sont divers mais transcendent toujours l'individu et lui permettent d'accomplir des tâches qui le dépassent. L'être entier est transformé, comme pourrait le faire une rencontre amoureuse. La sublimation s'enrichit de son propre mouvement intérieur et ne tient plus compte de l'échec ou de la réussite de son but. Elle rend l'être imperméable aux défaites et lui permet de les utiliser pour persévérer. La sublimation ne peut s'assimiler à une surestimation ni d'un objet quelconque ni de soi-même. Ce n'est pas l'idéal du Moi qui permet cette sublimation, elle se situe plutôt à l'origine des pulsions. Melanie Klein[59] l'assimile à l'élan créateur. La création est en effet le substitut de la procréation. L'œuvre de l'artiste est son enfant. Sigmund Freud et Jacques Lacan tiennent les mêmes propos sur le plaisir de la sublimation qui s'apparente au plaisir sexuel et le remplace. Pourtant une désexualisation est effectuée par le Moi. Cette sublimation répond sans refoulement aux exigences de la civilisation, permet ainsi d'enrichir le patrimoine culturel de l'humanité et participe à sa progression. La civilisation se forge grâce à cette possibilité de sublimer l'instinct sexuel. Les idéaux de la civilisation prennent leur source dans l'idéal du Moi du narcissisme des premières années de l'humain, mais ils s'en séparent pour atteindre des buts universels. À la base de la sublimation, il y a principalement la faculté de symboliser. Pour Jacques Lacan, le processus de sublimation ne s'articule que sur une sensation de manque, de vide qu'il crée en même temps qu'il s'opère, comme le potier, en créant sa poterie, s'articule sur le vide intérieur, sur le manque à être.

La prise de pouvoir de soi

« Le moi ne joue-t-il pas le rôle du stupide Auguste au cirque, qui met son grain de sel partout, pour que les spectateurs croient que c'est lui qui dirige tout ce qui se passe ? [60] »

---

59. Melanie Klein, *Essais de psychanalyse*, Paris, Payot, 1987.
60. Georg Groddeck, *Correspondance Freud-Jung*, Paris, Gallimard, 1976.

La prise de pouvoir de soi, c'est en fait permettre à l'individu, au Moi, de développer la volonté de faire, dans la mesure où le faire exalte l'être et non le paraître. Accepter de vivre les sentiments de joie, de peine qui expriment la vie, sa réalité. Se sentir vivant, présent au monde et pouvoir exercer son libre arbitre, sa capacité d'agir pour prendre une orientation nouvelle qui corresponde à ses aspirations profondes. La volonté n'a de sens que liée à la personne, à ses sentiments et à sa vie naturelle.

Le succès et l'échec sont associés au sentiment d'être bien ou mal dans sa peau. Nous voulons nous accrocher aux ailes de la victoire, c'est le meilleur moyen de développer une névrose. Productif et compétent, c'est une image de l'idéal du Moi. Le corps n'est pas une machine au service du Moi. L'échec doit s'intégrer dans le déroulement normal d'une vie qui sans cesse oscille naturellement. Il est aussi naturel que la réussite ; il est même nécessaire à une remise en question, à une introspection délivrée de toute culpabilité ; il prépare la réussite prochaine. On a le droit de s'abandonner à la fatigue, on a le droit d'échouer. S'abandonner, ce n'est pas régresser à une manière d'être infantile. Faire et accomplir ne deviennent névrotiques que s'ils sont des substituts pour être, pour se croire exister pleinement alors qu'on ne subsiste que sur des schémas de vie qui ne nous conviennent pas. Ce que nous faisons n'est pas important, ce qui compte, c'est notre manière d'en vivre. « Ce n'est pas la destination du voyage, mais le voyage lui-même qui est important », dit en substance le bioénergéticien Alexander Lowen.

Le maître ou le « m'être »

L'être humain, on l'a vu dans le stade du miroir expliqué par Jacques Lacan, est celui qui s'appréhende à travers l'image d'un autre ; il est déjà aliéné dans l'instant où il s'aperçoit, puis son développement exige une série d'identifications idéales qui le conduisent à réaliser son idéal du Moi.

« Que suis-je là ? » C'est une question qui s'adresse à l'autre, celui de l'inconscient, celui qui est le véritable sujet gouvernant les choix de vie, à l'insu de la personne réelle. Grâce à la fonction symbolique du langage, le sujet cherche et pose sa quête de l'existence et de l'être, particulièrement dans l'analyse. Il part à la recherche de ce qui parle quand *ça parle*. Cette quête de l'être se fait dans l'inconscient, c'est-à-dire à travers le langage.

Le pouvoir de l'autre se reconnaît dans le discours du maître qui sait, ou plutôt qui croit savoir, et qui aliène l'être véritable dans son surgissement libre. La parole du maître est une parole imposée, elle exerce un pouvoir contre cette parole qui fait être et que Jacques Lacan désigne du néologisme « parlêtre ». Le parlêtre, c'est la parole délivrée qui libère le désir. En fait, toute rigidité et tout savoir sont un discours de maître, donc d'aliénation, donc inauthentiques. La libération du sujet est celle du sujet de l'inconscient qui s'exprime par intermittence et qui dit le vrai « m'être » ; le Moi qui maîtrise n'est pas le Moi réel, car le Moi réel est mouvant, dénoué de tout, c'est le Moi dont le discours émerge de l'analyse.

Le discours magique

La difficulté de diriger sa propre vie désoriente beaucoup de personnes. Elles font souvent appel à la chance, à la superstition, à ceux qui savent, les gourous, les astrologues et les diseuses de bonne aventure, qui sont légion.

On est frappé d'apprendre que tel homme éminent, sérieux, cultivé, qui de surcroît occupe un poste à responsabilités, se fie à des personnes qui détiendraient les clefs de ses problèmes et parfois même de son avenir. Beaucoup de personnes consultent un médium pour fixer la date d'un mariage, le meilleur jour pour entreprendre un voyage, le moment opportun pour entamer un recours juridique et même connaître le résultat d'une élection, la fin d'une grève. « J'y crois parce que ça marche ! » disent-elles.

Toutes les civilisations ont eu recours à la pensée magique. Ce n'est pas un argument pour dire que c'est juste, cela prouve seulement que l'humain est fragile : même adulte, il est prisonnier de son passé, de ses peurs qui tirent leur source de notre héritage collectif. Nous nous savons animal et humain. Nous nous connaissons ange et bête. Nous reconnaissons humblement qu'il est bon de croire que ça marche. Puisque la suggestion est une force, celle-là en vaut bien une autre. Ces personnes acceptent de juguler leurs angoisses par des objets fétiches, des numéros et des dates porte-bonheur, des gris-gris de toutes sortes. Elles admettent que l'habitude de visiter les marchands d'espoir qui dirigent leurs choix n'est pas plus néfaste que celle qui consisterait à s'en remettre à elles-mêmes pour diriger leur propre vie. Il serait peut-être alors temps de s'analyser et de prendre conscience de sa propre force au lieu d'utiliser un placebo qui comme tel peut s'enorgueillir de 30 % d'efficacité. C'est le pourcentage de réussite que l'on attribue à un verre d'eau pris par le sujet pour un analgésique. Quand l'individu est incapable de réfléchir et de diriger sa vie, il s'achète une idée venue d'un cabinet de parapsychologie ou il joue à pile ou face.

La superstition utilise cette tendance naturelle à refuser que quelque chose se produise sans cause, en dehors de toute responsabilité, hormis celle du destin. Elle établit des liens en supprimant une partie de l'univers du sujet, en ne gardant que ce qui peut l'arranger dans son organisation personnelle. On n'entend que ce que l'on veut entendre, on ne voit que ce que l'on veut voir, on ne reçoit que ce qui correspond à notre demande. Nous oublions que les porteurs de sens sont soumis aux mêmes difficultés que nous-mêmes. L'ambiguïté de leur message leur permet de n'avoir jamais tout à fait tort. Le consultant prend et n'entend inconsciemment que ce qui l'arrange. En Grèce, à Delphes, au ve siècle avant J.-C., le temple d'Apollon ne désemplissait pas ; on venait consulter la Pythie qui rendait des oracles. Une autre voix, pourtant, s'élevait non loin de là, celle du père des philosophes, Socrate ; elle invitait à une autre recherche : « Connais-toi toi-même et tu connaîtras l'Univers et les dieux. »

Alors que la science fait de grands pas dans tous les domaines, la pensée irrationnelle et magique se développe tout autant : les parapsychologues, les guérisseurs, les maîtres des énergies de tous horizons, les sectes offrent leurs services à l'humanité souffrante, errante, à la recherche d'un sens. On ne voit que conférences et stages d'immersion. Les reportages nombreux qui dénoncent les agissements des sectes ne découragent pas leurs adhérents et sympathisants qui ne se considèrent pas comme des victimes et des martyrs.

La secte séduit la personne en quête d'amour, qui souffre de solitude, de manque de reconnaissance, qui ne se plaît pas dans son travail, dans sa vie de couple, dans sa famille, qui ne supporte plus les systèmes sociaux et qui ne veut plus se charger d'elle-même. Cet être en détresse cherche un lâcher-prise, qui est un laisser-aller, une conduite d'échec et d'impuissance. Il devient alors vulnérable et influençable. Les premiers contacts avec la secte sont euphorisants : comme ils sont chaleureux, généreux et disponibles ! Puis peu à peu, on s'intègre et le monde environnant devient pauvre et vide. Ses amis ne le comprennent plus. Son langage a évolué : il ne parle plus que d'harmonie, d'amour et d'énergies multiples. Le temps n'a plus de valeur, le passé est aboli, le futur est celui de la secte, l'espace est celui de la secte, c'est un lieu clos, coupé du monde, un monde utopique, littéralement « nulle part ». Le langage est le signe de cette coupure. Il ne comprend plus les autres et eux ne le comprennent plus. Sa personnalité disparaît peu à peu. La règle de la secte est la bonne, puisque l'individu est délivré de tous les soucis quotidiens. Pour peu qu'il y ait quelques rites empruntés à des traditions chevaleresques, que l'on distribue des médailles rutilantes et que l'on porte des costumes de parade, pour peu qu'on développe des cérémonies grandioses où la belle musique transporte les sens et élève l'âme, alors disparaît la peur de la vie et de la mort. On tombe sous le charme, attiré comme par un aimant. L'être en détresse donne à la secte sa pleine confiance. On l'a séduit, réconforté, envoûté. Peu à peu, le monde matériel n'a plus aucune valeur. Il se réfugie dans la communauté, retrouve son cocon de nourrisson, il régresse dans un bien-être innocent et ignorant. Il n'a plus besoin de penser car on pense pour lui. Au-dehors, il souffre. Au-dedans, il vit. Il est maintenant le parfait porte-parole de la secte. Il ne s'appartient plus. On ne peut plus l'atteindre, lui, individu, puisqu'il est fondu dans le groupe. Il n'a qu'une seule famille, la secte. Il ne possède plus que « cet amour » qui rayonne en lui et qui comble le vide de son existence. Sa pensée s'est noyée dans le verbiage de la secte.

La sophrologie opère le chemin inverse et s'avère dans son essence un antidote aux sectes. Si certaines utilisent des techniques de relaxation sophronique, ce n'est que pour apaiser le trouble de leurs adhérents dans un premier temps et faire passer ensuite des messages qui viennent non pas d'un échange et d'un dialogue entre le sujet et l'intervenant, mais qui servent à ancrer des pensées toutes faites : « Ma vie est avec vous, le monde va à sa perte, ici je suis protégé. » Les messages sont de tous ordres mais n'intéressent pas l'individu et son projet de vie personnel.

La sophrologie, au contraire, vous aide à affirmer ce que vous pensez, à n'accepter aucun dogme. Vous gardez toujours le pouvoir sur vous-même. Le sophrologue n'est ni un gourou, ni un directeur de conscience, ni un juge. Il aide à trouver le chemin, il accompagne la personne jusqu'à ce qu'elle puisse marcher seule. Les messages qui sont induits sont travaillés en accord avec la personne, c'est le contraire d'un lavage de cerveau. Les techniques conditionnées détruisent les pensées négatives, neutralisent les effets traumatisants pour redonner confiance en soi, dans l'action et dans la communication avec autrui. Ce n'est pas une fermeture sur un monde clos, mais une ouverture vers toute la richesse du monde et d'autrui.

Vous vous construisez vous-même, vous nettoyez votre cerveau des phrases toutes faites qui l'encombrent. Votre but, c'est votre propre libération, celle des images successives qui ont jalonné votre formation et dont le langage est le véhicule. La sophrologie commence après la phase de relaxation et d'apaisement ; elle est le levier de toute reconstruction de soi, elle apporte la lucidité sur votre propre fonctionnement et le retour à la direction de votre propre vie grâce à la reconnaissance du libre arbitre qui est l'apanage de l'être humain. Le sophro-analyste n'a pas d'autre propos que la libération de l'individu afin qu'il soit apte à diriger lui-même sa vie pour son propre épanouissement. Cela ne lui donne pas le droit de légiférer la vie des autres et chacun fait un chemin personnel.

La peur de vivre[61]

L'amour de la vie passe par l'acceptation de soi, de son corps et de sa sexualité, mais aussi par le désir inhérent à la nature humaine de s'élever au-delà de cette nature grâce à sa pensée. Pour arriver à être heureux, il faut maîtriser la peur de vivre, qui s'inscrit dès l'enfance par l'apprentissage d'une culture toute centrée sur le pouvoir et le paraître plutôt que sur l'être, il faut d'abord retrouver sa nature, l'enracinement dans l'instinct naturel, et c'est à partir de ce travail que l'être va accéder à l'avènement de la conscience.

L'analyse bioénergétique d'Alexandre Lowen est basée sur des techniques respiratoires et des exercices physiques pour aider la personne à s'ancrer plus fermement dans le sol, à augmenter son énergie, à élargir et à approfondir la perception qu'elle a d'elle-même, de son schéma corporel, de sa *présence*. L'être qui a perdu confiance en lui ne sait plus s'écouter. Il a une difficulté à vivre intensément les manifestations physiques, sensuelles et sexuelles. Il n'a pas conscience d'être doté d'un pouvoir de liberté et de décision. Il est étouffé par la peur du regard de l'autre, par le sentiment de ne pas pouvoir être à la hauteur des idéaux d'une société qui privilégie la concurrence et la compétition. En fait, la personne se bâillonne et accomplit un

61. Alexander Lowen, *La Peur de vivre*, Paris, Epi, « Hommes et groupes », 1983.

destin dicté par les autres et non une existence qui n'aurait comme source que sa propre personnalité, son vouloir-vivre et son énergie. L'élan vital a été perdu. Nous programmons notre destin à travers notre comportement, notre caractère qui déterminent le comportement des autres. « Celui qui se sent prisonnier de lui-même se laisse emprisonner par les situations de la vie[62]. » En thérapie, la difficulté est de changer le caractère névrotique. On ne peut changer si l'on ne commence pas par s'accepter tel que l'on est. « Le névrosé ne cesse d'arracher la croûte de sa cicatrice, c'est pourquoi la plaie a de la difficulté à se refermer[63]. »

À partir de l'œuvre de Wilhelm Reich, Alexandre Lowen a mis au point des exercices de bioénergie qui favorisent un déblocage au niveau physique et tendent à rétablir un flux énergétique dans le but de restituer la liberté de l'expression émotionnelle. À la recherche d'une libération de l'énergie vitale, Wilhelm Reich découvre le lien entre le plaisir et l'expression du corps : l'angoisse donne un corps contracté, un visage tendu et des traits crispés ; la joie de vivre se voit, se sent et se respire. L'être est épanoui dans son visage, dans son corps.

Chez une personne angoissée, la sensation est supprimée, il se crée une cuirasse musculaire qui joue le rôle d'une attelle, l'empêchant de sentir la lésion au niveau de son esprit. Ainsi, les conflits créent des blocages de l'énergie. Des anneaux, supports des cuirasses, se forment autour des yeux, de la bouche, des cervicales, du thorax, du diaphragme, de l'abdomen et du bassin. C'est maintenant inscrit dans le corps, mais la sensation, la perception s'est annulée. Notre corps révèle ce que nous sommes réellement : notre émotion est perceptible pour un autre, mais nous ne la ressentons plus. Nous créons un vide intérieur en supprimant nos sensations. Nous assumons un rôle qui nous rend malheureux. La bioénergie de Lowen ouvre les cuirasses du corps par des exercices dont voici deux exemples.

EXERCICE DU NAULI

L'exercice du Nauli est centré sur un travail du bassin ; le ventre est un foyer de sensations sexuelles. La vie moderne bloque le bassin qui reste immobile alors qu'il doit légèrement se balancer naturellement lorsque l'on respire, lorsque l'on marche.

62. *Ibid.*
63. *Ibid.*

Si nous admirons la démarche souple de certaines femmes africaines ou tahitiennes, par exemple, c'est parce que ces dernières, vivant en milieu rural, ont gardé le contact avec la nature. Leurs mouvements sont libres, harmonieux ; ils expriment la vie. Pour que la personne soit libérée du carcan de ses angoisses générées par l'éducation et le stress, il faut nécessairement que non seulement elle s'affranchisse de l'angoisse de l'esprit par un travail sur les souvenirs traumatisants sexuels ou autres, mais également qu'elle libère son corps des tensions musculaires en dégageant le bassin.

L'exercice du Nauli se trouve dans la relaxation dynamique du premier degré, il a été mis au point par l'équipe de sophrologie d'Alfonso Caycedo[64] et est utilisé dans les entraînements sophroniques.

> **Après une sophronisation de base qui s'effectue debout, concentrez votre attention sur la respiration abdominale, calme et régulière, et travaillez sur la sensation d'enracinement.**
> **Puis, les genoux pliés, les mains sur les hanches, les pieds écartés d'une trentaine de centimètres, le poids sur la pointe des pieds, les épaules basses, le ventre relâché, exécutez des cercles de droite à gauche et de gauche à droite avec le bassin, sans que le torse et les jambes bougent.**
> **Ensuite, tout en gardant le poids sur les pieds posés à plat sur le sol, vous placez les mains sur vos genoux, vous prenez appui et conservez cette position en gardant un bon équilibre, vous basculez le bassin en arrière en inspirant, puis vous effectuez un brassage abdominal en effectuant toujours des rotations dans un sens puis dans un autre. Vous récupérez en expirant. Laissez venir toutes les sensations et les émotions qui émanent de votre ventre.**

Cet exercice permet une prise de conscience de cette zone sacrée, dite « honteuse » : prise de conscience du sexe, du périnée et du ventre, réservoir de l'énergie.

---

64. Dr Jean-Pierre Hubert, *op. cit.*

EXERCICE DE BIOÉNERGIE OU DU MATELAS

Voici un exercice pour libérer physiquement votre colère alors que vous êtes seul. Un événement, une demande de la part de votre partenaire semblent vous laisser indifférent extérieurement, car vous êtes incapable de dire « non ». Vous êtes enchaîné par les règles sociales, votre réserve habituelle et l'habitude de toujours dire « oui » à tout, de tout accepter, de tout assumer sans discuter, sans exprimer votre profonde émotion, vous êtes jugulé.

Prenez quelques précautions pour ne pas vous blesser et n'utilisez pas la force, la puissance, mais votre mouvement.
Vous êtes debout, face au matelas. Vous tenez vos pieds écartés légèrement, les genoux sont fléchis. Vous serrez les poings, sans émettre aucune idée sauf celle d'exprimer vos émotions naturellement. Vous levez les poings au-dessus de votre tête et vous placez vos bras le plus loin possible en arrière, sans vous faire mal. Vous respirez profondément en gonflant votre ventre à l'inspiration, en le creusant à l'expiration plusieurs fois. Puis à l'expiration, vous frappez sur le matelas, sans forcer le mouvement, avec efficacité et vous exprimez votre colère : « Non, je ne veux pas ! », « Non, je te déteste ! », « Non, je n'irai pas ! », « Non, je ne le ferai pas ! », selon les cas.
Vous déchargez ainsi votre rage, votre violence intérieure dans le but de vous en débarrasser et de les maîtriser. Vous acceptez ainsi un contrôle sur votre colère, exercé uniquement par vous-même. Vous réduisez l'angoisse que vous ressentez lorsque vous vous exprimez. Ainsi, vous vous libérez et vous pouvez aborder la situation avec calme et affronter votre partenaire sans avoir besoin de le frapper.

La pratique de la bioénergie se fait souvent en groupe et nécessite l'aide d'un accompagnateur rompu à ce type de thérapie.

Personnage et rôle social

Le premier pas consiste à faire découvrir au sujet le rôle qu'il joue dans la vie, pourquoi ce rôle a été adopté et quelle est la distorsion entre le paraître et l'être. Quel est celui qui agit ? Est-ce le personnage que nous construisons peu à peu en faisant des compromissions avec notre véritable personnalité ? Sommes-nous prisonniers de notre masque, cette part de nous-mêmes qui forme la *persona*, terme jungien qui désigne le rôle social ?

Nous rencontrons souvent des êtres qui ont deux facettes, celle qu'ils montrent aux autres dans leur vie sociale et celle qu'ils ont réellement, que le conjoint découvre peu à peu dans l'intimité. Telle personne agréable en société, brillante même, peut se révéler d'un parfait ennui, pire, un mauvais compagnon, triste et hargneux. L'être apprend peu à peu à se rendre compte de cette distorsion entre ces facettes de sa personnalité et à accepter de retrouver d'autres repères pour vivre en accord avec lui-même. Lorsqu'elle s'effrite, la *persona* libère l'énergie pour vivre autrement et authentiquement. Carl Jung analyse ce processus selon une dialectique : l'analyse a une trajectoire particulière qui part de la destruction de la *persona* pour retrouver l'inconscient et libérer l'imaginaire qui, peu à peu, par un chemin inverse favorisera une autre reconstruction[65].

Le recentrage du sujet dans une analyse jungienne

L'analyse jungienne opère un recentrage du sujet, non seulement sur le passé mais aussi sur le futur. Le centre de la personnalité se trouve à mi-chemin entre le conscient et l'inconscient. C'est un centre virtuel, qui permet l'accès d'une part à l'imaginaire, à l'invention, à la créativité, et d'autre part à la prise en compte du réel, de ses exigences et de ses réalisations. Se recentrer serait en fait se placer à la convergence du conscient et de l'inconscient ; ceci n'est possible qu'après avoir fait la première partie du chemin : l'investigation en profondeur pour désagréger les complexes qui empêchent l'évolution et le cheminement spirituel. Chacun souffre de complexes au sens jungien. Il n'existe pas d'être humain sans complexe. Celui-ci est le résultat de la confrontation nécessaire de l'individu à la nécessité de s'adapter au monde et de la difficulté de l'accepter. Le complexe est donc un phénomène dynamique révélateur des forces psychiques du Moi qui tente de se réaliser.

65. Carl G. Jung, *Dialectique du moi et de l'inconscient*, Paris, Folio/Gallimard, « Essais », 1994.

Dans sa quête intérieure, l'analysant fait connaissance avec cette part d'ombre qui fait partie de lui-même et dont l'archétype célèbre est le mythe du double, c'est le réservoir des potentialités du Moi, positives ou négatives : c'est ce qui n'est pas encore réalisé.

Face au monde extérieur, le sujet se manifeste d'une manière contradictoire : il a tendance à s'exprimer extérieurement, on le dit extraverti, ou il se renferme sur lui-même et on le dit introverti. En fait, il lui faut trouver la mesure et le point central entre ces deux extrêmes. L'analyse lui permet surtout de se confronter avec sa nature qui, par essence, est ambivalente. Les hommes passeront par la reconnaissance de leur caractère féminin, passif, dépendant, l'*anima* ; les femmes, par la reconnaissance de leur caractère masculin, actif, indépendant, l'*animus*. Réconcilier le masculin et le féminin dans chaque être, c'est opérer le mariage des contraires, c'est-à-dire retrouver l'unité, être un *in-dividu* qui a réconcilié ses deux parties : l'*animus* et l'*anima*.

Grâce à la progression de sa conscience, il devient alors cet être unique et irremplaçable qui exprime la plus haute valeur humaine. L'analyse des profondeurs est un parcours initiatique, avec des épreuves, et demande du temps et de l'intuition. Alors que l'analyse freudienne est réussie lorsque l'œdipe est accompli, celle de Jung poursuit la recherche vers l'inconscient collectif et les archétypes fondamentaux dont l'image de la mère représente le fleuron. Grâce aux associations libres et aux rêves, les mythes et les légendes qui appartiennent au patrimoine de l'humanité, qui font partie de l'élément le plus archaïque de notre psychisme, resurgissent à la conscience et nous renvoient aux étapes du développement de l'esprit ou de la conscience. Cette reconnaissance de l'existence de mythes appartenant au collectif est une étape nécessaire pour ressentir intuitivement le *numineux*, l'indicible, par une connaissance immédiate. Au terme de la recherche des archétypes, le soi se fond dans l'âme universelle, ce qui n'est pas le but recherché. Il faut quitter le monde intérieur, reprendre le chemin inverse après avoir fait ce voyage ; il faut utiliser, revivifier la connaissance de soi par cette analyse des profondeurs, mais ne pas se perdre dans le labyrinthe, autre archétype de l'inconscient collectif. Le but de l'analyse est bien de donner la voie au sujet pour assumer sa vie réelle.

Jung veut être le médecin de l'âme, qui est entre la nature physique et la nature spirituelle de l'être humain. Dans la psychanalyse jungienne, l'âme et la conscience sont synonymes. L'âme possède une dimension spirituelle qui n'a rien à voir avec la religion ; cette spiritualité est en fait la conscience d'une richesse millénaire qui donne un sens à la recherche personnelle. Dans la première partie de sa vie, l'humain n'a pas conscience de sa vie intérieure mais, peu à peu, il subit une métamorphose. Le sujet fait naître en lui une personnalité nouvelle, très souvent symbolisée dans les rêves par une naissance, l'image d'un nouveau-né. Notre vie subit une évolution et la recherche sur soi fait éclore cet enfant intérieur qui témoigne de la pureté, de l'absolu vers lequel tout être libre tend.

La conscience sophronique

Alfonso Caycedo avait choisi pour la sophrologie cette devise : « *Ut conscientia noscatur* », que l'on peut traduire par : « Afin que la conscience nous soit connue. »

La sophrologie distingue trois types de conscience : la conscience ordinaire, la conscience pathologique et la conscience sophronique, qu'elle développe sans cesse. Cette dernière s'obtient par des exercices réguliers, mais devient peu à peu une attitude de pensée positive qui développe la sérénité au quotidien. Elle prend en compte la globalité de la personne, le respect de soi et des autres, le respect de la nature et le développement de l'esprit et du cœur.

La globalité de la personne est un principe de base qui s'appréhende dans une séance de sophronisation où le corps, l'esprit et le cœur se trouvent reliés indissolublement. Lorsque l'on arrive à un état de conscience sophronique, on est frappé de ces axiomes existentialistes : on ne peut pas ne pas être libre, et c'est en faisant qu'on se fait. La liberté et la prise de conscience ne font plus qu'un. C'est dans la prise de conscience que l'on se sait libre, tout en étant conscient des choix qui nous enchaînent. Il faut analyser le chemin parcouru, être conscient du passé, des traces qu'il laisse dans le présent pour vivre pleinement les choix d'aujourd'hui en exerçant son imagination, son jugement et sa sensibilité. Le passé doit rester à sa place et ne pas contaminer les possibilités de régénérescence, celles d'une nouvelle naissance. La vie ne se comprend que dans la possibilité d'évolution, d'ouverture et de création, soit trois aspects fondamentaux de l'élan vital dans sa dimension spirituelle.

Chapitre 8
La douleur

Une question qui pose débat

La douleur, qui a été pendant des siècles portée au pinacle comme étant le signe de l'esprit humain, de sa supériorité sur l'animal, est devenue un objet de débats en milieu hospitalier. Aujourd'hui, les textes officiels tentent d'apporter des réponses aux demandes des praticiens confrontés à la révolte de ceux qui souffrent. Les centres antidouleur prolifèrent ; les malades cancéreux et sidéens remettent en question leurs traitements qu'ils jugent inadaptés. Les médias ont mis sur la place publique la question fondamentale : comment, dans notre monde civilisé, pouvons-nous nous armer contre la douleur ?

Cette question intéresse les humains depuis toujours. Toutes les potions magiques, les herbes, les substances ont été utilisées avec plus ou moins de succès. En 1680, Thomas Sydenham[66] louait l'efficacité de l'opium contre la douleur. Il fallut attendre le XXIe siècle pour découvrir le protoxyde d'azote, un gaz anesthésique léger ; encore que les malheureux précurseurs de l'anesthésie fussent incompris de leurs contemporains – deux médecins pionniers allèrent jusqu'à se suicider de désespoir[67]. La première opération sous anesthésie fut pratiquée à Boston en 1842 par W. Th. G. Morton. Le chloroforme fut utilisé pour la première fois en 1847 pour la reine Victoria lors d'un accouchement qui fit scandale chez les religieux, car il s'opposait au châtiment biblique que reçut la première femme des Écritures : « Tu enfanteras dans la douleur. » Parallèlement, depuis Mesmer[68] en 1829, une autre pratique, l'hypnose, se développait ; la première séance d'hypnose clinique connue a été pratiquée sur une femme qui fut opérée d'un cancer du sein par Cloquet.

Il n'est pas dans notre propos d'aborder le bienfait de tel ou tel antalgique, ce qui est du domaine de la médecine. Nous laisserons donc de côté le traitement purement

66. Thomas Sydenham (1624-1689), médecin britannique, auteur de l'ouvrage *De affectione hysterica*, dans lequel il observe les similitudes entre l'hystérie féminine et l'hypocondrie masculine.
67. En 1820, Hickmann, décédé à vingt-neuf ans, et H. Wells, dentiste à Hartford (Connecticut).
68. Franz Anton Mesmer, *Mémoire sur la découverte du magnétisme animal*, Paris, Didot, 1779.

médical de la douleur pour nous attacher à la mise en action de techniques mentales qui peuvent, avec succès, s'associer aux thérapeutiques de fond.

Comment prendre en charge sa douleur pour y faire face ?

Les douleurs physiques qui viennent de causes extérieures sont bien connues : on distingue les sensations de contact, les sensations thermiques de chaleur et de froid. Les points répartis sur la surface du corps sont utilisés par les médecins acupuncteurs, qui reprennent les pratiques de la médecine chinoise traditionnelle. Trois types de douleurs ont été répertoriés : les douleurs nociceptives les plus courantes, qui constituent le signal d'une atteinte à un organe (la peau, un muscle, etc.) ; les douleurs neuropathiques qui sont dues à une lésion du système nerveux ; les douleurs psychogènes, liées aux obsessions et aux angoisses, on dit communément qu'elles sont un effet d'une somatisation, et elles sont traitées par des médicaments psychotropes et différentes psychothérapies, dont la sophrologie.

Comprendre la douleur, c'est savoir que la douleur n'existe pas sans le cortex. Le cerveau est responsable de la sensation douloureuse, mais il contient également des substances chimiques, comme l'endorphine, qui permettent de lutter efficacement contre la douleur. Les messages de la douleur montent dans la moelle épinière jusqu'à la base de l'encéphale, parviennent au thalamus et à l'hypothalamus, qui dépend du cerveau rhinencéphale, siège de l'instinct et de l'affectivité[69]. L'étude de la transmission de la douleur et de la complexité du système des fibres et des centres nerveux dépasserait notre propos.

Les recherches contemporaines sont tournées vers l'étude des stimulations des mécanismes naturels qui inhibent la douleur. La douleur fait son nid dans l'inquiétude. La douleur physique est inséparable de l'angoisse. La sensation douloureuse est chargée d'affectivité, contrairement aux autres sensations. Soigner le corps est urgent, mais calmer la peur par des techniques mentales appropriées est également nécessaire : la conjugaison des deux approches rendra au sujet, dans la globalité de sa personne, la sérénité perdue.

---

69. Paul Chauchard, « La Douleur », *Que sais-je ?*, n° 252, Paris, PUF, 1981.

Le langage de la douleur

La douleur intense est muette. Mais la crispation du visage, des mâchoires, les sourcils et les rides du front en oméga en sont les signes indiscutables. La douleur physique est difficile à traduire ; une simple phrase : « J'ai mal » est un appel au secours. Dire sa douleur, trouver les correspondances imagées qui puissent la traduire à l'autre demande beaucoup d'efforts pour la plupart d'entre nous. Sans faire une liste exhaustive, on peut donner quelques types de sensations qui aident à formuler le discours.

La piqûre superficielle donne une douleur aiguë, claire et brève, bien localisée ; une brûlure laisse une douleur vive, tenace, constante et diffuse. La démangeaison désagréable est comparable à celle que donnent des piqûres d'insectes. Une névralgie sciatique soudaine peut être d'une telle violence fulgurante qu'elle arrache un cri ; un rhumatisme crée une douleur lancinante. Un coup à l'estomac coupe le souffle ; les douleurs venant des viscères sont souvent diffuses, mais elles peuvent être ressenties comme le poids d'un cheval sur un organe ; des colites spasmodiques transpercent, telle une lance que l'on tournerait dans la chair en vrillant.

Parler de la douleur intense d'une colique néphrétique à quelqu'un qui ne l'a jamais ressentie est une entreprise vouée à l'échec. Devant la soudaineté et la violence de la première attaque, le témoin est médusé. Le médecin qui a appris les manifestations et les termes techniques dans ses livres comprendra le patient, mais il ne sera pas tenté de donner une forte dose d'antalgique pour supprimer cette douleur ; il aménagera son traitement. Mais s'il a lui-même vécu une crise analogue, il agira avec rapidité, sans tergiverser. Le malade ne souffrira plus, le traitement aura été efficace. Ainsi, le vécu partagé d'une douleur particulière sert de langage de communication. Il y a une fraternité réelle dans la douleur : tous les sujets se ressemblent, les honneurs et l'argent sont devenus bien secondaires. Chaque homme est nu devant sa douleur. Pourtant, certains y sont plus sensibles que d'autres, son intensité varie en fonction de facteurs chimiques individuels qu'il est impossible de cerner.

Nous savons combien il est difficile de faire ressentir à autrui l'intensité de sa douleur et le désarroi intérieur qu'elle procure. La réserve, le code social et la peur du jugement de l'autre étouffent la parole. Et lorsqu'enfin celui qui souffre veut parler, il manque de mots pour traduire sa souffrance. Le questionnaire mis au point par Melzack et Wall en 1982 tente de cerner la complexité du vécu de la douleur. D'après les auteurs, l'expérience douloureuse aurait trois dimensions psychologiques qu'ils se proposent d'étudier : sensorielle, affective et cognitive. Leur test est connu sous le nom de questionnaire de Saint-Antoine[70].

La part du psychisme dans le traitement de la douleur

De tout temps, on a remarqué que la douleur s'atténue ou, plus exactement, quitte le champ de la conscience du sujet quand celui-ci s'adonne à son activité favorite. La distraction est un moyen efficace pour oublier quelque temps sa douleur. Son traitement par un sophrologue passera par une action psychologique sur le mental du sujet. On utilisera donc une modification de conscience associée à une visualisation non seulement de la situation anxiogène, du vécu personnel, mais aussi régénératrice et protectrice des zones malades.

La douleur est liée à la représentation de notre schéma corporel : le membre fantôme d'un amputé fait cruellement souffrir celui-ci tant qu'il n'a pas accepté, intégré sa modification physique. La douleur est plus ou moins supportable selon le degré de connaissance que nous avons de ses causes et de ses conséquences. Sa perception s'enrichit de tous les souvenirs des anciennes douleurs. Elle est liée à la maladie et à la peur de la mort, et l'ignorance des conséquences l'augmente donc. Les malades qui vont subir des opérations chirurgicales, des examens particulièrement éprouvants réclament une préparation pour atténuer leur souffrance et calmer leur appréhension.

La douleur la plus répandue dans nos sociétés modernes est la céphalée ou migraine. Les céphalées, qui toucheraient près de cinq millions de Français, sous des formes plus ou moins aiguës, sont toujours perturbantes. Elles sont très variées : elles vont de la migraine qui prend le haut du crâne et descend sur le front, jusqu'aux troubles visuels ; une partie ou la totalité du crâne peut être concernée. L'origine en est multiple. À la personne qui vient nous voir pour gérer sa migraine, il est nécessaire de demander le résultat de ses examens médicaux antérieurs. Si le diagnostic admet

70. R. Melzack, *Le Défi de la douleur*, Paris, Éditions Scientifiques Médicales, 1982.

une origine nerveuse ou psychosomatique à la céphalée, la sophrologie est tout indiquée pour la faire disparaître avec le concours du patient.

La douleur est un symptôme et un avertissement très utile. Il est impérieux de conduire une analyse préalable à toute intervention. Il faut s'assurer du concours de la médecine et des supports classiques, examens, radiographies, radioscopie, scanner s'il y a lieu. De nombreuses douleurs révèlent le mal-être : le mal au dos peut trahir la lassitude du sujet qui doit supporter le monde sur ses épaules, à l'image du héros mythologique Atlas – le monde serait alors l'accumulation de problèmes quotidiens, familiaux, financiers et professionnels. Pour se libérer, il faudrait pouvoir parler et communiquer ses difficultés dans la cellule familiale qui, trop souvent, emprisonne les mots parce qu'ils font peur et soulèveraient des problèmes qu'il vaut mieux étouffer. Alors, le silence s'installe et le corps, lui, se venge. Il parle à sa manière. La tension des esprits crée la tension des corps. Relâchons donc les corps. Acceptons de libérer la voix du corps et, peu à peu, la communication reprendra. La douleur est utile, elle prévient d'un danger, c'est un signal d'alarme qu'il faut savoir écouter.

La parole du sophrologue

Dans cette technique d'aide à la souffrance, la sophrologie apporte une écoute particulière où le silence et le choix des termes s'établissent avec beaucoup de finesse. Le corps et la sensibilité de l'individu sont blessés. Les mots alors peuvent être ridicules, inadaptés ou pauvres, au regard de la douleur globale du patient. On souffre dans sa chair et dans son esprit. Il faut, dans un premier temps, créer le contact, l'intérêt, puis la confiance. L'individu qui souffre, s'il se détourne de cette douleur, l'atténue dans le même temps. Encore faut-il briser la glace et capter l'attention du malade qui cherche à être soulagé tout de suite et se confine sur sa douleur comme un animal blessé.

Toute suggestion sophronique doit être adaptée. L'évocation du corps, la représentation métaphorique de la douleur, le malade nous les livre et c'est avec ses images personnelles que nous allons fabriquer le matériel. L'enregistrement audio sera un adjuvant très utile quand la douleur ne pourra être calmée par les médicaments. La voix sera un contrepoint à la parole ressassée : « J'ai mal. »

Catherine, quarante ans, mariée, une fille de dix-huit ans, secrétaire

Catherine est envoyée par un médecin spécialiste de l'appareil digestif. Elle souffre de diarrhées chroniques depuis plusieurs années. Elle a subi les coloscopies et les endoscopies nécessaires, mais toutes les investigations n'ont rien donné. Physiquement, Catherine est une jolie femme, sèche et rigide dans ses attitudes et son maintien.

Elle a très mal à la gorge. Elle est *prise à la gorge*, littéralement. Sa voix, d'ailleurs, est comme brisée. Que note le médecin spécialiste ? Une œsophagite congestive, une gastrite congestive banale avec reflux de bile, un estomac, un pylore et un duodénum sains ; rien à signaler. Il faut qu'elle se relaxe et ça ira mieux. Elle vient donc voir si la sophrologie peut l'aider à calmer ses douleurs qui sont insupportables et qui lui ont fait dépenser une somme folle. Elle me montre l'ordonnance. Elle a vécu sous antidépresseurs mais elle n'en veut plus. Son sommeil est très perturbé. Quelques années auparavant, elle a été hospitalisée huit jours parce qu'elle ne pouvait plus manger.

> « C'était terrible, je ne sais pas comment j'avançais, je souffrais, c'était atroce, j'avais des antidépresseurs, je n'étais plus moi-même, j'avais peur tout le temps, j'avais peur de ne pas faire le travail de la journée, c'était un vrai cauchemar. Je ne veux plus de cela. »

Son problème est simple : elle aime un homme qu'elle voit en cachette ou entend au téléphone tous les jours.

> « Si je ne le vois pas un jour, je suis malade. J'ai essayé de rompre. J'ai réussi trois jours, mais c'est lui qui a craqué, il est venu me rejoindre. Il ne veut pas vivre, refaire sa vie avec moi. Sa femme et sa fille ne sont pas au courant. Il ne peut pas leur faire ça. Il faut attendre que sa fille de huit ans grandisse. »

Cette liaison secrète dure depuis six ans. Le mari de Catherine a fait de la prison à la suite d'un accident mortel qu'il a provoqué en état d'ébriété. Pendant son incarcération, elle a rencontré Hervé. Ils s'aiment, mais il est marié. Il a une bonne situation.

Sa femme ne travaille pas. Il ne divorcera pas. Les raisons qu'il allègue sont liées à la situation matérielle qu'un divorce perturberait inévitablement. Catherine n'en peut plus de cette situation d'attente. Elle assure, elle, sa vie professionnelle. Elle a repris la vie conjugale quand son mari est sorti de prison mais elle veut vivre avec son ami. Elle veut qu'il choisisse. Comment s'en sortir ?

La maladie, ici, est générée par le stress affectif qui s'ajoute à celui des événements traumatisants : la mort d'un homme, la prison du mari. Il s'ensuit logiquement des difficultés de vivre : l'isolement social, la honte, la culpabilité et même le rejet. Catherine continue à mener, tant bien que mal, une vie commune avec un mari violent et excessif, dont elle a peur. Elle est dans une situation paradoxale qui la déstabilise en permanence.

> « Quand je suis avec mon ami, je regarde si je ne suis pas suivie, ce n'est plus possible. La vie est intenable. Mon humeur s'en ressent. Mon mari me demande toujours ce que j'ai. J'ai mal à l'estomac, j'ai des brûlures dans l'œsophage, dans le tube digestif, je deviens insupportable. Je n'arrive même pas à me décontracter, jamais. Dans mon lit, je m'en rends compte, je suis raide, même mes mains, mes doigts sont raides. Depuis plusieurs années, je souffre le martyre. J'ai des périodes où j'ai des diarrhées. Je me sens brûler à l'intérieur, j'ai des inflammations, j'ai aussi des démangeaisons, je suis sèche, j'ai perdu la flore vaginale. Je perds souvent la respiration, on dirait que je vais étouffer, ça me fait peur. »

Première séance

La séance de relaxation, appelée sophronisation de base[71], a tout de suite un effet apaisant. La respiration profonde abdominale est associée à une image personnelle que Catherine a laissé émerger : la montagne, l'air pur, les Alpes qu'elle a connues quand elle était adolescente. Elle respire profondément cet air oxygéné. Son visage se détend ; le ciel est d'un bleu magnifique. Elle est calme. L'exercice est enregistré.

71. Voir chapitre 1, « Le protocole de la sophronisation de base », p. 12.

Elle emporte son audio qu'elle doit écouter à son rythme, si possible tous les jours afin de créer une détente réflexe.

Deuxième séance, une semaine plus tard

Dès qu'elle est assise confortablement, Catherine donne le bilan des réflexions de sa semaine : c'est le travail mental dont elle témoigne qui sera l'essentiel de sa thérapie. Elle s'auto-analyse, rend compte de ses changements, de ses actions en vue d'améliorer son vécu.

« Je traverse des moments où je veux aller voir un avocat. Cette vie ne me convient pas. Je veux faire comme mes collègues, aller en voyage et profiter de la vie. Mon ami est sincère, il m'aime, mais il ne partira pas avec moi. Il y a plus malheureuse que moi. Au bureau, j'ai une collègue qui vit un peu ce que je vis. C'est vrai que mon mari est serviable, il est violent mais pas méchant. Mais je ne peux pas continuer comme ça. J'ai oublié de vous dire : l'autre semaine, avant de venir vous voir, j'ai fait une crise de spasmophilie. J'étouffais, j'étais enflée de partout, j'avais des nausées, des tremblements intérieurs, je transpirais des mains, ça m'a pris d'un seul coup. J'avais l'impression de perdre la respiration.

J'ai mis l'audio tous les soirs. Il me fait du bien, j'ai diminué mes médicaments. Je me sens plus libre, moins anxieuse. J'ai toujours cette amertume dans l'œsophage. Quand je vais mieux, les douleurs sont moins vives. Ça me fait du bien de vous parler, ça m'apaise. J'ai eu de meilleures relations avec mon mari cette semaine. C'était mieux. »

En une semaine, l'horizon de Catherine s'est entrouvert. Au lieu d'être prise dans le filet de ses rendez-vous et de ses mensonges, elle regarde le monde et les autres ; elle fait des comparaisons, elle relativise sa situation. Ses douleurs s'apaisent. Elle peut dire sa souffrance, elle peut se confier, en démêler les causes et les effets, ses contradictions. Elle comprend le mécanisme qui la broie depuis tant d'années, le manque d'amour qui la brûle à l'intérieur. Elle attendait de l'autre une protection, une reconnaissance totale. Elle a soif d'amour, elle crie dans le désert. À force de crier sa douleur, sa gorge lui fait mal. Aujourd'hui, elle remet en question cette demande de l'autre, son désir.

Catherine se met très facilement en état sophronique. Aussi, je décide d'utiliser une technique de focalisation jointe à une technique de protection. Il faut passer par la connaissance interne du corps. Je lui présente des planches anatomiques de l'appareil digestif et du système nerveux. Nous nous préparons à visiter l'intérieur du corps, à approcher les zones perturbées par le comportement général du sujet. Ce sont des moyens de s'approprier le corps, de reconnaître le lien entre corps et esprit, de susciter la collaboration de l'un et de l'autre pour retrouver la santé, la joie de vivre, d'être en vie. Toutes les techniques employées sont apprises dans la formation de sophrologie dispensée par le Dr Jean-Pierre Hubert[72]. J'utilise un aménagement de plusieurs techniques, en utilisant toujours le même code de communication : l'index levé. Catherine est allongée confortablement et déjà, par des respirations profondes, elle entre dans le niveau sophroliminal.

TECHNIQUE DE PROTECTION SOPHROLIMINALE ET DE RESPIRATION SYNCHRONIQUE

Je détends les muscles de ma tête, de mon visage, de mon front, de mes yeux, de mes joues, de l'intérieur de ma bouche, de la muqueuse des joues et de ma langue. Je vis les sensations qui viennent de ma bouche, je calme ma gorge, je laisse venir une image qui aide ma gorge à s'adoucir, puis je suis le trajet du pharynx. Je suis comme une lumière qui inspecte tout mon appareil digestif pour l'apaiser et remettre les fonctions en activité harmonieuse.

Je calme mon œsophage, je le sens, il est contre ma colonne vertébrale, je détends les muscles de mon œsophage, je détends les nerfs, je parle à mon corps, je collabore avec lui.

Mon estomac, en contact avec mon diaphragme, sur ma gauche, je respire profondément. Je remplis mon corps d'oxygène, je suis corps respirant, l'échange avec le monde extérieur se fait bien. Je sens que mon estomac se détend, j'améliore le fonctionnement de mes organes, la circulation de mon sang est plus libre.

Je sens mon ventre, mes lombaires, mes organes abdominaux

72. Drs Jean-Pierre Hubert et Raymond Abrezol, *Traité de sophrologie, Méthode et techniques*, t. 2, Paris, Le Courrier du Livre, 1985.

profondément relâchés. Je sens mon bassin, mon bas-ventre, mes fesses, mes organes génitaux profondément relâchés.
Je détends les muscles de mes cuisses, de mes jambes, de mes pieds. Tout mon corps est parfaitement détendu, les muscles, les organes, les tissus.
Je me sens bien, je me vois détendu, apaisé, je suis bien dans mon corps tout entier. Maintenant, ma tête, mon cerveau, mon corps sont en harmonie, détendus, calmes.
Je m'entends dire : « Je suis calme, je suis bien, je suis en paix. »
J'expire profondément en disant mentalement : « Paix. » J'inspire en prenant de l'énergie, je dis mentalement : « Énergie. » J'expire « paix », j'inspire « énergie » ; « paix », « énergie ».
Cette sensation de calme, de bien-être, va durer toute la journée.
Je m'entraîne chaque jour, j'aide mon appareil digestif à se détendre. Je cultive la paix et le calme intérieurs. Je rassure mon corps.
Je garde en moi ces sensations nouvelles de paix. Je me prépare mentalement à la reprise dans le monde quotidien, régénéré, les forces renouvelées et la paix intérieure retrouvée.
Je respire profondément, j'expire plusieurs fois rapidement, je m'étire dans un flot d'énergie positive. Je laisse les yeux fermés jusqu'à la récupération complète de ma vigilance.

Cette technique est souvent utilisée pour les ulcères. Elle peut également servir de contrôle du corps et de ses dysfonctionnements. Elle est toujours utilisée lorsque le sujet est suffisamment entraîné à la sophronisation. Le Dr Jean-Pierre Hubert propose un exercice de technique autoscopique dans lequel il suggère à son patient de s'imaginer en « corps de lumière ». Les rayons d'un soleil traversent le corps de part en part et le patient lève l'index lorsqu'il rencontre des zones d'ombre. La désophronisation consiste à retirer la lumière en partant des pieds. Le dialogue s'instaure ensuite entre le médecin et son patient.

Dialogue de contrôle avec le sujet

Catherine a un visage détendu, calme. Elle parle d'une voix intériorisée. Elle précise que ce mot « paix » était comme du miel qui coulait dans sa gorge et suivait l'œsophage. Le mot et la voix étaient pleins de douceur. Cet exercice devrait être répété le plus souvent possible pour créer un réflexe. Le mot « paix » serait donc lié à cette sensation de miel qui coulait lentement et apaisait les brûlures ; la douceur de la voix protège et berce à la fois. Le discours est élémentaire, souvent pauvre, chargé de répétitions afin de créer, par un rythme berceur de comptine enfantine, le discours absent qui a manqué. Évocation rapide de la mère peu affective, qui devra être reprise dans une autre séance.

À la fin d'une heure de travail, il n'est pas bon de prolonger l'entretien et d'aborder une direction nouvelle. Le sujet a beaucoup reçu, d'un seul coup : sensations, idées nouvelles, réminiscences ; il lui faut un temps de repos et de répit, un temps de *décantation*.

Poursuite du traitement jusqu'à la sixième séance

Pendant trois semaines, Catherine est venue faire des séances de sophrologie. Elle allait de mieux en mieux. Elle gérait mieux sa double vie. Elle est devenue consciente que tout l'argent qu'elle donnait pour se soigner était vain. Aucun médecin ne pouvait la guérir, car sa douleur physique intense était le revers de cette douleur morale insupportable qu'elle traînait depuis de longues années. Elle avait pris conscience qu'elle se punissait.

> « Je vais mieux, mais j'irais encore mieux si mon ami venait vous voir. Je lui en ai parlé. Il ne veut pas. Je me rends compte qu'il n'est pas clair dans sa relation avec moi. Il profite de la situation. Sa femme, sa vie matérielle, sa petite vie confortable, il ne veut pas changer tout ça. Lui aussi, il est malade, il a de l'asthme. Ce sont aussi ses problèmes. Il ne veut pas décider. »

La sophronisation de base avec le signe-signal associé à l'image de la montagne de l'enfance réussit bien. Catherine maîtrise ses émotions et commence à gérer les rendez-vous sans angoisse. Sa fille la trouve en meilleure forme. Ses douleurs s'espacent. Lorsqu'elle me raconta le dernier rendez-vous qu'elle avait eu avec son ami, je n'ai pu m'empêcher de rire tant la situation était burlesque. Elle me regarda, surprise, puis se mit à rire aussi : « Jamais je n'aurais pensé pouvoir rire autant avec mon problème. » Enfin, elle prenait de la distance, elle se voyait dans cette situation tragicomique.

Catherine commençait à s'épanouir, à perdre de sa rigidité. Ses collègues lui ont fait remarquer qu'elle avait l'air « mieux dans sa peau ». La rigidité est en fait une régression au stade infantile. Le nourrisson, jusqu'à trois mois, a une rigidité et une raideur remarquables, qui vont en diminuant. Pendant sa première année, ses émotions et sa manière de se mouvoir sont liées. Lorsqu'il a peur, ses muscles ne répondent plus, il tombe. Plus tard, sa musculature va se perfectionner jusqu'à la marche, la coordination des mouvements, la précision de la préhension et l'acquisition du langage. L'enfant expérimentera sa façon d'être au monde, dans son corps puis, peu à peu, son geste deviendra de moins en moins mécanique, de moins en moins imité pour être plus complexe, plus symbolisé.

Face aux événements, les personnalités diffèrent par leurs comportements. L'hyperémotivité du sujet se traduit par une perpétuelle réaction, par sursauts. Par contre, pour d'autres, l'extériorisation ne se fait pas et la tension interne provoque des problèmes vasculaires, végétatifs, viscéraux. La répression des émotions a une influence sur les postures du corps. Par le training autogène du Dr Schultz, répété chaque jour, on peut agir sur les émotions et la rigidité posturale.

Sixième séance

« Dans l'ensemble, ça va mieux. Je fais mes exercices tous les jours, je respire deux à trois fois, comme vous me l'avez dit. Le soir, je mets ma séance. Mon ami me dit : "Va faire de la sophrologie si ça te fait du bien." Nous avons beaucoup parlé. Ma vie ne peut pas durer comme ça, il faut que je choisisse. Dans ma tête, ça se passe bien, je fais la part des choses. Maintenant, je me pose des questions. J'ai presque envie de lui dire : "J'ai besoin de réfléchir, on se verra un peu plus tard", et puis espacer, ça va me faire mal. Rien qu'en parlant, ça me fera encore plus mal à la gorge. Dimanche, nous avons fêté l'anniversaire de ma fille. J'étais très mal, j'avais mal à la gorge, aux oreilles. Malgré les médicaments, j'avais toujours mal. J'ai écouté ma séance et ça allait mieux. Ça passe comme ça vient. Quand je ne suis pas bien dans ma peau, dans ma tête, ça redémarre. J'ai eu un choc psychologique, complètement ridicule mais terrible, il y a quelques années : ma fille était petite, elle avait cinq ans ; j'ai surpris un cousin de vingt ans avec elle. Il l'avait déshabillée. J'ai eu très peur. Ç'a été terrible, je suis allée tout de suite avec la gosse chez le médecin. Tout était normal. Mais j'ai eu un choc. Dans la même période, j'ai eu un problème au travail, j'ai dû changer de service et ça m'a perturbée. C'est peu après que j'ai commencé à avoir des problèmes de santé. »

Les douleurs physiques ont un lien profond avec les chocs émotionnels et les traumatismes subis par la personne. La scène de l'enfant, l'accident de voiture suivi d'une mort et d'un emprisonnement sont des causes faciles à saisir. Il faudrait aller plus loin dans l'analyse, mais Catherine ne le désire pas. Il lui suffit de s'apaiser par des séances journalières de sophrologie. Elle a pris conscience de l'impossibilité de vivre la situation sans se rendre malade. Reçoit-elle des bénéfices secondaires de ces douleurs ? Est-ce le moyen de forcer son ami à prendre une décision, de se faire prendre en charge ? Est-ce qu'elle se punit elle-même de sa liaison secrète ? La sophrologie, peu à peu, renforce sa personnalité. L'évolution prend du temps, mais c'est la seule voie possible : la prise de conscience de l'investissement personnel dans sa douleur, la possibilité de s'en dégager, de vivre autrement. Il faudrait mettre au jour, dans une sophro-analyse, le refoulement des traumatismes de son enfance, réactivés par la scène de sa petite fille, ainsi que le rôle de sa mère dans son enfance et dans le couple. Dans les entretiens consécutifs aux séances, le rôle de la mère négative et castratrice a été évoqué comme une fatalité. Il est évident que l'environnement était chargé de pensées négatives. Un entourage négatif perturbe l'équilibre du corps et de l'esprit, diminue l'efficacité du système immunitaire et enclenche des situations mauvaises. C'est l'effet d'une spirale descendante dont il faut casser le rythme. Comment faire ? Il faut se redire ce que l'on sait déjà : le ver est dans le fruit. On se crée des bobos. On pourra, dans un deuxième temps, rechercher les raisons objectives de ce mécanisme, mais il est essentiel de trouver en soi les moyens d'évoluer positivement.

SÉANCE AUDIO PERSONNALISÉE : EXERCICE DE SCHULTZ

Calme, je suis calme, profondément calme, je me le dis.
Mon bras droit est lourd, mon bras gauche est lourd, mes deux bras sont lourds, comme s'ils étaient attirés par la gravitation terrestre.

Mes mains sont chaudes, agréablement chaudes.
Mon cœur bat calmement, j'écoute les battements de mon cœur.
Je me sens bien.
Ma respiration est régulière. Je suis corps respirant, je suis toute respiration. Je suis à l'écoute de ma respiration, de ma vie.
Mon plexus solaire est chaud, mon ventre est chaud, mon corps baigne dans un bain agréablement chaud.
Mon front, mes yeux sont rafraîchis par une brise agréable ; j'imagine un feuillage, des arbres légèrement balancés par le vent. Je me sens bien, mon cerveau est clair. Je suis au repos, ici et maintenant.
Je laisse venir mon image réflexe associée au signe-signal que j'ai déjà utilisé.
Visualisation positive personnelle. Le souvenir d'un moment merveilleux, communion avec la nature, c'est un ressourcement : la beauté de la nature apporte un bien-être physique. L'image arrive très nette : je vois une barque qui glisse sans une vague, entre les arbres. Une paix qui se communique. Tout est magnifique, la fraîcheur de la forêt, l'eau transparente, le reflet du soleil.
Je respire profondément, j'associe la paix et l'énergie vitale. Je me sens merveilleusement bien. Je reprends maintenant ma vigilance.
Je prends mon temps, j'expire rapidement ; je m'étire dans un flot d'énergie positive.

Le texte enregistré sur-le-champ après l'entretien reprend les termes de Catherine à tel point qu'elle a l'impression que c'est sa propre voix. Au bord du sommeil, les messages ont une prégnance d'une grande efficacité. Le sophronisé reconnaît ses propres messages et les imprime dans son cerveau afin de provoquer en lui le changement qu'il désire et de vaincre les résistances incompréhensibles de son inconscient. Car Catherine sait qu'elle peut retrouver la santé et la joie de vivre. Elle se bat contre elle-même. Elle repart confiante, avec le sourire. Le travail en profondeur ne peut se faire qu'avec l'adhésion du sujet. La disparition des douleurs suffit à Catherine. Elle a promis de continuer à travailler ses cassettes, de développer des comportements positifs et de clarifier ses relations pour préserver sa santé et son équilibre psychique. Catherine connaît la voie, elle a commencé à marcher. Nous souhaitons qu'elle trouve l'énergie pour poursuivre ses objectifs.

Les brûlures des inflammations internes ont presque disparu. Il est clair que cet entraînement doit se poursuivre. Les sujets, heureux des améliorations, pensent souvent à abandonner leur travail sur eux-mêmes par insouciance. L'environnement exerce aussi une pression plus ou moins forte : pourquoi continuer à se rendre chez le sophrologue si tout a l'air de bien aller ? Les problèmes ne sont pas réglés complètement. Le sujet doit maintenant se gérer lui-même. La sophrologie doit être un outil permanent, réflexe, *autonettoyant*, si l'on peut dire, et si cette technique est bien comprise, elle est ressentie non pas comme une contrainte, mais comme un art de vivre.

Bertrand, cinquante et un ans, marié, sans enfant, agent commercial

Physiquement, Bertrand est un homme ouvert.

> « J'ai tout pour être heureux. J'ai réussi, j'ai une femme que j'aime, j'ai des amis. Est-ce que j'ai la vie que j'aurais voulue ? Oui, j'ai été comblé. Ma femme est également très tendre avec moi. J'aime m'amuser, manger, bavarder avec mes amis, faire du sport. »

Bertrand vient me voir, sur l'avis d'un médecin. Aujourd'hui, il souffre des muqueuses de la bouche, il a du lichen qui ne s'en va pas et qui l'empêche de manger, de profiter de la vie.

> « On m'a fait une biopsie ; rien que des lichens bénins. Les mois passent, je souffre toujours, on me fait une deuxième biopsie qui a bien du mal à cicatriser. J'ai aussi mal à la gorge ; je deviens anxieux. Quand je me lave les dents, elles saignent. J'ai peur de ce sang, je consulte mon médecin traitant qui me rassure. J'ai consulté tous les bouquins, je n'ai pas 10 % de chance pour que ce soit un cancer, je n'ai pas cessé d'aller voir ce médecin ; il a beau me dire : "Ça va se tasser", rien n'y fait. J'ai l'impression de souffrir encore plus. Dès que j'ai un truc, je suis comme ça, je n'arrête pas de faire des radios et j'en ai marre, je veux arrêter tout cela, j'ai une femme en or, tout va bien, je me pourris la vie.

C'est vrai, j'ai été orphelin, mais en toute objectivité, je n'ai pas ressenti cette absence de père et de mère. Le problème est que je suis anxieux. J'analyse trop les choses. J'ai eu une vie extraordinairement riche. Et pourtant, ça me tracasse, je ne mange pas beaucoup parce que ça me fait mal. Quand je me pèse, je vois que j'ai maigri, et si j'ai maigri, je me dis alors que j'ai quelque chose. Pendant quatre, cinq mois, je suis très bien, tout est impeccable et puis brusquement, ça se dérègle. J'appelle mon médecin, quelquefois deux fois par jour, pour qu'il me rassure. »

« Le vagabondage dans ma tête »

Bertrand accepte d'apprendre les techniques de sophrologie. Il veut supprimer ses douleurs et ses angoisses, mais ne souhaite pas aller trop loin dans l'analyse. « Je veux surtout arrêter le vagabondage dans ma tête. » Durant les premières séances, je recueille les éléments du puzzle de sa vie. Je pratique la sophronisation de base qui le détend beaucoup. Il écoute chez lui son enregistrement après le déjeuner. Il va de mieux en mieux. Il aime se raconter. Ses séances lui font le plus grand bien. C'est un auditif, et l'audio remplace sa voix intérieure, il est un bon substitut à son vagabondage. Son médecin est content. Bertrand ne court plus les laboratoires.

« Ma première dépression ? C'était avec ma première femme, j'étais devant ma télévision. C'était une femme très désagréable – il y a un mot plus fort, vous me comprenez. Elle m'embêtait pour un rien. Ce jour-là, alors que je regardais un match à la télévision, elle m'avait entrepris sur un sujet, je ne sais même plus lequel ; l'écran de la télévision est devenu tout noir. Je n'entendais plus rien, j'étais hagard, j'étais ailleurs, j'ai voulu peut-être m'isoler parce que j'en avais ras le bol, je ne sais pas ce qui s'est passé.

Mon médecin a prévenu ma femme que c'était vraiment grave, que j'étais à la limite d'une grande dépression. Pendant deux ans, j'ai eu des crises. Ça me prenait là (il désigne son plexus solaire), et ça montait, j'aurais fait n'importe quoi pour que ça s'arrête, c'était infernal. Ça me prenait n'importe où, n'importe quand, j'aurais payé des millions pour que ça s'arrête. Mon médecin m'a dit : "Tu fais une névrose d'angoisse", il m'a donné des gouttes à prendre et je voyais les oiseaux chanter, j'étais un autre homme avec ces gouttes. Puis il m'a dit : "Quand ça vient, il faut lutter, ça va durer dix minutes, puis huit minutes, de moins en moins, un jour ça va s'arrêter, ça partira." Alors, le matin, je me mettais sur un fauteuil, j'étais tout blanc, je transpirais, ça m'a duré des mois, puis ça s'est estompé. Tous les matins, vers huit heures, je me levais et ça me prenait. Alors, je n'attendais pas que la crise vienne, je me mettais sur le fauteuil et j'attendais la crise. Elle venait tous les matins, je l'affrontais.

Un matin, à huit heures, alors que je regardais ma montre, elle n'est pas venue, je me disais, ce n'est pas possible, elle ne vient pas. 8 h 05, 8 h 10, elle n'était toujours pas là. J'ai appelé mon médecin. Je lui ai demandé : "Comment se fait-il que ma crise ne soit pas venue à huit heures ? — C'est fini, c'est passé, c'est parti." Effectivement, c'était terminé. »

Bertrand, dans un nouvel entretien, me parle de son enfance dont il ne cesse de dire combien elle fut choyée. C'était un enfant sans problème : il ne pleurait jamais. Il ne lui vient pas à l'esprit que cette récurrence de l'enfance choyée alors qu'il avait perdu ses parents faisait résonner sa douleur comprimée. Il fut étouffé de tendresse par ses deux sœurs, la grand-mère, les tantes et les oncles pour ne pas qu'on entende les cris, les larmes de l'enfant privé de sa mère. Tous avaient peur de cette souffrance.

« J'arrive à me sécuriser. En fin de compte, j'ai peur de mourir. Je ne sais pas si j'ai peur de la façon de mourir ; j'ai vu ma grand-mère mourir, que j'adorais. J'avais treize ans, j'ai eu un choc, elle est morte d'une crise cardiaque, dans mes bras. J'aime la vie. La mort. c'est vrai, on doit tous mourir. Quand je me dis ça, ça va mieux. Ma mère, je n'ai pas de souvenir d'elle. Elle était malade. Mon premier souvenir d'enfant, c'est un sac d'oranges que j'allais lui porter à l'hôpital, j'avais trois ans quand elle est morte. Le deuxième souvenir, j'étais à la porte de sa chambre, et il y avait beaucoup de monde qui défilait, je ne voyais que des jambes. J'ai compris plus tard qu'elle était morte. »

L'enfant était exclu. Ils étaient tous à l'intérieur de la chambre maternelle. Que s'est-il passé alors ? Certainement, ce fut l'angoisse. La naissance de l'angoisse est attachée au stade oral, qui est la première phase du développement de la sexualité infantile jusqu'à l'âge de deux ans environ. La relation au monde s'instaure par l'intermédiaire de la bouche : le plaisir essentiel est celui de la tétée. La présence de la mère apporte la paix ; son absence entraîne l'angoisse, la frustration insupportable. Il est frappant d'entendre Bertrand parler de sa femme, qu'il appelle « maman ». Le retour dans le giron maternel est évoqué nettement quand il rentre le soir après son travail. Et son refus d'avoir des enfants ne cache-t-il pas la peur de ne plus être l'enfant de sa femme ? « J'éprouve une sensation très forte de sécurité lorsque je rentre chez moi et que j'entoure ma femme. Je dis ouf. Je respire. » Cette sensation très forte va servir d'ancrage dans la séance. En fait, l'audio doit remplacer le coup de fil rassurant du médecin, le médicament placebo et la mère. Il a un problème de sécurisation permanente, alors qu'il est à l'abri du besoin, alors qu'il résout parfaitement tous ses problèmes.

Il a eu une famille surprotectrice qui l'a couvé : il n'a manqué de rien, il n'a aucun souvenir de souffrance morale. Il dit qu'il a été très gâté. Il semble qu'il ait accaparé ses deux sœurs aînées avec un art de la séduction qu'il connaît bien. C'est un homme qui dit volontiers qu'il n'a aucune difficulté à résoudre ses problèmes, à part celui-là : la peur de mourir et les douleurs somatiques. C'est vrai qu'il aime le cocon familial et que sortir pour aller en voyage crée toujours une légère appréhension. Au stade oral, l'objet du désir est « manger-être mangé », c'est le rapport d'incorporation que notera Freud dès 1915.

Alors qu'il avait été un mois parfaitement tranquille, sans douleur et sans angoisse, et que je m'apprêtais à lui proposer d'espacer ses séances, il vient avec une douleur insupportable à l'épaule qui le gêne pour jouer au tennis et qui, de nouveau, réactive son angoisse. Je décide donc de lui faire cette séance.

Cet exercice, un conditionnement réflexe, est enregistré. Bertrand pourra donc, quand il sera chez lui, revivre ce moment important. L'enregistrement est effectué sans préparation, convenant parfaitement à la situation du moment. La séance est donc entièrement personnalisée et ne peut servir qu'à Bertrand. Mieux, elle deviendra inutile quand son symptôme aura disparu.

EXERCICE SUR L'ÉPAULE

Nous commençons par l'exercice de Schulz. Quand le sujet est profondément détendu, j'utilise les informations données et élaborées dans l'entretien.

Vous vous dites : « Mon épaule, je m'en fous, ça va passer. » Immobilisez sur votre écran intérieur une image de vous, détendu, en train de fumer un cigare, décontracté, heureux. Vous êtes bien, vous vous sentez heureux, vous avez tout pour être heureux. Votre femme, c'est la joie de votre existence. Vous vous répétez : « Je suis bien, ça me fait du bien. » L'épaule, elle, commence à vous chatouiller. Vous lui répondez : « Ça suffit, maintenant, c'est assez, je suis bien maintenant. »

Autre image : « Je ferme mon bureau, je vais rentrer, je vais me mettre une bonne séance, me détendre sur le canapé du salon, je suis bien chez moi. Je me sens bien. »

Répétition avec signe-signal qui conditionne le mental et associe les images de bien-être et le geste inducteur. Désophronisation, retour au monde de la vigilance, en respirant profondément, en utilisant des expirations courtes.

Dès que l'exercice a été terminé, la douleur a disparu et n'est jamais revenue. Ce fut la séance la plus spectaculaire. Bertrand est revenu ensuite à intervalles réguliers pour parler, discuter de son cheminement. Il écoute ses séances régulièrement. Il a appris à maîtriser ses petites douleurs avant qu'elles ne lui pourrissent la vie. C'est maintenant à lui de gérer son existence.

Les opérations chirurgicales

Carine, quarante-trois ans, mariée, sans enfant, agente comptable

Elle vient consulter un sophrologue pour se préparer à une opération. Elle connaissait la sophrologie grâce à la lecture de quelques articles. C'est une démarche personnelle. Elle ne veut surtout pas qu'on le dise au médecin soignant, il ne la comprendrait pas. Quelle opération doit-elle subir ?

« Je viens de le savoir, je suis sous le choc, je ne sais pas à quel saint me vouer. » Phrase reprise plusieurs fois pendant l'entretien. Elle a déjà pris un rendez-vous pour une opération concernant un sein. La date est fixée. Le chirurgien l'a prévenue, il faut enlever un maximum pour ne pas avoir de récidive. Il vaut mieux enlever tout de suite plutôt que d'avoir des traitements terribles.

« Je ne veux pas de chimio, encore moins des rayons, bon, s'il faut, on en fera, mais pas de chimio, alors pour ne pas avoir de récidive, je préfère qu'on n'en parle plus qu'on me l'enlève et je serai tranquille. Pour mon mari, il dit que ça n'a pas d'importance, à mon âge.

— Est-ce que vous envisagez de faire plus tard une chirurgie réparatrice ?

— Non, pas du tout. Ma mère, on lui a fait la même chose. À l'époque, j'avais quinze ans, j'étais traumatisée. Elle avait fait une grosse dépression après ça, parce qu'on lui avait enlevé le sein. Ensuite, mon père est mort, je suis restée seule avec ma mère. Elle était très angoissée. J'étais sa confidente, son soutien. Elle s'appuyait sur moi. »

Première séance

La demande la plus importante est la relaxation. Surtout se dire que tout va bien se passer et ne pas parler de maladie ni de sein. Je pratique une sophronisation de base. Elle a pleuré sans bruit, le corps était apaisé. Suggestion de calme, de paix avec soi, accepter ce qui est inévitable.

À la séance suivante, trois jours plus tard, Carine va mieux. Elle intègre l'idée qu'elle a un cancer et qu'elle doit se faire opérer. Elle a écouté la séance enregistrée deux fois par jour. Pour préparer l'opération, je pratique un exercice classique de vision positive de l'après-opération. Nous cherchons ensemble ce qui lui fera plaisir : l'épreuve subie, acceptée et, au bout du tunnel, la vie, le désir de profiter de la vie en faisant une croisière avec son mari.

Technique de la sophro-acceptation progressive

D'abord, une sophronisation de base : « Vous êtes maintenant dans un état de relaxation profonde. Le corps est au repos, le cerveau est calme, apaisé. Vous prenez conscience ici et maintenant de votre unité corps-esprit. Vous allez vivre la situation que nous avons évoquée ensemble. Dans quelques mois, vous partez en voyage avec votre mari. Vous vous voyez à l'aéroport, vous arrivez à Nice, vous vous situez sur la promenade des Anglais, vous êtes à une terrasse, les palmiers sont superbes, il fait beau. Votre opération s'est bien déroulée. Tout va bien, maintenant. Vous embarquez sur un paquebot magnifique. Je vous laisse naviguer vers les îles grecques. Vous sentez la chaleur agréable du soleil, la brise légère, vous voyez la mer d'un bleu extraordinaire, vous vivez profondément toutes les sensations. Vous êtes heureuse. »

Je laisse s'installer le silence. Le visage de Carine est profondément détendu. Reprise du message, quelques minutes plus tard.

« Nous quittons le paquebot et revenons ici et maintenant. Cette situation que vous venez de vivre s'est déroulée merveilleusement. Elle est programmée dans quelques mois. Aujourd'hui, vous allez prendre toutes les dispositions nécessaires pour qu'elle se réalise. Vous occuperez votre esprit avec ce projet passionnant : civilisation ancienne à découvrir, beauté du paysage, intimité avec votre mari, joies partagées de la vie.

Vous vous faites maintenant à l'idée de la reprise dans le monde quotidien, pleine d'espoir et de combativité. Vous respirez profondément, vos expirations sont courtes et rapides. Vous vous étirez dans un flot d'énergie positive. Vous ouvrirez les yeux quand vous en aurez envie. »

Troisième séance

Carine va bien. Elle ne donne pas l'impression d'avoir un problème de santé. Elle ne le dit à personne, à aucun ami, à aucune collègue. « Les audios me font du bien, je les écoute tous les jours. Maintenant, je pense à mon opération. J'ai peur de l'anesthésie, j'aimerais que vous me prépariez à ce problème. On se sent partir et là, ça m'angoisse. »

En effet, le sophrologue collabore avec l'anesthésiste. Il prépare le patient à cet acte qui n'est pas neutre car il revêt une connotation morbide. Le patient a peur de ne pas se réveiller. Le sujet qui est entraîné en sophrologie est paisible, il réagit mieux aux produits chimiques, ce qui permet à l'anesthésiste de les doser et d'en utiliser beaucoup moins.

Dans l'entretien, nous mettons au point le parcours de la maison à la salle d'opération, en passant par la chambre d'hôtel. La technique utilisée a déjà été décrite dans le chapitre 4 (voir p. 63).

La sophrocorrection sérielle

« Vous visualisez le jour prévu pour votre départ. Vous êtes encore chez vous. Vous vous sentez paisible. Vous respirez calmement. Vous utilisez votre image positive, si vous en avez besoin. Vous êtes accompagnée de votre mari. Vous prenez le chemin de l'hôpital que vous connaissez déjà. Vous avez confiance dans l'équipe qui vous soigne. Vous êtes calme, confiante. Vous voilà maintenant dans votre chambre. Vous arrangez vos affaires. Vous avez de quoi écouter votre musique préférée. Une infirmière rentre pour vous préparer. Vous passez la nuit paisiblement. Vous vous endormez avec votre musique, votre séance de relaxation. Vous pensez à votre croisière prévue. Vous êtes calme, vous avez confiance dans l'équipe médicale.

Respirez en utilisant les mots “calme” et “confiance” : expirez-calme, inspirez-confiance, calme-confiance.

Vous êtes en de bonnes conditions, tout se déroule comme il était prévu. Le matin de l'opération, vous êtes calme, confiante. Vous connaissez l'équipe médicale. L'anesthésiste connaît bien son travail. Vous avez confiance en cette personne ; tout se passe bien. Le réveil se fait en douceur, comme pour un bon sommeil réparateur. Votre mari vous offre des roses magnifiques, comme il vous l'a promis. Il est auprès de vous. Il est plein d'attentions pour vous. Vous êtes apaisée. Calme-confiance. »

Les mots-clefs « calme » et « confiance », utilisés avec la respiration synchronique, servent de leitmotiv à cet exercice. Ils permettent d'ancrer une attitude qui chasse tout vagabondage négatif parce qu'il occupe l'esprit. C'est en se fixant sur des mots positifs et profondément affectifs, car ils proviennent du langage de l'enfance – de ces mots qui bercent les tout premiers pleurs –, que l'on réprime les angoisses et les peurs du premier âge. Carine est partie parfaitement anesthésiée. Son opération s'est déroulée sans surprise. L'équipe médicale a beaucoup apprécié son entraînement sophronique. Carine a été remarquable pour son calme et sa confiance. « J'ai été une bonne patiente, c'est passé comme une lettre à la poste. »

Après l'opération

Elle est revenue pour continuer son entraînement afin de favoriser une récupération complète de l'organisme. Pour les personnes qui ont développé un cancer, les séances de sophrologie sont très utiles : elles permettent de maîtriser la peur des récidives et des métastases. Les séances sont alors centrées sur la collaboration positive de tout l'organisme.

> « Par moments, j'ai l'angoisse d'en avoir un autre. J'ai entendu dire qu'il était agressif, qu'il fallait le surveiller. L'imagination est la folle du logis, c'est bien connu. Chaque fois que je dois aller faire des contrôles et que je vais chercher les résultats, je suis un peu anxieuse, j'utilise la technique de synchronisation : calme-confiance, et ça réussit. »

Quelques semaines plus tard, Carine a eu des problèmes d'ovaires.

> « On me donne un médicament pour apaiser mes ovaires, mais l'ovaire gauche n'a rien compris. Mon médecin ne comprend rien. Cet ovaire doit être sage. Ça ne va pas du tout. Il faut s'arrêter. Tiens-toi tranquille, voilà ce que je lui dis, utilisant les techniques que vous m'avez apprises. J'aimerais bien le refaire avec vous, parce que c'est plus efficace encore. »

On peut donc faire une technique de focalisation sur les ovaires. Le sujet se concentre sur la fonction de l'organe. Je montre une planche d'anatomie à Carine pour qu'elle puisse se représenter avec plus de précision ses ovaires. J'utilise en même temps une technique qui renforce le système immunitaire. Ces techniques sont employées par le Dr Carl Simonton[73] dans son centre de cancérologie de Los Angeles ; les résultats sont spectaculaires. La stabilisation des cancers a été vérifiée scientifiquement. Le mental est un facteur majeur de guérison et renforce le système de défense immunitaire. On demande au patient de visualiser les globules blancs qui éliminent les cellules cancéreuses et de participer à cette lutte biologique, de laisser venir des représentations où le cancer est enfin vaincu. On développe la croyance en la force

73. Dr Carl D. Simonton, *Guérir envers et contre tout*, Paris, Epi, 1982.

des traitements et en l'arrêt du processus. Les images les plus fantasques peuvent surgir. Ce sont souvent les plus simplistes qui marchent le mieux.

Technique de focalisation et psychoplastie sophronique

« La technique de psychoplastie sophronique vise à stimuler le processus naturel de réparation corporelle par une action de la conscience sur la cellule et sur certains fonctionnements métaboliques focalisés. Elle donne de bons résultats par amélioration de la réfection tissulaire concernant les lésions organiques, les chocs traumatiques ou opératoires[74]. » Selon les cas, elle peut être utilisée avec d'autres techniques dans la même séance.

L'exercice peut se mener en utilisant indifféremment les pronoms « vous », « nous », et « je ». Le « vous » est plus directif, le « nous » marque la complicité et l'accompagnement, et le « je » insiste sur l'appropriation de l'exercice par le sujet et concrétise son autonomie. La personne sophronisée privilégie l'un ou l'autre pronom.

Nous commençons par une sophronisation rapide avec des respirations profondes synchronisées sur les mots « calme » et « confiance ». « Je vis mon schéma corporel. Je suis de mieux en mieux dans mon corps. J'accepte bien mon corps. »

Nous nous dirigeons sur l'ovaire gauche qui doit rester tranquille. Je lui parle : « Tu dois être sage. Ça ne va pas du tout, il faut s'arrêter. Tiens-toi tranquille, tu collabores avec mon corps tout entier. » Quand vous aurez fini de parler à votre ovaire, vous lèverez l'index de la main droite. L'ovaire droit est paisible. L'ovaire gauche se met en harmonie avec l'autre. « C'est bien. »

Les deux ovaires sont maintenant au repos.

Nous en profitons pour faire un petit inventaire interne. Nous laissons venir une image de bonne circulation sanguine dans tout l'organisme. « Les globules blancs font leur nettoyage quotidien. Les cellules saines se développent bien. Le système immunitaire est bien organisé. Il fait son travail. Je suis confiante et sereine. Tout va bien. » Nous terminons l'exercice avec une image positive, vous vivez votre image préférée (quelques minutes de silence).

---

74. Drs J. P. Hubert et Raymond Abrezol, *Traité de sophrologie*, *op. cit.*

Puis retournons à la vigilance avec une respiration profonde, des expirations courtes. « Vous vous préparez mentalement à la sortie du niveau sophroliminal avec une sensation de bien-être et d'énergie positive. »

Après la séance, le dialogue s'instaure toujours pour commenter ce qui vient de se passer. Grâce au pouvoir de la suggestion et de l'imagerie mentale, on peut créer une véritable défense psychologique. Cette technique réagit sur la pensée et la manière d'être du sujet qui devient positif et confiant, non seulement dans sa guérison mais dans les possibilités de vivre comme avant, et mieux qu'avant. Ce qui peut paraître paradoxal.

« J'ai besoin de parler, d'être écoutée, je n'ai pas l'impression d'être un numéro. Je ne veux pas prendre de tranquillisants. La sophrologie me convient très bien. J'ai pris l'image de petits soldats qui combattent. J'ai confiance dans mon traitement. Je me suis vue dans ma maison avec mon mari, très tranquille. J'aime bien mon chez-moi. J'ai visualisé une rivière, des fleurs : je lisais, assise sous un arbre, c'était reposant. La séance m'a fait du bien, ça me remet dans le positif, ça chasse mes idées noires. J'accepte bien mon schéma corporel maintenant ; avant, je me disais : "Tiens-toi droite", car j'avais l'impression que tous les yeux étaient fixés sur moi. Je ne pouvais plus me regarder dans une glace, j'ai accepté mon opération, même si pour certains, c'est une mutilation. Pour moi, maintenant, je ne me trouve pas plus mal qu'une autre.

Les petites histoires de la vie, je ne les vois plus pareilles, je fais le tri. Quand on a passé des épreuves comme celle-ci, tout est différent. Il m'est arrivé un truc comme ça. Pourquoi ça m'est arrivé à moi ? Par contre, je n'assume pas les autres, je m'assume, moi. Être bien avec soi, c'est mon objectif. J'y arrive bien. Je profite de la vie mieux qu'avant. J'ai plus le temps de lire, de vivre une vie bien réglée. Avant, je n'arrêtais pas de courir, je ne pensais pas à la qualité de la vie, je ne m'écoutais pas vivre. Il m'a fallu ce truc-là, c'est bizarre. Je pense maintenant que je me suis fait beaucoup de souci pour ma mère. C'est drôle, les choses, on aurait dit que je voulais faire comme elle, puisque j'ai eu le même problème, je l'ai beaucoup soutenue. Maintenant, j'aime bien la vie, je fais attention à la nature ; dès que je me réveille, je suis heureuse du soleil, avant ça ne me venait pas à l'esprit. J'ai plein de petites joies comme ça. Et je trouve que c'est important. »

Les séances de sophrologie sont maintenant terminées. Carine est en pleine forme. Elle a repris son travail. Elle est épanouie.

Aurélie, cinquante ans, mariée, trois enfants, secrétaire de direction

Aurélie a suivi un entraînement sophronique pour se préparer à une opération des yeux, qui a parfaitement réussi. Par l'intermédiaire de ses séances audios, elle a pu juguler son angoisse. Elle est revenue me voir quelque temps plus tard pour enregistrer une nouvelle séance dans le but de la préparer à une nouvelle opération, cette fois-ci gynécologique. J'ai donc utilisé la technique de sophrocorrection sérielle décrite précédemment, avec le déroulement des stades de l'opération, comme dans un film.

Je termine la séance sur l'image positive d'Aurélie, en pleine forme quelques semaines après l'opération. La nouvelle opération a bien réussi, mais je reçois un coup de téléphone de la clinique me demandant de passer voir l'opérée.

« J'ai des problèmes pour uriner ; je souffre du ventre, il est prêt à éclater. J'ai mal. Je ne pense qu'à ça, j'essaie souvent et je n'arrive pas à uriner. Le médecin m'a dit qu'il fallait réapprendre à uriner normalement. J'ai tout essayé, même debout. Le médecin ne comprend pas. Cela fait onze jours aujourd'hui que j'ai dû garder ma sonde. J'aurais dû sortir hier de la clinique avec une sonde en place. Je n'urinerai pas normalement pendant un mois peut-être, ça dépend, c'est peut-être dans la tête, ça dépend des personnes, dit le médecin. Je ne peux pas m'imaginer me promener avec une sonde et reprendre mon travail. En désespoir de cause, j'ai demandé à mon chirurgien si je pouvais faire venir une sophrologue.

"Qu'est-ce que c'est, c'est comme un astrologue ?" Il s'est fichu de moi, mais ça m'est égal. La sophrologie m'a fait beaucoup de bien. J'ai demandé à voir les infirmières pour confirmer ces dires. Le docteur est au courant. Il ne croit pas en la sophrologie. Mais dans l'état actuel de la situation, il ne peut rien faire. Il n'y a aucun problème organique, c'est donc dans la tête. »

C'est bien du ressort de la sophrologie. Il y a un blocage mental, il faut retrouver les pensées qui bloquent et dissoudre la peur. Le cerveau doit produire des phrases différentes qui vont lever le blocage.

« Pourtant l'opération s'est parfaitement bien passée. Avec les enregistrements, je n'ai eu peur de rien. Le ventre est très dur, le soir. Maintenant, je n'ai plus la sonde, mais on vient me sonder trois fois par jour parce que je ne la supporte plus continuellement. »

Je demande à Aurélie de se placer en état sophronique et de répondre à mes questions pour retrouver le souvenir des opérations précédentes.

« Quand j'étais très petite, j'ai eu une opération des amygdales et des végétations. J'ai énormément souffert. J'ai été très marquée ; à l'âge adulte, j'ai eu beaucoup de cystites, on n'a jamais su pourquoi. J'ai été guérie avec un désinfectant urinaire banal, du jour au lendemain. »

Nous allons utiliser le geste de l'index levé pour maintenir la communication entre nous :

> **« Vous approfondissez votre détente et vous allez chercher dans vos souvenirs d'enfance une situation précise associée au fait d'uriner, de faire pipi. Laissez les associations se former, les images, les émotions sont libres, le mot "pipi" suscite en vous une ou des situations précises. Vous revivez cette scène où vous faites pipi. Vous revoyez le décor, les personnages de la scène, vous entendez la conversation, les bruits, vous voyez les couleurs, les détails.**
> **Quand vous aurez fini de revivre cette scène passée, vous lèverez l'index de la main droite. (Après quelques minutes, l'index se lève) C'est bien. Vous vous sentez soulagée, vous allez pouvoir uriner**

normalement dès la fin de cette séance en repensant à cette scène. Vous vous sentez profondément détendue, relaxée et confiante dans la récupération complète de votre santé, dans le bon fonctionnement de votre vessie. Vous allez faire pipi après la séance. Vous vous laissez aller au plaisir de libérer votre vessie. Vous allez partir en vacances en pleine forme, complètement rétablie. Vous revenez ici et maintenant, heureuse et en paix. »

J'induis le retour dans le monde réel de la vigilance. Aurélie donne alors son itinéraire.

« On fait pipi quand on rit tellement. Je me revois en promenade, j'avais tellement ri que j'ai fait pipi dans ma culotte. Il fallait que je serre les jambes. J'ai fait pipi debout. J'ai pris des bosses de rire. J'ai complètement revécu la scène.

Une autre scène m'est revenue. J'étais avec ma sœur, on était en voiture. Je riais tellement. J'ai dû descendre de la voiture. Je criais : "Assez, assez, tu vas me faire faire pipi" et tout est parti ; c'était très drôle. Impossible de me retenir. Maintenant, j'ai envie d'uriner. »

Quand Aurélie est sortie de la sophronisation, elle a uriné un peu, tout en pensant à ces scènes. Elle s'est sentie bien, rassurée. Elle était sûre que son problème était réglé. Je l'ai quittée en pleine confiance ; les infirmières n'en revenaient pas. Le soir, Aurélie a uriné normalement. Elle est sortie de la clinique le lendemain, sans problème.

La naissance et l'enfant

La préparation à l'accouchement

La vie a commencé dans le ventre de la mère et si, pour chacun, cette phrase est simpliste, elle recouvre une réalité qui a longtemps été ignorée. Il a fallu les techniques d'investigation modernes, comme l'échographie, pour comprendre l'importance de l'embryon, puis du fœtus dans le développement. On n'a pas attendu la sophrologie pour maîtriser la douleur de l'accouchement. Le Dr Fernand Lamaze a mis au point, en 1951, une technique d'accouchement sans douleur qui a amélioré le vécu de la future mère. Cependant, depuis 1970, la sophrologie apporte un perfectionnement à cette technique et lui confère une efficacité remarquable.

Concevoir différemment l'accouchement pour mieux naître et mieux être, voilà l'objectif du sophrologue. Être à l'écoute de la mère et de l'enfant à venir demande de la part du personnel médical une autre approche. Celle-ci se fait pendant les séances de préparation, elle se poursuit dans la salle de travail, dans le stress de l'accouchement. La sage-femme et le personnel soignant, entraînés aux méthodes de sophrologie, maîtriseront mieux leur fatigue, leur impatience, leur nervosité et l'imprévu. Même dans un temps très court, la maîtrise de soi, l'esprit positif et disponible améliorent le climat global de cette situation particulièrement éprouvante et enrichissante à la fois.

L'accouchement étant associé à la douleur depuis la nuit des temps, la sophrologie doit déjà prendre en compte cette douleur physique. Avec l'accord de la femme, la technique réflexe conditionnée apprend à déprogrammer le cerveau de la peur de la douleur, elle le reprogramme pour accepter cette douleur, comprendre sa nécessité et son efficacité lors des contractions utérines. Son objectif dépasse le niveau physique, car elle fait prendre conscience à la mère qu'elle porte en elle, déjà en puissance, un être vivant, sensible à son angoisse. Une mère perturbée par ses émotions perturbe son enfant ; il reçoit en effet des sensations de calme ou d'excitation qui sont bénéfiques ou nocives pour son système nerveux.

Beaucoup de mères ne veulent pas penser à la naissance car elles ont peur de la souffrance dont elles ont eu connaissance : celle de leur mère d'abord, celle que véhiculent les propos de l'entourage et celle de la Bible. Il est alors nécessaire d'agir sur cet inconscient personnel et collectif. Les paroles n'ont pas beaucoup d'effet sur l'inconscient de la future mère. Déjà fragilisée par cet événement dont elle mesure encore mal les conséquences, son anxiété croît au fur et à mesure. La paix, la confiance en soi, la persévérance et la manière positive d'appréhender la douleur sont le résultat d'un travail entre le sophrologue et la future mère, dans des séances successives de sophrologie, où dans l'état sophroliminal, les résistances diminuent.

La préparation à l'accouchement, c'est d'abord la rencontre avec une femme, avec son désir ou non d'enfant, avec son histoire personnelle, son vécu. Il doit y avoir un dialogue préliminaire avec le sophrologue, un contact privilégié qui ne nécessite pas d'effort mais une manière d'être. Nous devons connaître la représentation que se fait la future mère de sa propre grossesse, le sens qu'elle prend dans sa vie. La naissance d'un enfant n'est jamais banale. L'être humain est unique et irremplaçable. Chaque grossesse, chaque naissance a son histoire, son combat, son climat particulier.

La naissance sacralisée

La première inspiration, la lumière de la salle de travail, celle du jour, le bruit, le froid, l'espace, le contact avec les mains, les gestes d'arrachement, tout peut faire hurler de souffrance le nouveau-né. Le regard et le premier geste aimant de la mère, l'attention portée au confort du bébé dans ses premiers instants douloureux de prise de contact avec la dure réalité sont primordiaux. La naissance est un moment sacré. Le chantre de la naissance, Frédéric Leboyer[75], dès 1974, a retrouvé le sens du religieux dans cet acte de naître. La douleur est sacralisée et n'a plus ce caractère punitif et avilissant que trop de mères ont éprouvé. La conscience d'assister au mystère de la vie remplit d'émotion et de joie profonde non seulement les parents, mais l'équipe qui accompagne cet événement. Chaque naissance répète rituellement la naissance du Christ.

Tout l'accompagnement sophronique se nourrit de cette sacralisation, de cette attention respectueuse à la vie. Au fil des semaines, les séances de préparation vont faire advenir à la conscience des femmes cette dimension spirituelle qui transforme leur vie. Les femmes en groupe qui ont le même désir de réussir leur accouchement et qui n'ont pas de problème majeur dans leur couple ou dans leur désir d'enfanter développent entre elles une complicité dont elles parlent avec émotion : elles forment alors une espèce de communauté à part, et les séances sont l'occasion, pour chacune d'elles, d'apporter aux autres son expérience et d'écouter l'autre dans sa différence de sensibilité. On est frappé par l'intimité qui se crée entre les femmes qui s'initient et se préparent à cet événement. La naissance est une expérience passionnante dont on peut tirer un enseignement qui enrichit le sens de sa propre vie.

---

75. Frédéric Leboyer, *Le Sacre de la naissance*, Paris, Phébus, 1982.

Le travail en groupe demande donc un entretien préliminaire avec chaque femme en particulier pour pouvoir harmoniser le travail. Il arrive que l'on doive, pour certaines femmes, alterner le travail individuel et le travail en groupe. La naissance d'un enfant est l'occasion d'une prise de conscience de soi, d'une responsabilité et d'une connaissance approfondie de soi. Faire venir quelqu'un au monde bouleverse la vie de la mère, du couple, de la famille et de la société. Faire en sorte que ce petit d'homme soit heureux de vivre, qu'il apporte à l'humanité l'enrichissement d'une personnalité, qu'il soit à son tour un créateur, un être participant à la grande aventure humaine : c'est aussi le but de la sophrologie.

Tout cela se fait par étapes, car se représenter les difficultés de l'accouchement découragerait toute femme de donner naissance à un enfant. La prise de conscience de la grandeur de cette tâche permet de supprimer les erreurs les plus grossières dues à un manque d'informations.

Témoignages du vécu de la maternité

« À trois mois et demi, je le sens bouger, il est très vivant, il est à l'inverse de moi. Je ressens une grande solitude dans la vie, depuis longtemps. Maintenant, j'ai le sentiment de n'être plus seule ; il y a entre nous une complicité, une promiscuité existentielle. » Emma

« Ce sont des images de souffrance que je perçois, je l'imagine la tête coincée, ça me perturbe, car je suis moi-même claustrophobe. » Hélène

« Il est dans le paradis perdu, c'est un moment heureux, le moment utérin, c'est un moment agréable. Il était toujours plus ou moins en travers, ça tape, là (elle montre son estomac). Maintenant, il a changé d'axe, c'est bon signe. Avant, il tournait beaucoup, maintenant il est calé grâce à ma relaxation. » Constance

« Je me suis trouvée paumée en tant que mère, cet être nouveau dans ma vie, je suis complètement larguée. » Clarisse

« L'enfant, pour moi, c'est une boîte à rêves ; avec lui, je n'arrête pas de rêver. Pour moi, la grossesse, c'est un état de félicité. » Julie

« Moi, j'ai confiance en ma nature, je vois l'accouchement d'une façon très positive. Je n'ai aucun doute. » Marie

« Au début, c'était hyper angoissant, maintenant je plane complètement. Avant, je me posais des questions, maintenant, je me donne les moyens. Ça fait un mois de sophro, je suis mieux dans mon rapport avec cette grossesse, je me retrouve moi-même, je gère mon travail professionnel moins angoissée, je prends la vie du bon côté, ça va beaucoup mieux. Je positive mon déménagement, je vois combien ce sera plus facile pour le petit ; avant de faire de la sophro, je ne voyais que la fatigue augmentée par mon état. Pendant la séance, j'ai vu la chambre que je vais lui aménager. Je sentais le bonheur en moi. Je suis maintenant dans l'attente. C'est lui qui vient, ce n'est plus moi qui vais souffrir. » Farha

Une grossesse peut en cacher une autre

Chaque femme a son histoire.

« Je suis tombée enceinte par accident, ce n'était pas voulu. En fait, ce n'est pas la première fois que je suis enceinte. J'ai avorté et ça s'est mal passé, ça a été l'horreur. Cette fois-ci, je vais le garder, je dois tout repenser, ma vie, mon genre de vie. Je ne fume plus depuis que je sais que je vais avoir un enfant, celui-là, j'y tiens. Je suis heureuse. » Alice

Les femmes parlent de leur angoisse, de leurs traumatismes des avortements, des grossesses qui n'arrivent pas à terme et laissent des séquelles morales indéniables. La séance de sophrologie est bien le lieu de la parole libératrice et de l'écoute.

« J'étais enceinte. Il n'a pas voulu du bébé, je voulais le garder, ce fut une période difficile, et puis il y a eu une fausse couche qui n'était pas prévue. J'ai donc perdu cet enfant. Cette fois, je veux que tout se passe bien mais j'ai beaucoup d'appréhension. » Bérengère

Ce dernier témoignage évoque la présence du père, dont le rôle aujourd'hui a beaucoup évolué.

Le couple et l'enfant

« Cet enfant, je l'ai voulu pour construire un avenir, pour stabiliser mon couple, mais ce n'est pas si simple pour son père. Il se renferme sur lui, il est très introverti et ne parle que de son boulot, très rarement de lui, de nous, du bébé. Il a peur de se faire bouffer par cette naissance. Je parle à mon bébé intérieurement, comme s'il était déjà là. » Marion

« Le père vit avec moi depuis deux ans, mais il n'est pas divorcé de sa première femme dont il a un enfant de trois ans. Il avait bien envisagé de divorcer, mais rien ne se fait. Avec cette naissance, il y a urgence, je suis très mal à cause de cela. Je ne me sens pas en harmonie avec moi-même. Je désire une vie de couple harmonieuse. » Rosalie

« Mon mari rentre dans les mœurs sophro. Il est calme. Cool. Il pense au bébé. Pour nous deux, c'est un avènement, c'est un cadeau de la vie. Mon image positive, c'est mon bébé jouant dans son berceau, s'amusant avec nous, nous regardant. Mon mari a peur de mettre sa main sur mon ventre, le sentir bouger. Il est très ému, très attentif à nous deux. » Éliette

L'écoute quotidienne des séances enregistrées permet d'abord un moment de relaxation essentielle pour la mère, puis un moment d'authenticité intraduisible : la rencontre avec soi, la mise en question de ce changement qui va bouleverser la vie de la femme, qui répond ou non à son désir.

La sophrologie renforce l'adhésion à une hygiène de vie pour protéger la mère et l'enfant : pas de cigarette, pas d'alcool, pas de musique tonitruante, pas de stress ajouté inutilement. On apprend à être vigilant : éviter tout ce qui est nocif, négatif, les relations désagréables, les personnes charitables qui vous font part de leurs propres expériences, racontent leurs souvenirs malheureux, leurs grossesses difficiles, leur accouchement qui a duré des heures insupportables et a été horriblement douloureux. La femme entraînée à la sophrologie renforce sa personnalité et maîtrise ses émotions ; elle est alors capable de les arrêter gentiment pour qu'elles lui fassent grâce de tous ces détails. Les femmes enceintes sont à fleur de peau ; elles sont fragiles, influençables, sensibles ; un rien les perturbe. Elles dorment mal, font des cauchemars. Les techniques sophroniques leur apportent un bon sommeil. Elles échangent leurs appréhensions et se rassurent. Elles communiquent leurs rêves, leurs réflexions et font leur analyse. « J'ai compris qu'il faut se nettoyer la tête avant de faire un enfant. Je dois profiter de la grossesse pour me réaliser, m'analyser. »

Pendant la séance de groupe, nous sollicitons les images de l'avenir qui serviront de support pendant les heures les plus difficiles. Grâce à l'entraînement sophronique, le bébé a une présence extraordinaire pour la mère. Quand le jour J arrivera, cette présence de l'enfant sera si forte que la souffrance passera en arrière-plan. La priorité de la mère sera alors de ne pas faire souffrir trop longtemps son enfant, de lui donner la vie dans les meilleures conditions physiques, de réussir cet accouchement. Son désir le plus profond sera de vivre ce premier acte d'amour, dans l'émotion et dans la joie.

« Je le vois dans le couffin blanc, tout souriant, pas beaucoup de cheveux. J'ai vu son sexe, je sais que c'est un garçon grâce à l'échographie. Je l'ai entouré d'amour. Je le sens heureux. Pour moi, il y a une différence entre douleur et souffrance : la douleur est toujours négative, la souffrance, c'est autre chose, au bout il y a la libération. » Solange

Techniques d'entraînement à la maîtrise de la douleur

Tout commence par la maîtrise de la respiration, non pas celle du petit chien – désormais déconseillée – mais la respiration synchronique, abdominale, lente, sur le rythme 5 secondes - 10 secondes - 5 secondes, qui est constamment utilisée. Le sophrologue compte avec la femme pour qu'elle puisse s'adapter à ce rythme. Lorsqu'elle est bien entraînée, en une minute, la femme est au bord du sommeil dans cette zone d'hypovigilance où le travail de l'imaginaire est le plus efficace pour maîtriser la douleur due aux contractions.

Toutes les techniques déjà citées sont utilisées : la substitution sensorielle de la douleur par la chaleur, la relaxation dynamique, que nous avons développée précédemment dans le chapitre 5 (voir p. 104). Mais, incontestablement, ce sont les techniques de focalisation, de visualisation positive qui sont bienvenues dans l'entraînement spécifique à l'accouchement.

Le schéma génital travaillé au cours des séances est d'une aide remarquable pour la sage-femme ; la technique de focalisation sur les organes génitaux, mise à contribution dans la grossesse puis dans l'accouchement, est d'une importance capitale. La femme, dans les premières séances, exprime sa difficulté à prendre conscience de son corps. La technique d'acceptation progressive permet d'admettre les changements de forme, de poids, les sensations normales de fatigue.

Ainsi, elle pourra selon les besoins, se concentrer imaginairement sur le chemin parcouru par le fœtus et son espace, sa position. Elle y est aidée par les images de l'échographie où elle peut se rendre compte par elle-même du progrès de sa grossesse. Les séances sont échelonnées sur quatre mois environ, à raison d'une séance tous les quinze jours. Mais c'est plutôt la demande particulière de la personne qui règle le nombre de séances, en général enregistrées afin de permettre un entraînement quotidien qui deviendra réflexe. La femme sera ensuite capable de gérer ses exercices sans le soutien audio.

Le texte des sophronisations sera alors d'une grande précision. Privilégions, dans le cadre de cet ouvrage, un exercice important : la visualisation de l'utérus. La contraction qui agit sur le muscle utérin est associée à une respiration profonde qui oxygène le muscle et rend la contraction plus efficace. Le ventre se durcit, la contraction démarre en haut de l'utérus, elle descend, elle est bien localisée, elle se ressent aussi dans le dos quelquefois, cela dépend de la position du bébé.

Visualisation de l'utérus

La contraction utérine est douloureuse, et l'un des objectifs de la préparation à l'accouchement est donc de maîtriser cette douleur. Elle est indispensable à la naissance spontanée du bébé car elle favorise sa sortie vers l'extérieur. Il faut donc expliquer le mécanisme de la naissance : la contraction de l'utérus, comme toute contraction des muscles, provoque un raccourcissement de la fibre musculaire, en l'occurrence celle de l'utérus. À chaque contraction, celui-ci se resserre au point de s'effacer presque complètement. Sous l'effet de la douleur, la respiration se bloque, le corps se raidit et tous les muscles se crispent. Cette réaction en chaîne crée une vive tension physique et psychique. La respiration va apporter une détente profonde, l'oxygénation nécessaire non seulement pour faciliter le travail mais aussi pour donner à l'enfant un plus grand confort. Après une sophronisation de base, je demande à la femme de visualiser son utérus, sa forme arrondie, puis le col, au fond du vagin, fermé :

> ***Je vis mon périnée, qui est encore un muscle court, mais qui va s'étirer au moment de l'accouchement. Pendant la dilatation, le col va s'ouvrir lentement, je situe mon col grâce aux contractions que je ressens encore légères, il s'ouvrira d'un centimètre à onze centimètres, jusqu'à une dilatation complète qui laissera passer mon enfant. Je vis imaginairement la descente de mon enfant, il passe dans le vagin, puis la vulve s'ouvre et la tête de mon enfant apparaît, d'abord les cheveux que je vois grâce à un miroir qui va me permettre d'observer en direct l'arrivée de mon enfant, je suis très présente, je vis cet événement merveilleux.***
>
> ***Je vis la présence de mon enfant dans mon ventre. Il bouge, il est sensible à la voix du sophrologue, il donne des signes de sa présence. Nous vivons en symbiose, je relâche le muscle de mon utérus, je vis ma circulation sanguine, j'envoie des messages d'amour. Je vis pleinement mon enfant, je lui prépare son entrée dans la vie, je protège mon corps, je vis harmonieusement, je cherche chaque jour à améliorer mon bien-être, à faire vivre la paix et l'harmonie en moi pour qu'il vive sa naissance harmonieusement. Je m'habitue maintenant aux vagues de la contraction utérine, j'expire très lentement. Je vais plonger, plonger dans la vague pour l'éviter, puis je reviens à un seuil de vigilance quand la vague est passée. Je refais cet exercice le plus souvent possible. Je pense qu'à chaque contraction, bébé va progresser et va venir à la vie, en pleine forme, naturellement.***

Ce type d'exercice peut se scinder en deux, car le travail sur les contractions se fait dans le dernier mois de la grossesse. On peut respecter diverses étapes et à chacune d'elles correspond un type d'exercices.

Préparer la délivrance

Le travail du sophrologue n'est pas d'endormir, mais d'activer le processus de délivrance. Pendant les deux dernières séances, qui se situent dans le mois précédant la date prévue de la naissance, le sophrologue fait un exercice de visualisation qui programme l'accouchement proprement dit : les femmes en sophrologie se préparent aussi à l'éventualité d'un problème, l'obligation d'une césarienne ou d'une péridurale. Nous ancrons la confiance dans l'équipe soignante et dans ses propres forces de récupération et d'adaptation à une situation imprévue.

> ***Bébé veut sortir, c'est son heure. C'est le processus de création que l'on mène à bien. Les contractions arrivent. Il faut aller à l'hôpital.***
> ***Je prends une douche pour me sentir bien, je prends mon temps en me préparant, je sais que j'ai le temps ; dans la voiture, je fais ma respiration, je me détends, je me prépare, je suis prête. Je ne m'occupe que de moi-même et de mon bébé. Mon mari s'occupera du reste. Je me relaxe sans arrêt, je pense, c'est bien, ça se passe comme je l'ai prévu. Je vois cela sereinement.***
> ***Verrouiller le mot « calme » et l'image personnelle de la mère, dans un geste réflexe : le poing fermé.***
> ***Je suis calme, mon enfant va bien, je le vois dans quelques jours, souriant dans son berceau. Je suis en pleine forme.***

Les phrases clefs reviennent toujours dans le cerveau et ramènent le calme et l'énergie.

Les derniers jours

Huit jours avant la date prévue pour la naissance, on active l'entraînement des respirations en visualisant les contractions. Toutes les chances sont réunies, c'est à ce moment qu'il est urgent d'agir. On ne se laisse plus aller au repos, on est en action, on collabore, l'esprit serein. La femme se prépare à assister en direct à son accouchement à l'aide d'un miroir pour regarder bébé sortir. Elle connaît les exercices de détente pendant les contractions et les répète.

> ***Ma contraction arrive. J'ai mes mains sur mon ventre. J'ai chaud à mon ventre. J'ai chaud au bas de mon dos. Je respire. Je sens l'air frais dans mes narines. Je respire, je vis toutes les sensations de ma contraction. Je vois mon col souple, mince, ouvert, et je respire. Ma contraction s'éloigne. Ma contraction s'en va. Ma contraction est partie. Je respire normalement. Je mets mes mains où je désire. Je***

suis aux portes du sommeil. Je vis mon bébé dans mon ventre. Je récupère. Vient ensuite ce passage, cet instant, cet arrêt, je visualise alors une fleur qui s'épanouit, je peux la respirer. Je suis bien, au calme, dans un état de paix[76].

L'accouchement, la quête d'un sens

« Pour ma vie affective, j'étais assez bien dans ma vie, je n'éprouvais pas vraiment le besoin d'un enfant, je ne me sentais pas capable de faire des enfants, et puis c'est arrivé. Est-ce que c'est bien pour moi ? Je suis toujours en quête d'un sens à ma vie. C'est peut-être bien un sens qui m'est donné. » Claire

« Je dois le dire, c'est encore un problème pour moi, la souffrance de l'accouchement ; je n'arrive pas à la mettre de côté. Les phrases me soulagent et me mettent en confiance, mais la souffrance, je ne la connais pas du tout, c'est très mystérieux. Heureusement que je fais de la sophro, ça me permet d'avoir des images positives et de lâcher prise de plus en plus souvent. J'ai envie de cet enfant. Il m'apporte un sens. » Elizabeth

« Je n'ai pas vu le bébé sortir, je l'ai vu sur mon ventre avec le cordon ombilical, je n'ai pas envie qu'ils le coupent tout de suite, j'aimerais qu'ils attendent un peu et qu'ils me le mettent au sein. » Emmanuelle

La sophrologie dans la préparation à la naissance

Grâce à la respiration, la sophrologie apporte un relâchement musculaire et une détente mentale indispensables dans cette période de profonde mutation, non seulement de l'enfant à naître mais aussi de la mère. L'acceptation du schéma corporel qui se modifie au cours des semaines, la maîtrise de ses émotions, de son humeur, de sa susceptibilité, le pouvoir de concentration, l'analyse de son comportement, l'acceptation de sa grossesse, la focalisation interne et la symbiose avec son enfant, la gestion de sa douleur, la prise en charge du travail, la visualisation de son bassin,

---

76. Sébastienne Terrasson, *Plaisir et confort de l'accouchement*, Paris, Norière, 1993.

le travail sur le périnée, le projet de l'enfant et l'intégration de ce petit être dans l'environnement familial : voilà le champ de la sophrologie.

> **Pour vous vider le cerveau, respirez profondément, avec le ventre, concentrez-vous sur un mot qui vous paraît convenir à la situation : les mots « confiance », « calme », « paix », « énergie », des mots que vous répétez inlassablement pour éviter les pensées parasites et négatives.**

La mort : l'accompagnement

L'approche de la mort

Nous savons toutes et tous que la mort est inéluctable ; c'est une limite à notre appétit de vivre et à notre désir d'éternité. Pendant de nombreuses années, l'idée de la mort a pu être complètement absente de nos préoccupations. Puis, un jour, la mort frappe l'un des nôtres et c'est l'interrogation sur nous-mêmes qui s'insinue dans notre esprit ; c'est alors que l'être se défend avec ses propres armes.

Le sophrologue aussi est confronté à la mort, à l'échéance d'une vie. Ce peut être par l'intermédiaire de la demande d'une personne qui souffre de voir mourir l'un de ses proches, ce peut être devant un malade gravement atteint d'un cancer ou de toute autre pathologie lourde. Des sophrologues se spécialisent maintenant dans les soins palliatifs ; la sophrologie devient une thanatologie.

La sophrologie, qui est un art de vivre, se confronte alors à ses limites. Elle va devoir montrer qu'elle est non pas un savoir creux de techniques apprises, mais un savoir-être et une éthique applicables à chacun, avec des variantes dues à l'identité de l'individu. Elle accompagne la vie dans toutes ses manifestations. Elle apporte sa propre vision du monde, sa philosophie. La sophrologie est un acte de foi envers la vie : elle est présente dans tous les moments de l'existence. Elle est accompagnement de l'individu dans sa dignité d'individu, au moment où il l'exprime avec le plus de sens.

Celui qui va quitter cette vie sans le secours des siens ni de la religion qu'il a perdue ou qu'il n'a jamais eue, celui qui sait qu'il va mourir, mais qui se retrouve seul devant cette échéance sans pouvoir communiquer a besoin d'un accompagnateur.

L'entourage a peur des mots tabous ou vécus avec tant de force que dès qu'on les prononce ils font partie déjà d'une réalité, ils amorcent l'événement. L'être humain diffère des autres animaux en ce qu'il peut exprimer son angoisse de n'être plus et son questionnement envers un mystère qui nous dépasse tous. Le dialogue entre le mourant et le sophrologue est un acte d'amour.

Être celui qui va mourir et être celui qui voit la mort de l'autre : deux situations qui incitent au respect, à l'humilité, à l'écoute. Ce face-à-face remet en question le sophrologue lui-même : aussi lui appartient-il dans ces moments de laisser parler son cœur, c'est-à-dire son amour profond de l'être humain qui affronte l'ultime. Le destin de chacun est celui de l'humanité tout entière qui sait qu'elle va mourir. Cette porte peut être une fermeture sur notre vie mais elle peut être également une ouverture vers un *ailleurs* dont personne n'est jamais revenu. Faut-il pour autant le nier ou lui donner un nom précis ? Le sophrologue qui aide le malade à mourir, à quitter ce monde doit connaître ses convictions philosophiques et religieuses pour mieux le guider.

Le sophrologue est nu devant le mystère, comme tout être humain. Il ne possède aucune clef, il ne croit pas les posséder. Ce n'est pas un gourou, ce n'est pas un prêtre. Il doit rester humble et neutre. Son ouverture à tous les possibles lui permet de se libérer de toute entrave dogmatique ou religieuse. Il ne promet pas le salut, il prépare au passage, il accompagne jusqu'au seuil, il ne peut aller plus loin. Il donne le seul viatique que tout être humain peut espérer : le regard aimant et respectueux de celui qui doit rester en arrière, sachant la souffrance de celui qui le précède et communiant à la même expérience, de laquelle sera retirée toute amertume.

Car quels sont les poisons de l'âme ? Quels sont les filets de l'esprit, quand cette minute ultime vous conduit au dénuement et laisse au monde le dérisoire ? La vie vous retient avec ses actions inachevées : « Ah ! si j'avais su que j'allais partir si vite, j'aurais fait ceci et cela. » Les regrets et les remords perturbent la conscience de celui qui s'en va. Il faut alors l'aider à exprimer sa souffrance, à faire la paix avec lui-même et avec ceux avec qui il a encore des comptes à régler.

La sophrologie développe l'énergie vitale et la pensée positive. Elle apprend à se battre contre toutes les difficultés de la vie, à se forger une expérience, à lutter contre le défaitisme et l'épuisement moral, à vivre la mort. Ce n'est pas une aveugle qui débite d'un ton monocorde des exercices où se mêlent des mots aussi évocateurs que lumière, harmonie, bien-être et paix. Dans la souffrance extrême de la proximité réelle de la mort, lorsqu'il faut employer le peu de forces qui restent pour lutter contre un ennemi invincible, quand il s'agit de reculer l'échéance et de vivre cette période dont personne ne connaît vraiment la durée, la demande de celui qui doit partir est d'une autre exigence.

Développement de l'énergie vitale et accompagnement palliatif

Écouter le corps malade au lieu de le fuir est déjà tout un apprentissage. Le malade apprend à coopérer avec son corps, à localiser ses douleurs, à en parler. Il ose dire ses insuffisances. Il recherche le contact de la main du sophrologue qui peut être amené à recevoir de plein fouet la douleur de l'autre, ses cris, ses larmes, sa profonde angoisse, angoisse animale dont la violence peut déstabiliser. Le sophrologue est présent devant cette souffrance et il compatit dans cette communication particulière qu'est l'empathie, communion et soutien à la fois pour celui qui est meurtri. Le malade retrouve le droit de pleurer, de se libérer de l'angoisse qui veut surgir mais que tout bâillonne : la réserve naturelle de chacun, la pudeur, la honte, le sentiment de culpabilité, la peur de l'autre, le mutisme des proches qui font semblant, qui font *comme si*.

On ne peut tricher avec la vie, dans ces moments-là moins que jamais. Le malade demande du respect, et le respect se trouve dans un dialogue authentique, dans la lucidité, la transparence de la situation acceptée. Les exercices de sophrologie apportent la réconciliation avec le passé, l'apaisement de l'esprit, l'arrêt de tous les comptes, la sérénité dans le détachement terrestre. Ils ont une profondeur spirituelle, car ils élèvent l'âme et suggèrent le dépassement de la condition humaine que chaque malade envisage à sa manière, selon ses convictions religieuses et philosophiques.

Selon les cas, cette lucidité est l'aboutissement de plusieurs séances. Il y a certains degrés dans la prise de conscience du stade terminal : certains la réclament, d'autres la refusent. C'est l'affaire de chacun ; ce qui importe, c'est d'être là, d'accompagner le mourant. Le sophrologue ne gère pas seul cette situation. L'équipe médicale est présente et la sophrologie fait partie intégrante des thérapies nécessaires au malade et des soins palliatifs. À notre époque, la personne est acceptée dans sa globalité.

Il ne s'agit plus seulement de soigner le corps mais d'apporter une aide psychologique qui permette de lutter pour la survie de la personne, pour prendre en compte la dignité humaine jusque dans son dénuement ultime. Dans le peu de mouvements que le malade peut encore faire, il relâche les tensions supplémentaires dues à l'angoisse qui amplifie la douleur et qui perturbe les limites du corps et de l'esprit. La réalité est bien ce mal qui ronge et ses douleurs et cette diminution énergétique. Le souci du sophrologue, c'est d'aider chaque jour le corps souffrant à ne pas accumuler des charges supplémentaires venues cette fois du cerveau.

Le vécu du malade s'enrichit du dévouement de l'équipe médicale, de la sollicitude des proches, et de tout cet acquis personnel d'un passé qui a tissé son existence entière, qui a formé sa personnalité. On s'appuiera donc sur la richesse de son vécu.

Les ancrages positifs permettent non pas d'éluder la maladie, mais de puiser un réconfort dans ses souvenirs et dans l'amour des siens. Les séances de sophrologie vont comprendre ces retours dans l'album de souvenirs heureux ; le sophrologue cherche à faire revivre des souvenirs d'amis disparus qui serviront de repères, de scènes heureuses, mais cette approche exige une écoute très particulière. Le matériau dont on dispose alors nous guide. Il ne peut être question d'aviver la souffrance que peuvent engendrer l'absence et le rejet de la famille et des amis. Le sophrologue, dans ce type d'accompagnement, n'use d'aucune recette. Il utilise son intuition pour faire émerger ce qui peut nourrir le malade. Aucun matériau n'est neutre, pas même le traitement de choc qu'il subit. Un médicament soigne et détruit à la fois. Tout est une question de dosage, de stratégie. Le sophrologue a besoin alors de toute sa force morale, de sa sensibilité et de sa foi dans l'être humain et dans la vie pour réussir un accompagnement dont le but est d'aider l'autre à l'acceptation sereine de sa mort.

N'est-ce pas l'acte le plus grand pour l'humain que cet accompagnement, que ce passage lucide de la vie à la mort ? Dans ce tête-à-tête du malade et du thérapeute, la mort est présente, impalpable mais bien réelle. Il y a aussi cette fraternité humaine. Tous deux vont mourir. L'un sait que ses jours sont comptés, mais les deux êtres face à face sont en sursis. La mort est une certitude pour chacun d'entre nous, et cette échéance peut nous rapprocher. Cette vérité-là est la pierre angulaire de toute véritable communication. Elle ne doit pas être la pierre d'achoppement de la thérapie.

Cette approche de la mort, cette liaison avec la mort se met en place comme un cheminement initiatique. Le combat et la fraternité dans le combat s'éprouvent parce que quelque chose est plus fort que soi : nous pouvons l'appeler la nature ou la vie, les termes sont interchangeables. D'autres peuvent substituer à ces mots le nom de Dieu, car il a été la plupart du temps leur repère culturel, qu'il est aujourd'hui leur espérance dans un au-delà ; ils y reviennent comme il est naturel de rechercher ses racines.

La maîtrise de la douleur

Le sophrologue est confronté sans cesse à la douleur physique et à la souffrance morale. Pourtant, l'expérience que vit le sujet est loin d'être négative. Elle est riche d'enseignements pour lui-même. C'est ce que la sophrologie peut lui apprendre. Après la phase de la révolte, une phase d'acceptation et d'intégration de la douleur dans sa vie en modifie l'intensité, force le sujet à une remise en question de lui-même et du sens de sa propre vie.

La douleur est apprivoisée par des exercices de respiration, de visualisation, de substitution sensorielle, puis l'énergie physique et l'énergie morale se conjuguent pour retrouver un nouvel équilibre. Dans l'apaisement d'une relaxation sophronique, le corps a repris sa place. Il est regardé, écouté. Une collaboration se substitue à la révolte et à la scission des deux partenaires corps-esprit. La pensée positive et créatrice va chercher des solutions originales, uniques, pour établir un contrat, une stratégie, afin d'éliminer physiquement les causes de la douleur : ce peut être les soins d'un médecin qu'on ne voulait pas consulter auparavant, mais aussi la découverte d'une autre attitude mentale, une ouverture vers l'autre.

L'expérience de la douleur peut élever l'être humain, lui faire changer de vie et le faire évoluer vers une prise de conscience de sa dignité et de son pouvoir sur lui-même. La rencontre des autres, le dévouement de l'entourage, de l'équipe médicale peuvent être une découverte des trésors du cœur humain. Chacun a en soi la capacité de trouver des remèdes, de lutter contre le fléau du mal dont la douleur est un des multiples visages.

L'expérience de la douleur, sa maîtrise progressive non seulement dans notre expérience individuelle, personnelle, mais dans notre civilisation technologique avancée qui fait reculer l'échéance de la mort, nous invitent à la question du sens de cette vie et à celle de la puissance de notre imaginaire et de notre esprit.

Chapitre 9
Aimez-vous la vie ?

Osez vivre

« J'aimerais faire le tour de la sophrologie, je suis curieuse, j'aimerais pour une fois ne pas prendre la tangente, je ne veux plus tricher, j'accepte les règles. Je veux que vous m'aidiez à m'accepter, à entrer dans la vie de plain-pied, je veux oser vivre, oser dire. Je ne m'implique pas assez et j'en crève. Je veux parler à quelqu'un. Je n'arrête pas de rabâcher, j'en ai conscience, je bouffe de l'énergie et ça m'empêche d'évoluer ; je suis tellement habituée à ne pas exister. On ne me voit pas. J'aimerais aimer les gens, je ne les aime pas, je ne vis pas réellement. Je préfère dire non, non à tout. »

Cette demande, Charlène la formule dès le premier entretien. Elle évoque des aspects fondamentaux de l'approche de la sophrologie et des recherches de contemporains. En premier lieu, la sophrologie apporte l'espoir d'une nouvelle approche de l'individu : la rencontre d'un sujet. Souvent, le sophrologue est confronté à une personne complètement isolée dans l'univers citadin. Les rencontres authentiques sans tricherie, sans échappatoire sont rares. Un être qui souffre en est réduit à consulter un médecin généraliste, qui lui donnera des tranquillisants, certes, mais ne pourra accorder toute l'écoute que le malade vient chercher. De plus en plus, le médecin dirige le patient vers une psychothérapie, plus adaptée à son profond mal-être.

Le sophrologue, à mi-chemin entre le psychiatre et le psychanalyste, est à l'écoute d'un sujet, qui titube à la manière de l'albatros baudelairien, bel oiseau prisonnier de matelots moqueurs qui l'ont cloué sur le pont d'un bateau. Ses ailes ne lui servent plus à rien.

Charlène, comme beaucoup d'autres, a manqué sa rencontre avec la vie. Son énergie vitale est mangée : son travail, dans lequel elle se sent exploitée et niée, lui dévore ses heures, fatigue son esprit et mine sa joie de vivre. Elle se sent à l'étroit, prisonnière d'un environnement qui ne lui convient pas. Elle pleure sur son vide, sur le néant de son existence. Elle ne demande qu'à être aimée et à retourner vers une bonne mère comme un enfant, à se fondre dans la relation thérapeutique, transférentielle, qui lui permettra d'être reconnue ; elle a peur de la vie, elle n'a pas encore quitté ses parents. Elle n'a pas l'impression de vivre. Elle n'aime pas la vie, elle n'aime pas les gens, elle en a peur. Sa personnalité, son intelligence et ses réparties caustiques et sans appel amènent ses collègues à la rejeter. Elle a trente ans et n'a pas de compagnon. Elle s'en passe, dit-elle. Elle voudrait embrasser la vie mais elle n'a pas de bras, elle est comme un pingouin, image qui la conduira à rire d'elle-même. Elle pratique la dérision avec facilité car la vie est pour elle dérisoire. « Je veux apprendre à vivre, je veux aimer la vie. Mais comment ? »

Cette interrogation interpelle le sophrologue : peut-on apprendre à aimer la vie ? Est-ce un apprentissage ? La vie prend de la valeur quand on a risqué de la perdre. Une sortie d'hôpital est le meilleur moment pour apprécier la vie. Tout vous est donné brutalement : la lumière intense, les fleurs de l'allée centrale, leurs couleurs, leurs parfums, les arbres du boulevard, le ciel bleu qui tranche sur les arêtes des immeubles. Tout semble lavé, purifié. Les bruits de la ville vous sautent au visage, vous emplissent les tympans. Vous sentez l'air vivifiant sur votre peau, vos jambes faiblissent un peu sous l'excitation sensorielle brusquement multipliée. Quelle merveille, la vie ! La vie se reçoit quand on ouvre son être à la beauté du monde. La présence dans l'instant, quand elle est vécue aussi pleinement, est un plaisir, une jouissance. Vous avez quitté un monde clos, blanc, imprégné d'odeurs pharmaceutiques, vous étiez seul, un numéro, un organe malade, vous étiez anéanti et vous voilà enfin un être comme les autres que vous côtoyez, à qui vous avez envie de parler simplement, pour dire votre joie d'être enfin en bonne santé, en vie.

La vie, c'est tout cela. Vous pouvez la retrouver dans des exercices sophroniques particuliers que nous vous proposons maintenant.

EXERCICE DE RELAXATION SUR LE MOT « VIE »

Vous vous allongez, vous prenez une position confortable et vous fermez les yeux.

Vous êtes maintenant habitué à descendre en vous-même, au bord du sommeil, aux portes du sommeil, dans cette zone privilégiée qui est une modification de la conscience avec de multiples

possibilités ; cette conscience modifiée vous permet d'entrer dans un cocon, dans une bulle, dans un milieu ouaté, à l'abri des autres, déconnecté de l'environnement. Vous êtes alors en vous-même, présent à vous-même dans une intimité protégée, serein. Vous êtes là, en toute sécurité, en toute confiance pour vous regarder, pour vous écouter, pour développer en vous une réflexion active, le dynamisme nécessaire à une action réelle.

En ce moment, vous êtes dans un espace virtuel mais profondément, intimement lié à votre sensibilité, à votre imaginaire, vous vous retrouvez. Votre pouvoir d'imaginer vient de votre propre cerveau, vous laissez aller vos images qui sont vos propres images, qui portent vos désirs profondément personnels, qui vous appartiennent.

Vous laissez venir à vous cette conscience du principe vital, principe qui s'incarne dans votre biologie, dans votre corps, dans vos neurones, dans votre esprit. Qu'est-ce que la vie ? C'est une source qui alimente votre propre existence. Vous vivez cette vie, vous la percevez par tous les pores de votre peau… (*Silence.*)

Vivez profondément votre peau, échange nécessaire avec le monde extérieur, visualisez les pores de votre peau, la respiration par ces pores.

Vivez maintenant cette sensation de chaleur du corps qui vous enveloppe, chaleur intime que vous ressentez particulièrement en cet instant, dans des endroits précis du corps que vous écoutez, chaleur du corps bienfaisante, chaleur nécessaire à la vie. Vous vous sentez bien, vous sentez le poids de votre corps, comme si vous étiez attiré par la gravitation terrestre. Vous recherchez cette bienfaisance naturelle, maternelle, d'une bonne mère, cette douceur, cette confiance, ce vécu particulier dont vous avez envie. Quelle douceur, quelle tendresse !

Vous sentez votre corps, votre esprit et votre cœur à l'abri, vous baignez dans une douceur extraordinaire, bénéfique, qui vous redonne confiance, douceur que vous pouvez toujours retrouver dans l'intimité que vous vous donnez.

C'est alors que vous pouvez imaginer ce qu'est la vie, vous ressentez la vie, la pulsion de vie, le calme, la paix, l'aisance, la quiétude et le bonheur d'être enfin en paix. Respirez la vie.
Vous laissez venir à vous un endroit si beau que vous en êtes étonné. Merveille de la nature que vous découvrez. Laissez venir la pureté de la lumière, les couleurs, les bleus, les verts, les rouges, les jaunes ; laissez venir des couleurs variées et laissez-vous envelopper d'une couleur particulière qui vous apporte le rayonnement chaleureux dont vous avez besoin, laissez-vous porter par des images amples, des horizons larges, des voiliers qui invitent au voyage, des panoramas grandioses, une aube prometteuse, un lever du soleil, ou toute autre image qui suscite la joie de vivre, d'être au monde, ici et maintenant.
Laissez-vous imprégner de cette joie, laissez parler en vous vos cinq sens, vivez profondément cet endroit idyllique qui vient affleurer à votre mémoire, laissez-vous saisir par une image nouvelle, construite à votre insu, d'un endroit qui symbolise pour vous le bonheur d'être au monde, le bonheur de jouir de toutes vos facultés, le bonheur d'être là, ici et maintenant, d'avoir l'intégrité de votre corps, de votre cerveau, d'être en pleine possession de vos moyens. Oui, vous avez la chance d'être au monde ; oui, vous savez ce qu'est le prix de la vie, vous pouvez goûter la vie, chaque jour qui vous est donné, laissez-vous imprégner de cette joie merveilleuse d'avoir toutes vos facultés, de pouvoir marcher, manger, être libre de vos mouvements, de faire ce que vous avez envie de faire. Laissez venir le désir de faire quelque chose, de voir, de goûter, d'entendre. Laissez venir à vous cette joie d'être libre, d'être en vie. Osez profiter des joies simples que la vie vous offre en permanence. Respirez la vie.

La sophrologie comme exercice de la liberté

La sophrologie ne nous donne pas le pouvoir d'être libres : ce pouvoir, nous l'avons déjà en nous-mêmes. Cependant, la plupart du temps, nous l'ignorons et nous agissons comme des mécaniques dépourvues de choix, répétant les consignes de notre subconscient alimentées, engrangées par une éducation parentale, par des années de conformisme aux règles établies de la société ou du groupe auquel nous appartenons, qui impose ses vues rigides, ses œillères et qui privilégie la ligne droite d'une logique excluant toute recherche personnelle, toute implication affective, tout dérapage et toute individualité.

La liberté est en nous. Se poser la question de la liberté, c'est poser celle de la qualité d'être humain. Qu'est-ce qui différencie en effet ce dernier de l'animal si ce n'est son pouvoir de choix, d'élaboration, de discussion, d'estimation et de décision ?

La question de savoir si nous sommes libres renvoie à celle d'un vécu, d'une conscience d'être libres. Avons-nous eu un jour l'impression vécue d'une liberté, non pas abstraite mais exprimée dans un acte ? Est-ce un postulat qui peut se vivre ?

EXERCICE : VIVEZ UN MOMENT DE LIBERTÉ

Qu'est-ce que cela signifie pour vous, « être libre » ?
Vous vous installez confortablement et vous respirez profondément. Prenons une respiration synchronisée : vous comptez mentalement quatre secondes et vous expirez l'air par la bouche tout en creusant le ventre. Vous bloquez votre respiration, le ventre creux, quatre secondes. Puis vous inspirez l'air en gonflant le ventre, vous montez l'air dans vos poumons, vous sentez votre cage thoracique qui s'élargit, en quatre secondes. Puis vous bloquez la respiration quatre temps, le ventre gonflé, et vous rejetez l'air par la bouche en vidant vos poumons, votre ventre, sur quatre temps. Vous bloquez sur quatre temps votre respiration. Vous venez de maîtriser votre respiration habituellement naturelle et sur laquelle vous pouvez agir grâce à votre mental. Laissez-vous bercer par ce rythme de vie.
Maintenant, vous détendez rapidement votre visage, votre corps, comme vous avez appris à le faire précédemment. Vous alourdissez votre corps de plus en plus rapidement. Vous vous sentez bien, détendu, au bord du sommeil, aux portes du sommeil.
Maintenant que votre esprit et votre corps sont au repos, je vous

propose de vivre un moment de liberté, une représentation de la liberté, une image vécue, une sensation, une perception immédiate, globale de la liberté.
Ce peut être un souvenir précis, heureux, de votre enfance, de vacances, ou tout autre souvenir agréable. Ce peut être une image abstraite, un vol d'oiseau, un bateau qui quitte le port.
Laissez-vous aller en toute confiance. *(Quelques minutes de silence.)*
Laissez venir une représentation personnelle et vivez-la intensément dans ses couleurs, ses formes, ses sensations.
Cette image forte de liberté, cette sensation vive, vous la conservez en vous afin de pouvoir l'évoquer quand vous en aurez besoin dans votre vie quotidienne pour ouvrir vos portes, vos fenêtres vers l'horizon, pour vous aider à prendre des décisions, pour affirmer votre indépendance dans le but de développer vos capacités et votre esprit d'initiative. Liberté pour mieux être, pour mieux gérer votre vie, pour atteindre une sérénité intérieure, pour développer l'accord avec vous-même et avec les autres. *(Laissez le silence s'installer.)*
Je vous propose maintenant de revenir dans le monde de la vigilance. Retrouvez votre ancrage dans le réel, tout en vivant une sensation accrue de bien-être global. Respirez profondément avec le ventre. Expirez rapidement et pensez positif. Pensez à votre énergie vitale qui s'est développée. Étirez-vous largement et ouvrez les yeux lorsque vous aurez repris votre vigilance.

Cet exercice combat la sensation d'engrenage, de situation inextricable où la personne se vit comme un fétu de paille emporté au gré du flot et du vent. Vous sortir des difficultés qui vous assaillent demande de *nettoyer* votre cerveau d'images négatives. Aussi, dans l'exercice de sophrologie ci-dessus, toutes les images induites sont-elles positives.

La sophrologie est bien une technique de libération et une voie de liberté. Lorsque le sophronisé descend en lui-même, non pas dans un lieu localisable mais dans un centre énergétique qui est un niveau de conscience particulier, il apprend le questionnement de soi, la reconnaissance des outils que sont le corps, le cerveau et la fonction émotive. Il est bien au cœur de sa liberté, de son pouvoir de décision. Il trouve alors la porte en lui, celle qu'il doit ouvrir, dont il est le seul à posséder la clef.

Le symbole de la porte est utilisé dans les exercices de sophrologie : la porte ouverte vers une situation, le choix d'un métier, le changement d'entreprise, un déménagement. La porte qui figure le passage d'un état à un autre symbolise les progrès de la conscience. Elle est un signe d'évolution.

La prise de conscience de la liberté est une expérience intense, semblable à un éclair de lumière qui entre dans la vie du sujet et lui permet de voir différemment son investissement dans l'existence. Il respire mieux, comme si l'air entrait dans son temple intérieur asphyxié par les habitudes sclérosantes, par les préjugés, par les croyances négatives qui ligotent tout pouvoir d'initiative. À la clarté de cette liberté, il mesure mieux sa raison et sa déraison, sa logique et son illogisme, ses relations manquées et son désir de les renouer. L'être est purifié, débarrassé des scories du passé. Il ressent la valeur de sa vie qui lui est pleinement restituée, car la découverte de soi et la conscience de son pouvoir de liberté sont indissociables.

Nous devons bien sûr faire le décompte de notre lot nécessaire d'obligations, des règles de toutes sortes, du tribut à payer au groupe social. Le groupe est formateur pour l'individu lorsqu'il le protège des manifestations instinctives et pulsionnelles. L'être humain attend de la justice, du pouvoir politique, qu'ils assurent sa sécurité personnelle et la paix de la cité. En contrepartie, il consent, dans un pacte social implicite, à appliquer certaines lois, à adopter certaines attitudes qui peuvent en effet rétrécir cette liberté qu'il veut préserver. Toute la difficulté de vivre ensemble réside dans cet équilibre. Il est, en effet, impossible de parler de liberté d'esprit sans qu'elle soit incarnée dans un corps et dans un groupe social. La liberté d'esprit, seule, est illusoire et ne peut s'appréhender. L'individu pris de boisson se croit libre, alors qu'il est soumis à tous les désagréments physiques de son ivresse. Combien d'êtres passionnés suivent leur idole et pensent être libres dans l'expression de leur amour, alors qu'ils sont mus par des forces inconscientes et qu'ils ne peuvent maîtriser des réactions physiques de trouble qui les trahissent !

À quoi l'être libre se reconnaît-il donc ? À son pouvoir de création. L'humain crée, le robot ne crée rien puisqu'il développe le programme conçu par l'humain ; l'animal répète des schémas acquis ou biologiquement innés.

La liberté, si elle est donnée – et c'est un fait reconnu par tous[77] – peut être occultée pendant toute une période de l'existence. L'accession à une vie de plus en plus personnelle, originale, inventive est une acquisition lente de l'être humain. On peut comparer l'évolution de chacun à celle de l'espèce humaine. Chaque individu refait le parcours de l'espèce. Les stades de formation de notre cerveau actuel ont été analysés récemment : le cerveau reptilien se charge de remettre à l'heure notre horloge biologique. Se superposent notre cerveau limbique, siège de nos émotions, de nos passions, de nos amours qui colorent notre vie affective, puis le cortex qui marque un progrès considérable pour l'espèce humaine : il a permis l'acquisition du langage, des symboles, le tri et l'analyse des informations ; c'est le siège conscient de l'acte de créer. Le cortex nous apporte le secours de la raison et la puissance de l'imaginaire qui projette le futur pour mieux le réaliser. Il est doté d'une mémoire qui le rend capable de se situer dans l'espace et dans le temps, et surtout d'un pouvoir de décision pour imprimer une marque dans le monde réel.

Lorsque tous ces cerveaux seront reconnus complémentaires dans leur utilité de sauvegarde de l'espèce, de transmission d'un savoir d'un individu à un autre et d'une génération aux générations futures, alors l'être humain pourra espérer avoir une qualité d'action plus constructive. La flèche de son esprit portera plus haut et plus loin. L'aventure de l'humain se situe dans cette perspective : agir en conscience et en liberté. L'acte juste est une synthèse de tous les paramètres avec une visée transcendantale supplémentaire qui signe la valeur de l'individu et de sa vie, ce qui est la même chose.

Manuella, quarante-quatre ans, divorcée, deux enfants, décoratrice

Manuella pratique la sophrologie régulièrement, en séance individuelle, depuis un an. Elle utilise les séances personnalisées que nous avons enregistrées ensemble depuis le début et une séance de sophrologie destinée au grand public. Elle sait également se relaxer dans la vie quotidienne, dans son milieu professionnel et dans sa vie familiale.

---

77. *Déclaration des droits de l'homme et du citoyen*, proclamée à Paris le 26 août 1789.

Sa demande initiale se résumait en quelques lignes :

> « Je suis mal dans ma peau, j'ai peur de la vie sociale. Je me sens étouffer, j'ai du mal à prendre ma respiration, je suis souvent au bord des larmes, je vis mal. Je sens que je ne vis pas, je survis, comme un petit oiseau qui n'ose pas voler de ses propres ailes. »

Physiquement, c'est une jolie femme qui attache beaucoup d'importance à son élégance.

> « Je fais souvent de la relaxation, soit à l'heure de la sieste, soit le soir après mon travail. J'ai pris l'habitude d'un quart d'heure de repos pour couper la journée, ça me ressource beaucoup. Je respire mieux quand je suis calme. Je ne dors pas. Je suis profondément à l'intérieur de moi-même. Les choses se décèlent mieux. J'y vois beaucoup plus clair. Je descends plus profondément dans cet état sophronique. J'ai beaucoup plus de sérénité. Je m'astreins à faire du sport, à marcher ; mon corps travaille, c'est bien. Je me sens maintenant équilibrée.
>
> J'ai l'expérience d'être là, simplement. Je n'ai plus envie de courir après l'un ou l'autre, quand je suis seule. J'accepte d'être là.
>
> Je récupère mon énergie de plus en plus vite. Avant, j'avais l'impression de porter ma vie. Aujourd'hui, je la vis. La sophrologie, c'est une porte, c'est quelque chose de nouveau, c'est à la personne elle-même de le développer.
>
> Les autres aussi me sentent différente. Ils viennent davantage vers moi. Je me sens moi aussi différente. J'ai accepté un état de fait. Maintenant, je m'ouvre. Avant, je me fermais comme une huître, j'avais beaucoup de complexes. Quand je marchais, j'avais peur du regard de l'homme, peur de croiser son regard, peur qu'il croie que je le draguais. Je baissais toujours les yeux. On me disait : “Pourquoi ne regardes-tu pas les gens ?” C'est vrai ! En ne les regardant pas, je ne pouvais pas savoir s'ils me regardaient, donc je ne pouvais rencontrer personne. C'était un cercle vicieux.
>
> J'avais un mur d'angoisse à franchir. J'avais peur des autres, peur de ne pas

être à la hauteur. Maintenant, je ne me soucie pas de ce qu'ils pensent ; ils pensent ce qu'ils veulent. C'est une grande avancée pour moi.

Je ne me sentais pas assez bien pour les gens. J'ai toujours laissé les autres parler. Je ne me trouvais pas suffisamment intéressante. Maintenant, le regard sur les autres est existant. J'étais tellement mal, avant. Mais pour arriver à ça, il faut que ça passe par le calme et la sérénité. Le chemin est très long, on peut monter. Je n'en suis encore qu'aux balbutiements. »

Nous décidons de faire un exercice de concentration sur l'image d'une rose. Cet exercice, chargé de symboles, suscite des associations libres que nous décoderons ensemble. Ce décodage est lui-même un moment d'écoute de soi et de découverte.

« Dans le jardin de mes parents, des roses anciennes qui s'ouvrent comme des choux. Des roses sur pied. Elles me fascinent, mais la première image de la rose qui a surgi, ce n'est pas ça. J'ai vu une rose jaune chez la fleuriste. Elle était dans un vase. Coupée pour être vendue. Elle avait fleuri pour cela. Elle ne m'a pas plu.

Puis j'ai vu une rose grosse, très grosse, épanouie. Rose orangée, un peu veinée, de deux tons, elle était entourée des autres. C'était la rose qu'on allait respirer, c'était la plus jolie ; j'ai senti comme de la chaleur, des picotements dans les bras, comme si la sève montait dans la plante.

Maintenant, j'ai presque froid. Ensuite, j'étais bien. Autour de moi, les gens circulaient, évoluaient. Le décor est celui que je connais, celui de ma famille. Je me revois à une époque agréable, dans un état de grâce. J'ai été transportée dans mon passé sans me faire souffrir. Maman m'a tellement donné de roses. Je reviens à la scène du début que je n'ai pas développée tout à l'heure. J'ai vu un merveilleux bouquet de roses, offert par un ami que j'ai regretté. À ce moment-là, je n'étais pas prête ; il y avait dans ce bouquet vingt-quatre roses. J'ai pensé que c'était un échec de ma vie. Nous nous sommes rencontrés, mais je lui ai fait peur. Je ne pouvais pas être moi-même, je jouais un rôle ; j'ai joué une fille superficielle alors que ce n'était pas du tout cela. Je n'étais pas vraie. Je composais.

Aujourd'hui, je comprends. Être soi, être vraie, être là, simplement. Je ne pensais pas que c'était aussi difficile. Maintenant, j'ai compris. »

Cette séance fut suivie d'un entretien, comme à l'ordinaire. Manuella chercha le sens de cette évocation symbolique. Elle mit en évidence toute une partie de sa vie, uniquement préoccupée des bonnes manières, des règles sociales qui étouffaient sa personnalité. C'était une enfant sage, une poupée qu'on admirait pour sa beauté et sa réserve. Elle avait un rôle qu'elle jouait à merveille. Elle n'existait pas. Son mariage fut un échec, car sa vraie personnalité dormait encore sous le vernis des conventions sociales et le couple en souffrit beaucoup. Même la solitude n'arriva pas à lui faire prendre conscience de ses difficultés. Il lui fallut la sophrologie pour vivre authentiquement, accepter d'être admirée sans rougir de honte, comme si le regard des autres la violait en permanence. Elle avait peur des autres. Aujourd'hui, elle ose vivre naturellement. Elle accepte son désir. Elle se sent plus libre. Elle sait goûter les plaisirs de la vie.

Outre cette transformation et cette sérénité que Manuella exprime, nous ressentons combien la recherche quotidienne de l'équilibre est devenue un axe de vie. La pratique journalière de la sophrologie incurve notre vie, lui fait prendre en douceur une direction différente. L'importance de la globalité de la personne, son ouverture vers le monde extérieur ont un effet bénéfique sur chaque élément de la personnalité : le corps, l'esprit et le cœur. La sérénité et la découverte d'une manière d'être au monde, acceptant les échanges avec l'autre, quel qu'il soit, qu'il fasse partie d'une histoire ancienne ou d'une histoire en train de se faire. C'est la disponibilité dans l'ici et maintenant. La sophrologie est alors un antidote contre toutes formes d'agressions.

Le pouvoir de la communication

Être, c'est communiquer. S'abstenir d'émettre un signe, toute absence de communication qu'elle soit volontaire ou non, révèle une manière de communiquer. Cet acte, on le sait bien, recouvre le geste verbal, le geste non verbal, l'image, le symbole, l'idéogramme et tous les codes. L'acte de communiquer, avec soi-même d'abord et avec l'autre, représente la condition de l'exercice même de la liberté. La liberté d'expression n'est-elle pas la plus haute forme de liberté ? C'est pourquoi le progrès d'une thérapie se mesure à la différence qualitative de la communication avec l'entourage et avec soi-même. L'acte illustre le progrès de la prise de conscience de soi et la confiance dans son être qui implique une évolution toujours possible, aussi mince soit-elle.

Tel homme qui souffre de maux psychosomatiques, comme les insomnies, le psoriasis, le zona, les hernies, les vomissements, les migraines, voit son problème s'atténuer puis disparaître après quelques semaines d'entraînement sophronique. Cette évolution est liée à la reconnaissance par lui-même des messages de son corps, à l'analyse de ses actions, à la compréhension de son histoire personnelle, à l'évaluation de ses choix d'aujourd'hui, à une amélioration de la confiance en lui-même, à la reprise des contacts rassurants dans sa vie professionnelle et familiale. Sa vie s'éclaire, s'ouvre.

Physiquement, moralement, il a changé et, souvent, il s'étonne des possibilités qui s'offrent désormais à lui. Alors qu'il était solitaire et dépressif, il retrouve les joies de la convivialité et noue des relations intéressantes. Sa vie a pris une coloration nouvelle. Il est plus dynamique et positif. Tout lui paraît plus facile. Il est fréquent qu'au cours d'une thérapie, un nouveau travail, un changement de lieu, de nouvelles amitiés se mettent en place et viennent amplifier le changement intérieur.

L'ouverture qui s'est faite dans la vision intérieure du sujet opère également sur sa manière d'appréhender le monde. Or, le monde qui s'offre à nous est celui que l'on porte en soi. La source du bonheur est en soi et non dans le monde. Pour vivre mieux et vivre autrement, pour vivre plus librement, commençons par changer notre vision du monde et de la vie. Le travail sur soi développé par la sophrologie apporte la joie de vivre et d'exister. Cette joie n'est pas subordonnée à des préceptes, à des dogmes ou à des gourous. Elle est. Simplement. Naturellement. Elle ne s'impose à personne. Elle se vit. Elle rayonne d'elle-même. Elle se développe dans l'acte libre qui est l'expression de la personne, qui en est sa valeur.

EXERCICE SUR LES COULEURS DE L'ARC-EN-CIEL

Cet exercice a un effet bénéfique. Il donne un surcroît d'énergie, une impression de profonde détente et une vision différente pour aborder les points faibles de la journée.

Installez-vous confortablement. Écoutez les bruits extérieurs puis les bruits à l'intérieur de la pièce. Sentez le contact du corps sur le divan et laissez-vous aller, lâchez prise en toute confiance, en toute sécurité. Le monde qui vous environne n'a pas d'importance.
Relâchez votre visage, vos épaules, vos bras, vos mains. Vivez chacun de vos doigts un à un, lentement. En partant du bout des doigts, vous focalisez votre attention sur la paume de votre main, sur le dessus de votre main puis sur vos poignets, vos avant-bras, vos coudes, vos épaules. Vous relâchez le dos, le thorax, et vous ressentez le mouvement thoracique, vos côtes qui se soulèvent et s'abaissent selon que vous inspirez ou que vous expirez. À votre rythme, vivez ce mouvement.
Puis, vous écoutez les battements de votre cœur, vous vivez votre cœur, vous l'écoutez. Vous descendez maintenant au niveau du diaphragme. Vous relâchez ce grand muscle respiratoire, vous laissez le plexus solaire se dénouer. Puis vous continuez votre descente au niveau de la peau, au niveau des muscles sous la peau, vous vivez votre ventre, votre bas-ventre, et vous vous attardez à notre sacrum, sacré, là où se situe votre réservoir énergétique.
Vous allez imaginer dans ce bassin, dans cette vasque, comme un jet d'eau qui s'élève jusqu'au sommet de votre tête en diffusant l'énergie dans les différentes parties de votre corps et d'abord dans vos jambes et au niveau de votre ventre, de votre plexus solaire. Toute cette énergie est diffusée. Elle irradie au niveau de la gorge, au niveau du visage et jusqu'au sommet de votre tête. Là, votre énergie va redescendre pour former un circuit par les mêmes points évoqués, en partant du sommet de la tête, au niveau du visage, de la gorge, du plexus, du ventre et du bas-ventre. Vous refaites ce trajet vous-même. Vous revenez au niveau de votre sacrum, de votre lieu secret et sacré, rempli d'implications affectives. Descendez maintenant au niveau de vos jambes, au niveau de vos genoux, sentez la force dans vos mollets, dans vos chevilles, dans vos pieds. Relâchez-vous. Lâchez prise, non seulement au niveau de votre corps mais de votre cerveau qui fait partie de votre corps.

Maintenant, vous allez vous représenter un arc-en-ciel en vous laissant le temps de le voir mentalement. Vous allez jouer avec ses différentes couleurs. D'abord, le rouge, la première couleur que vous allez placer au niveau de votre ventre. Vous lui associez le dynamisme de vos pulsions, et très naturellement, vous laissez monter une image qui concerne votre vie personnelle. *(Pause.)*
Vous allez maintenant laisser venir la couleur orangée au niveau du thorax, de la poitrine, du cœur. À cette couleur, vous associez les émotions, les sentiments, vous laissez venir une image. *(Pause.)*
Nous évoquons maintenant la couleur jaune au niveau du cerveau. Le jaune, c'est le mental, l'intelligence et la spiritualité. Après avoir intégré cette couleur jaune, vous laissez venir une image personnelle. *(Pause.)*
Nous avons ainsi travaillé sur les trois grands étages de votre personnalité. L'humain total est constitué de ses pulsions, de son rapport avec sa nature animale, symbolisée par un carré, de ses émotions caractérisées par une croix et enfin de son esprit symbolisé par un cercle. L'individu sain, dans l'idéogramme chinois, est un homme debout. Ses jambes dessinent un carré, sa tête est figurée par un cercle et une croix relie les deux formes : ce sont le cœur et ses émotions. Vivez la totalité de votre personnalité.
Les autres couleurs de l'arc-en-ciel, vous les placez où vous le désirez. Laissez venir un beau vert, couleur de l'harmonie, de la sérénité ; vous laissez venir une image personnelle exprimant cette sérénité, cette harmonie qui est en vous. *(Pause.)* Vous évoquez maintenant un bleu, bleu de l'amour, amour à donner et amour à recevoir, laissez monter une image d'amour qui vous est personnelle. *(Pause.)*
Vous laissez aller cette image et vous évoquez la couleur indigo, que vous placez où vous voulez, c'est la conscience que vous avez de la place que vous occupez dans votre environnement ; laissez monter une image de la conscience de soi. *(Pause.)*

Cette conscience est unique et irremplaçable, elle est le pivot de la personnalité, elle en est le centre agissant, dynamique. C'est le point d'orgue qui fixe la mélodie, qui l'achève, non dans le sens d'aboutissement mais dans la signification, comme cette partie de la pyramide dans laquelle toutes les parties s'assemblent ; toute la forme tire sa signification de l'assemblage, qui en désigne la perfection.

Il en est de ce moi, de cette personnalité, de cette conscience comme la pointe fine de la pyramide jamais achevée. L'absence de pointe désigne en creux la tension de l'ensemble vers le point unique qui unit les lignes et qui en même temps touche à l'infini du ciel, à l'ailleurs, à l'autre éternel absent dont la recherche est sans fin. Cette quête est inhérente à la condition humaine.

Nous ne faisons qu'évoluer, donc nous construire, nous débarrasser de nos scories, apprendre sur nous-mêmes, et cette recherche est le phénomène le plus concret que nous vivons et dont nous pouvons rendre compte.

> **Reste maintenant le violet, c'est la couleur de la sagesse. Laissez venir une image de la sagesse qui vous est personnelle.** *(Pause.)*
> **Vous laissez aller cette image et nous allons reprendre la ronde des couleurs, le rouge, l'orangé, le jaune, le vert, le bleu, l'indigo, le violet, et ces couleurs dansent, dansent et tourbillonnent, et finalement, nous arrivons au blanc, symbole de justice, de vérité, de pureté. Vous placez ce blanc au niveau de votre tête puis vous laissez descendre dans tout votre corps cette image de pureté, de justice, vous y associez le beau et le bien.**
> **Et finalement, vous laissez venir la couleur or, que vous placez en vous-même. Vous laissez venir des images des qualités, des vertus que vous souhaitez posséder.**
> **Nous finissons sur une image de l'arc-en-ciel inséparable de l'idée de lumière, avec la sensation de plénitude qui nous enveloppe, et nous revenons à notre rythme, ici et maintenant, dans un flot d'énergie positive.**

La sophrologie est un humanisme

La sophrologie se veut ancrée dans le réel. Son domaine immédiat est l'étude de la conscience, son développement, ses modifications normales et pathologiques dans le but de permettre à l'être humain de vivre au quotidien sereinement. « Ici et maintenant », ce n'est pas une vaine formule. Elle implique une prise de conscience de sa propre place dans le monde, une présence vivante et active. La prise en compte du phénomène vécu par la personne développe une philosophie fondée sur la richesse de la sensibilité, sur le refus de toute violence, sur le respect de l'individu. L'analyse de soi, autrement dit l'introspection fréquente, conduit à revoir son attitude face à la vie et face aux autres.

Le thérapeute sophrologue est un humaniste. Il respecte la dignité humaine, son pouvoir de décision, son désir de progresser par une meilleure adaptation au monde en perpétuelle évolution. Il n'offre pas de réponses toutes faites aux questions métaphysiques que chacun se pose, qu'aucune démonstration scientifique n'est venue étayer, et qui sont du domaine de la croyance individuelle : qui sommes-nous ? Où allons-nous ? D'où venons-nous ? La métaphysique est mise entre parenthèses. À chacun de trouver sa propre réponse. Le sophrologue ne peut que laisser le champ ouvert à l'expression d'une transcendance. Nous sommes là dans ce monde. Nous nous donnons une tâche. Est-ce pour passer le temps ? Est-ce pour se divertir des grandes questions que l'être humain développe ? Avons-nous un message à transmettre ? Avons-nous une mission à accomplir ? Sommes-nous livrés à nous-mêmes sans repère et sans but ?

Le travail sophronique ouvre largement sur des questions de sens et sur la notion du sacré. L'humain éprouve une dimension transcendantale. Le sacré lui fait ressentir le mystère et le prix de la vie. Il lui permet de participer à la marche de l'humanité, à sa progression inévitable vers plus de conscience et d'amour, à cette recherche spirituelle qui ne porte pas de nom mais s'éprouve dans le partage et la solidarité contre toutes les formes de barbarie et d'intolérance qui sèment toujours l'horreur et la mort.

La sophrologie développe un art de vivre et une éthique. Elle aide le prisonnier de la vie, assis dans l'ombre et enchaîné, face à un mur, l'esprit occupé de ces ombres qui passent devant lui comme sur un écran et qui ne sont que les ombres portées d'une autre réalité. Cette vision de la caverne de Platon, qui date de vingt-cinq siècles, est toujours d'actualité. La sophrologie libère des chaînes, pour vivre un monde de valeurs qui grandissent la nature humaine : la conscience du bien, du vrai, du beau. Ce sont trois valeurs qui s'unissent dans l'idée de la justice.

Si l'être humain veut progresser dans cette voie, il lui appartient d'être conscient des racines du malaise de notre société, de comprendre son implication personnelle, sa part de responsabilité, et d'y faire face, non pas en développant des idéologies dont on connaît trop le totalitarisme, mais en travaillant sur lui-même, en luttant contre le pessimisme ambiant, contre l'inertie engendrée par la haute technicité de notre vie quotidienne et les drogues de toutes sortes. Ce combat de chaque jour, là où nous sommes, développe la créativité de l'être, sa capacité à lutter contre les difficultés, son intelligence qui lui a permis de découvrir, d'exploiter les richesses de son environnement immédiat et du cosmos tout entier.

La notion de spiritualité englobe cette conscience planétaire et cette responsabilité que chacun possède sans en être tout à fait conscient. Elle appelle également cette fraternité que connaissent les passagers d'un même paquebot qui auraient traversé les tempêtes du Cap Horn ou les Quarantièmes rugissants. Ce sens de la communion, malgré les différences de chacun, se perçoit chaque fois que la vie est en danger. La vie n'a pas de prix et c'est cette valeur inestimable, lorsqu'on en a pris conscience, qui rend vains bon nombre de comportements humains.

En développant la conscience, la prise de conscience de soi et de ses comportements, la sophrologie est une voie du changement. Elle renforce la personnalité, les interrogations sur soi, sur le *je* qui décide, sur la personnalité qui veut être prise en compte quand elle dit Moi. Quel est cet être humain qui se distingue des animaux par un langage porteur de symboles ? Les recherches sur le langage ont influencé la manière d'appréhender les relations humaines, la psychologie, la science, la technique, l'art et la médecine. Pour un sophrologue, le langage est un outil qui permet l'émergence d'une pensée.

La sophrologie enseigne l'art d'être heureux

Alain[78] écrivait : « On devrait enseigner aux enfants l'art d'être heureux. » On pourrait dire que le plus sûr moyen d'y parvenir est d'apprendre déjà cet art aux adultes. La sophrologie est bien une voie qui développe cette aptitude au bonheur.

Il va sans dire que le bonheur, qui est essentiellement la sérénité, ne s'épanouit que dans l'Amour, cette forme élevée du respect de l'autre et du pacte de fraternité qui s'installe dans la paix. Tous les moralistes contemporains ont mis l'accent sur la nécessité d'enrichir la communication entre les êtres, inséparable de la volonté d'améliorer notre condition humaine et d'accroître notre conscience.

« Espérons civiliser la terre et fraterniser les hommes », écrit Edgar Morin[79]. Participons à cet élan !

L'humain du XXIe siècle développera une conscience de plus en plus sensible à la qualité et à la valeur de la vie humaine. Le prix de la vie, c'est l'éclosion de la conscience, conscience du Bien et du Mal, et pouvoir de dépasser cette opposition pour le bonheur de chacun et de l'humanité tout entière. C'est l'enjeu de notre civilisation.

---

78. Alain, philosophe français (1868-1951), *Propos sur le bonheur*, Paris, Gallimard, 1928.
79. Edgar Morin, sociologue français, né en 1921. *La Méthode*, quatre tomes, Paris, Points/Seuil, « Essais », 1977-1991.

Postface

L'angoisse est au cœur de l'être humain depuis l'aube des temps : je vous souhaite d'accepter de l'apprivoiser. La joie éclate dans les bourgeons du printemps : je vous souhaite de la ressentir. Tant que le corps peut se mouvoir, tant que le cœur peut s'ouvrir, tant que l'esprit peut se nourrir de la beauté de la nature, de la science, de la fraternité des échanges, alors l'humain connaît le bonheur d'être en vie : je vous souhaite la foi dans la vie.

Les exercices dont vous venez de prendre connaissance constituent la base de l'entraînement sophronique, ils sont choisis pour leur efficacité et enregistrés. Ils vous aident à trouver la sérénité malgré les problèmes qui vous préoccupent ; ils déclenchent le phénomène réflexe de détente, de lâcher-prise dont vous avez besoin. Sans vous en rendre compte, au fil des jours, vous développez une aptitude au bonheur par le recours à la pensée positive et à la reconnaissance du corps global. Ces exercices vous permettent de vous soutenir dans vos efforts et de combler votre solitude ou l'incompréhension de votre entourage.

Le sophrologue est un accompagnateur, il travaille chaque jour à aider les êtres qui ont perdu la confiance en eux et le sens de leur vie. Cette tâche exige un retour sur soi, une analyse continuelle de son propre fonctionnement qui aiguise la lucidité et renforce l'humilité : on doit se corriger sans cesse et rectifier son cheminement. Cet ouvrage est la trace de ce questionnement quotidien depuis une dizaine d'années. Ce n'est qu'un jalon. Il ne prétend pas tout dire.

Ces hommes et ces femmes qui racontent leurs difficultés, leur mal-être, nous renvoient à nous-mêmes qui voulons être heureux et qui cherchons en nous le pouvoir de l'être. Qui n'a jamais pensé « je veux vivre, je veux être en paix » ?

Avez-vous le temps de respirer ? Faites-vous face au stress ? Vous aimez-vous ? Avez-vous des phobies, des angoisses ? Êtes-vous accro, dépendant ? Êtes-vous prisonnier de votre passé ? Qu'est-ce qui dirige votre vie ? Êtes-vous armé contre la douleur ? Aimez-vous la vie ?

Ici, vous trouverez des problèmes, des conduites, des comportements qui sont souvent les vôtres. Au détour d'une page, vous vous retrouvez, vous recevez des éclaircissements sur votre façon de voir le monde qui vous entoure, sur vos propres actions et sur votre personnalité. La position sociale, la fonction, l'argent n'ont pas beaucoup de valeur quand on a perdu le sommeil, le désir et l'estime de soi.

Un grand nombre de personnes témoignent du bienfait qu'apporte la sophrologie dans le monde quotidien. La sophrologie est une pratique, une philosophie et une manière d'être ; c'est un vécu existentiel caractérisé par une prise de conscience globale de la personnalité.

Accordez-vous du temps pour vous-même, un espace vital pour recharger votre énergie et être ainsi plus disponible aux autres. Ne vous laissez plus harceler par de multiples occupations qui font sans cesse dériver vos projets et minent toute réalisation. Acceptez de redevenir lucide sur vous-même et développez l'espoir et la joie de libérer vos potentialités. Dans cet ouvrage, vous puisez la force nécessaire à la poursuite de votre route. Prenez votre bâton de pèlerin, retrouvez le chemin de votre équilibre et un sens à votre existence.

Ces exemples de vie vous donnent la motivation nécessaire pour accepter les difficultés, voire la souffrance du changement, qui vous feront accéder à un autre niveau, d'où vous découvrirez la vie autrement, dans une autre perspective, avec d'autres composantes. Pour cela, il est nécessaire de rejeter les masques inutiles, les habitudes sclérosantes et nocives, pour marcher vers un avenir meilleur, encore possible. Le livre se referme. Un jour nouveau se lève. Un espoir renaît. La vie est pleine de promesses. L'horizon est ouvert à celui qui veut changer sa manière de voir, d'entendre, d'écouter et de communiquer.

Puissiez-vous respirer la vie et vous sentir dynamisé !

Bonne route !

Remerciements

Toute ma gratitude à ceux qui m'ont stimulée dans mon écriture : mes amis, Vital Heurtebize, Katia Kaloun, Jeaninne Bellens, Alain Giraud, Claude Chichet, Géraldine Coatanoan, Nicole Weerts et Roger Brière, mon époux.

Je remercie mes patients, qui ont accepté d'apporter le témoignage des échanges fructueux que nous avons eus au cours de la thérapie.

Pour joindre l'auteure :

http://ghylainemanet.com

Glossaire

L'auteure s'est attachée, dans cet ouvrage destiné au grand public, à ne pas employer des mots dont le sens est mal défini et peu utilisé par les lecteurs. Soucieux de mettre les connaissances de la psychologie, de la psychanalyse et de la psychiatrie à la portée de chacun, ce glossaire sert de rapide point de repère et permet, au fil de la lecture, d'éclairer le texte.

Accompagnement sophronique : dans un état sophronique, état de conscience différent de l'état de veille, le sophrologue soutient le sophronisé en développant à sa place, mais avec son langage, le projet de détente ou d'anticipation d'un événement, par exemple. Le sophrologue est un accompagnateur.

Activation intrasophronique : elle se fait au niveau sophroliminal, dans un état de conscience sophronique. C'est un ensemble de procédés utilisés pour que le sujet développe son projet, soit pour accepter un événement, soit pour travailler un comportement ou revivre une scène passée.

Analysant : sujet qui est en train de suivre une analyse menée par un analyste.

Analyse transactionnelle (AT) : théorie et pratique de travail sur les relations humaines, mises au point par Éric Berne en 1960. Elle s'attache à mettre au jour les différents aspects des situations manquées pour les résoudre plus harmonieusement.

Analyste : thérapeute qui analyse en profondeur, dans les couches inconscientes de la personnalité, les causes des actions du sujet et de ses traumatismes. Un analyste a suivi au préalable une analyse didactique.

Anamnèse : ensemble d'informations fournies par le sujet qui constituent la base de la première consultation et qui se poursuivent au cours des séances.

Anima : selon la théorie de Carl Jung, la part féminine qui existe dans la psychologie de l'homme.

Animus : selon la théorie de Carl Jung, la part masculine qui existe dans la psychologie de la femme.

Anorexie mentale : maladie qui engendre un refus plus ou moins systématique de s'alimenter.

Archétype : Carl Jung parle d'archétypes comme de *modèles* premiers qui structurent l'inconscient collectif de chaque individu et que l'on retrouve dans les mythes, les religions et l'art.

Bioénergie : la bioénergie, découverte par Alexander Lowen, vise à libérer l'énergie vitale des blocages physiques engendrés par l'angoisse.

Boulimie : trouble du comportement alimentaire au cours duquel le sujet ingurgite de la nourriture, souvent par crises.

Ça : selon la théorie de Sigmund Freud, le *ça* est formé de pulsions inconscientes, dynamiques, incontrôlables ; il forme la base de notre psychisme.

Catharsis : expression d'une décharge émotionnelle qui survient après la représentation d'une scène traumatique qui avait été conservée dans l'inconscient et qui surgit au cours d'une séance d'analyse. La catharsis peut libérer le sujet.

Chakra : mot sanscrit qui signifie roue. Les chakras représentent des points énergétiques du corps.

Complexe : mot utilisé d'abord par Carl Jung. Dans son optique, le complexe est un ensemble, qui n'a rien de pathologique, de sentiments, de désirs, de représentations qui s'organisent plus ou moins consciemment et qui déterminent une personnalité. Ce mot a été employé ensuite par Sigmund Freud pour caractériser une étape du développement de l'individu : le complexe d'Œdipe et le complexe de castration sont les plus fréquents dans l'utilisation freudienne.

Conditionnement : ensemble de comportements associés qui créent une nouvelle conduite.

Conscience sophronique : conscience différente de la conscience ordinaire. C'est un état que le sujet connaît dans une séance de sophrologie et qu'il développe au cours des séances successives pour l'atteindre le plus rapidement possible. Il peut se trouver en état sophronique chaque fois qu'il en a besoin : c'est un état de conscience qui précède l'endormissement, mais qui s'accompagne d'une hypervigilance concernant les sensations du corps et la présence de soi au monde.

Cuirasse : rigidité musculaire et caractérielle qui peut être acquise ou innée et qui révèle une angoisse et un mal-être plus ou moins caractérisés.

Désophronisation : technique de retour dans le monde de la vigilance, au niveau de la conscience ordinaire. C'est l'étape nécessaire à la fin d'une sophronisation.

Diagnostic : identification d'une maladie à partir des symptômes. Dans un sens plus large, c'est le jugement porté sur un événement ou une situation donnée.

Empathie : écoute particulière, prenant en compte autrui d'une manière intuitive. Cette écoute privilégiée permet une certaine symbiose avec l'interlocuteur, mais elle ne peut en aucun cas être totale. Dans une relation d'aide, l'empathie n'exclut pas l'examen analytique d'une situation donnée.

Éros : Dieu grec de l'amour. Chez Sigmund Freud, Éros désigne l'ensemble des pulsions de vie, sexualisées, qu'il faut pourtant distinguer de la sexualité génitale de l'adulte.

Éthique : fondement de la morale. Ensemble des valeurs de la civilisation.

Fantasme : dans le sens premier, utilisé par Sigmund Freud, le fantasme est la représentation plus ou moins déguisée d'un désir plus ou moins inconscient. Il est l'effet d'un désir archaïque inconscient qui chercherait à se réaliser dans les rêves, les actes manqués, les lapsus et dans les choix vitaux du sujet. Jacques Lacan insiste sur la fonction du fantasme : il couvre la surface du réel, il protège le sujet du réel, ce sur quoi il bute.

Fonctionnel : relatif au fonctionnement. Par exemple, le trouble fonctionnel de l'appareil digestif est la perturbation dans son fonctionnement, sans qu'il y ait une atteinte de l'organe proprement dit : l'estomac ou l'œsophage, qui font partie de cet appareil. L'atteinte de l'organe donnerait un trouble organique.

Gestion mentale : ensemble de techniques mises au point par Antoine de La Garanderie dans le but d'utiliser au mieux le fonctionnement de notre cerveau et de développer les mécanismes d'apprentissage et de mémorisation.

***Grounding* ou enracinement :** exercice préconisé par la bioénergie. Le sujet cherche à faire corps avec le sol, à s'ancrer pour développer une force en soi, une énergie.

Hara : en japonais, ventre, point d'énergie, placé deux doigts au-dessous du nombril et en profondeur. Centre énergétique particulièrement utilisé dans les exercices de respiration sophronique abdominale et dans la relaxation dynamique du troisième degré.

Hystérique : structure de la personnalité caractérisée par l'incapacité de satisfaire son désir. L'hystérie revêt deux formes : l'une dépressive, où le sujet se vit comme étranger au monde, l'autre où le sujet s'extériorise avec théâtralité.

Idéal du Moi : issu du narcissisme primaire de l'enfant, l'idéal du Moi se constitue à partir d'identifications successives qui peu à peu créent un modèle.

Image réflexe : image évoquée et retenue par le sujet dans l'exercice de sophronisation comme image positive puis, par conditionnement, elle surgit dans le mental du sujet. Elle sert d'écran visuel, elle aide le sujet à évacuer des images stressantes et à neutraliser des situations difficiles à vivre.

Imaginaire : mot utilisé par Jacques Lacan qui signifie le rapport à l'image. Toute relation à l'autre est imaginaire, car elle est rapport à l'image de l'autre, et l'image est toujours un leurre.

Inconscient : Sigmund Freud a été le découvreur de l'inconscient. L'inconscient englobe tout ce qui ne peut accéder à la conscience. Pour l'analyste, l'inconscient est un savoir qu'il y a lieu de décrypter.

Inconscient collectif : pour Carl Jung, l'ensemble des mythes, les contes et les légendes forment l'héritage spirituel de l'humanité. Ce réservoir est utilisé plus ou moins par chaque individu, en particulier dans les rêves et les formes artistiques.

Introspection : observation par le sujet lui-même de ses états de conscience, de sa vie intérieure.

Kinesthésie : perception consciente de la position du corps et de ses sensations physiques.

Latence : temps d'arrêt dans l'évolution sexuelle de l'enfant depuis l'âge de cinq ou six ans jusqu'au début de la puberté.

Libido : énergie sexuelle, pour Sigmund Freud. Carl Jung désigne ainsi l'énergie psychique, en général tendue vers un but.

Mentisme : trouble plus ou moins passager de la pensée qui consiste à ne pas pouvoir arrêter la formulation intérieure des pensées, généralement négatives.

Moi : le Moi se constitue dès la petite enfance. Il réalise une médiation entre les pulsions du ça et les règles du surmoi. Le développement de la personnalité prend en compte la possibilité pour le Moi de se charger de la direction du sujet.

Narcissisme : amour que le sujet se porte à lui-même ; il est dit primaire chez le nourrisson, pour qui il n'existe encore aucune relation à un *objet.* Il est nécessaire et structure le sujet. Dans le narcissisme primaire, il n'y a aucune distinction d'un sujet et d'un autre. Dans le narcissisme secondaire, le sujet investit l'objet de son désir qui est l'image de lui dans le miroir.

Névrose : affection mentale pathologique dont le sujet est conscient, mais dont il est impuissant à se débarrasser. La névrose n'atteint pas les facultés intellectuelles du sujet.

Niveau sophroliminal : terme qui désigne les limites diffuses entre les niveaux de sommeil et les niveaux de veille. Il est utilisé avec efficacité pour tout travail mental qui renforce la personnalité et protège contre les agressions.

Niveaux de conscience : la conscience varie chez tous les êtres humains. La sophrologie entend étudier les niveaux de conscience pour les maîtriser : selon l'école de sophrologie d'Alfonso Caycedo, on distingue les niveaux de veille, de sommeil, de coma et, juste avant le sommeil, le niveau sophroliminal, zone privilégiée pour l'activation intrasophronique.

Objet : en psychanalyse, la notion d'objet revêt un sens précis : c'est ce vers quoi tend la pulsion. Ce peut être un objet au sens ordinaire ou une personne ou son propre corps.

Œdipe : héros légendaire qui inspira à Sophocle, auteur grec du ve siècle av. J.-C., deux tragédies. Le complexe d'Œdipe fut analysé par Sigmund Freud, il concerne l'ambivalence des sentiments à l'égard des parents.

Paranoïa : psychose caractérisée par un délire construit et systématisé. Il n'y a aucune détérioration des facultés intellectuelles et de la volonté. Cependant, les jugements et les perceptions d'autrui et des événements de la vie sont altérés. Les délires de jalousie, de revendication, de persécution sont les plus reconnaissables.

Phénoménologie : courant philosophique inauguré par Hegel (1770-1831) qui développa les différentes étapes de la conscience humaine au cours de l'histoire de l'humanité. Husserl (1859-1938) ne s'occupe que du phénomène : ce qui apparaît, ce qui est vécu, ce qui est là, ici et maintenant. Cette méthode de pensée met entre parenthèses les questions fondamentales que posent les raisons et les causes de l'existence. Citons d'autres philosophes célèbres qui centrent leur pensée sur la présence *au monde*, la présence *avec* le monde et les implications sur le vécu de la conscience d'*être* : Heidegger (1889-1976), Biswanger (1881-1966) qui est le maître à penser d'Alfonso Caycedo, fondateur de la sophrologie.

Placebo : produit inactif que l'on substitue à un médicament pour étudier les effets du psychisme de l'individu ; on parle d'effet placebo, effet psychologique qui s'ajoute à l'effet réel du médicament, qui en augmente la puissance.

Plexus solaire : centre du système sympathique. Il est formé de sept ganglions nerveux ; c'est un relais entre le corps et le cerveau. On le situe entre l'estomac et la colonne vertébrale. Il est ressenti entre le nombril et la partie inférieure du sternum. Cette zone est douloureuse sous la pression quand le sujet est anxieux.

Position orthostatique : le sujet est debout, dans une position d'équilibre, les jambes légèrement écartées, les pieds sont dans l'alignement des épaules.

Programmation neurolinguistique (PNL) : technique de comportement, mise en place par deux chercheurs, John Grinder et Richard Bandler, dans les années soixante-dix, en Californie. Nous sommes programmés. Notre système de pensées est lié à des influx nerveux. Le changement de vie implique un changement de pensées, une reprogrammation des messages pour mieux fonctionner et mieux communiquer.

Psychanalyste : la prise de conscience de ce qui a été refoulé dans l'inconscient est le but de la psychanalyse. Le premier psychanalyste est Sigmund Freud (1856-1939), le disciple dissident Carl Jung (1875-1961). Karl Abraham (1877-1927), Melanie Klein (1882-1960), Donald Woods Winnicott (1896-1971), Jacques Lacan (1901-1981), Anna Freud (1895-1982), Françoise Dolto (1908-1988), Bruno Bettelheim (1903-1990), Daniel Lagache (1903-1972) figurent parmi les psychanalystes les plus réputés.

Psychiatre : médecin spécialiste qui étudie et traite les maladies mentales notamment avec des médicaments.

Psychologue : spécialiste qui étudie les faits psychiques. Il recourt à la méthode expérimentale, aux statistiques, aux tests, pour étudier le comportement humain, les réactions de l'individu et du groupe social. Généralement, il complète ses investigations par une écoute personnelle et donne des conseils pour améliorer la situation du sujet étudié.

Psychoplastie sophronique : technique utilisée en sophrologie pour un malade. Il apprend à visualiser une réparation physique en parlant à son corps pour l'aider à se reconstituer. Elle est très utilisée pour les malades cancéreux et les opérés.

Psychose : trouble grave de la personnalité, qui change la perception et la compréhension du monde. Elle désorganise le comportement social alors que le sujet n'en a pas conscience.

Psychosomatique : qui concerne à la fois l'âme et le corps. Un conflit d'ordre psychique peut affecter un organe : le patient souffre d'une maladie psychosomatique bien réelle.

Psychothérapeute : thérapeute qui utilise des moyens psychiques et dont l'entretien est fondé sur une relation duelle, liée à un transfert plus ou moins grand.

Psychothérapie : techniques psychologiques pour rétablir l'équilibre affectif d'une personne. Les psychothérapies utilisent des moyens psychologiques pour traiter un trouble psychosomatique ou un problème de comportement. Face à une psychanalyse utilisant un rituel rigoureux, il existe des variantes de thérapies recouvrant une diversité de pratiques dont aucune n'est une panacée. La psychothérapie peut être directive, elle peut faire appel à la suggestion ou au raisonnement ; elle peut être également non directive et se centrer sur le patient, sans aucune intervention du thérapeute. On distingue les psychothérapies cognitives, comportementales et d'apprentissage qui visent à orienter le sujet vers une prise de conscience rationnelle de ses comportements pathologiques.

Pulsion : terme psychanalytique, force qui vise à réduire une tension grâce à la satisfaction d'un objet.

Réel : dans un sens ordinaire, c'est ce qui existe effectivement par rapport à ce qui est imaginaire. Dans un sens philosophique, ce qui est réel peut être ce qui se présente à l'esprit comme donnée de connaissances, matière à réflexion.

Réflexe conditionné : le réflexe est une réaction très rapide, inconsciente et involontaire. Il peut être conditionné à une intervention extérieure, par apprentissage et répétitions. Ivan Petrovitch Pavlov (1849-1936) est le père des réflexes conditionnés. Ses travaux sur la digestion et la sécrétion psychique, ses expériences sur le chien lui ont valu le prix Nobel en 1904.

Relaxation dynamique : technique de sophronisation, particulièrement intéressante en groupe, apportant une profonde détente et un sentiment de libération. Elle est essentiellement dynamique, en ce qu'elle est un facteur d'évolution. Alfonso Caycedo a adapté quatre degrés, en s'inspirant des techniques orientales de méditation et d'exercices mentaux du Hata yoga, du bouddhisme et du zen.

Schéma corporel : il comprend les sensations transmises aux centres nerveux, la connaissance du corps, sa forme, son volume, la position des segments du corps, l'expérience du corps limité, l'image du corps constituée à partir des impressions. La sophrologie vise à faire prendre conscience de son schéma corporel, à l'accepter et à l'intégrer comme réalité dans la représentation de soi.

Schizoïde : se dit d'une constitution mentale, caractérisée par le repli sur soi.

Schizophrénie : psychose caractérisée par une dissociation d'avec le monde extérieur. L'atteinte du langage traduit le désordre de la pensée. On la rencontre souvent chez des adolescents dont la vie intellectuelle est riche, mais dont les relations affectives sont perturbées.

Sexualité : tout un ensemble d'activités et d'excitations, du nourrisson à l'adulte, qui apportent un plaisir lié à la satisfaction d'un besoin physiologique fondamental : la respiration, la faim, l'expression. Dans un sens plus répandu, la sexualité dépend du fonctionnement de l'appareil génital.

Signe-signal : c'est le signe retenu par le sujet, lors d'une séance de sophrologie, pour susciter par conditionnement réflexe le calme désiré à l'arrivée d'une poussée d'angoisse ou d'une crise d'asthme.

Signifiant : forme concrète, perçue ou produite soit par l'écriture, le dessin, soit par la voix ou tout autre support. La forme est opposée au contenu, au sens du message, qu'on appelle le signifié. Le message comporte donc un signifié et un signifiant.

Simonton (technique de) : technique mentale d'autodéfense qui développe les forces de réparation. Mise au point en Californie pour lutter contre le cancer, la visualisation des globules blancs augmente les capacités de guérison.

Soi : centre énergétique de la psychologie consciente et inconsciente, c'est la source de la psyché. Le soi apparaît dans les symboles, dans la méditation ou dans les rêves. Les mandalas tibétains qui ont des formes concentriques et servent de support à la méditation sont une représentation du cosmos et du monde intérieur : le soi.

Sophro-acceptation progressive : après la phase de relaxation, le sophrologue continue la séance de sophrologie au niveau sophroliminal et demande au sujet de se représenter dans un avenir proche, dans une situation précise qui lui est personnelle, et ceci dans une perspective dynamique et positive. Cette technique est très utilisée pour aider le sujet à vivre une situation qui lui pose problème : il vit la situation qu'il doit réussir.

Sophro-analyse : le sujet est en état sophronique et, avec son plein accord, le sophrologue l'accompagne dans une démarche analytique. La sincérité du sujet, l'utilisation de l'association libre permettent de mener à bien une sophrologie découvrante qui éclaire les conflits de l'inconscient. Cette technique ne peut être menée que par un sophrologue ayant suivi une analyse didactique.

Sophro-anamnèse : c'est une variante de l'anamnèse. Elle est conduite en état sophronique. Le sujet, parfaitement détendu, livre les images en relation avec son passé qui lui viennent à l'esprit. Ces informations, qui étaient comme oubliées, resurgissent à l'insu du sujet et complètent ainsi la connaissance en profondeur qu'il a de son parcours. Le sophrologue conduit cette anamnèse en s'appuyant sur les informations déjà données dans une anamnèse qui a eu lieu en état de vigilance.

Sophrocorrection sérielle : le sujet désire supprimer une phobie ou atténuer son angoisse dans une situation précise. Le sophrologue découpe la situation en séquences et aide à vivre toutes ces séquences avec le maximum de confort. Il utilise abondamment les sensations et les images positives que le sujet a développées dans les séances précédentes pour corriger au fur et à mesure les sensations et les images négatives. Ils vivent ensemble la situation qui perd, au fil des répétitions, sa coloration affective pénible.

Sophroliminal : se dit du niveau de conscience particulier que l'on atteint grâce à la sophronisation. Il se situe au bord du sommeil. On parle aussi d'une zone sophroliminale qui se situe à ce niveau, elle est perçue comme un espace intérieur dans lequel le sujet peut se maintenir avec un peu d'expérience, sans s'endormir. C'est cette zone privilégiée qui, lorsqu'elle est bien maîtrisée, permet un travail en profondeur soit de visualisation positive, soit d'anticipation de l'avenir, de mémorisation d'une scène antérieure, de correction d'un geste précis, dans une pratique sportive par exemple.

Sophrologie : le *Petit Dictionnaire Larousse* fait dériver le mot du grec *sôphron*, sage, et donne cette définition : « Méthode visant à dominer les sensations douloureuses et de malaise psychique par des techniques de relaxation proches de l'hypnose. » La sophrologie elle-même se définit ainsi : étude de la conscience humaine et de ses modifications par des moyens physiques, chimiques et psychologiques. Étymologiquement, le mot *sosphren-logos* signifie « la science de l'esprit harmonieux ».

Sophrologie recouvrante : ensemble des techniques qui visent à calmer le patient et à recouvrir l'angoisse plutôt qu'à découvrir les causes des symptômes. Sur ce dernier point, la sophrologie utilise des techniques découvrantes telle que la sophro-analyse.

Sophrologue : praticien qui fournit des méthodes précises pour maîtriser les sensations douloureuses, le malaise psychique, le stress. Il apprend au sophronisé une technique pour améliorer ses performances physiques, intellectuelles, mentales, et acquérir une sérénité intérieure.

Sophromnésie : le sujet est placé au niveau sophroliminal et recherche des situations, des émotions, des images qui font partie de sa vie et qui ne sont pas accessibles dans la conscience ordinaire.

Sophronisation : technique qui permet de modifier la conscience du sujet, de le placer d'un niveau de conscience ordinaire à un niveau proche du sommeil.

Sophronisation de base : c'est le premier exercice de sophrologie où le sujet, grâce à la respiration abdominale et à la suggestion du sophrologue, atteint le niveau sophroliminal, proche du sommeil, après un relâchement de tout le corps.

Sophroniser : faire une sophronisation. Le sophrologue sophronise un sujet qui devient sophronisé.

Sophrorespiration synchronique : respiration abdominale et calme que l'on utilise au niveau sophroliminal. Le sujet contrôle parfaitement sa respiration et associe à l'expiration un mot ou une phrase ou même une image précise ou un geste.

Sophrosubstitution sensorielle : au niveau sophroliminal, le sujet apprend à changer une sensation de douleur et à la remplacer progressivement par une sensation de chaleur ou de froid, selon le besoin.

Stade : selon la théorie de Sigmund Freud, le stade est la phase de l'évolution de la libido. Freud en distingue quatre : le stade oral lié au plaisir de la bouche, la succion et la morsure, l'incorporation en sont les éléments ; le stade anal et sadique-anal, entre deux et quatre ans, qui donne la primauté à la zone anale érogène : le plaisir de la destruction et la valeur du don en sont les éléments importants ; le troisième stade est le stade phallique, entre deux et trois ans, qui donne toute la valeur aux organes génitaux : il est sous le signe de l'angoisse de la castration et du complexe d'Œdipe ; ensuite vient une période de latence qui sera suivie du stade génital, à la puberté, qui détermine la forme de sexualité adulte.

Sublimation : processus psychique inconscient qui opère une conversion de l'énergie de la libido vers un but non sexuel et permet l'accomplissement des œuvres culturelles et sociales. La création artistique est une sublimation de la libido.

Surmoi : Sigmund Freud distingue trois instances de la personnalité : le Moi, le *ça* et le surmoi. Ce dernier est, à l'égard du Moi, le juge et le censeur, il représente les interdits parentaux : c'est l'héritier du complexe d'Œdipe. Il s'enrichit des apports de la culture et véhicule la tradition, il est formé de commandements intériorisés, il se situe sur le plan de la parole.

Symbole : le symbole, dans son sens le plus général, est un signe qui représente un concept ou une chose grâce à un rapport d'analogie. Pour Sigmund Freud, le symbole dans le rêve a une relation avec le désir refoulé.

Symbolique : Jacques Lacan oppose le symbolique, le réel et l'imaginaire. Le symbolique est une fonction complexe qui fait de l'être humain un animal régi par le langage. La fonction symbolique de l'humain est attestée depuis la préhistoire par des monuments et des signes, que ce soient les tumulus ou les premières écritures. Est symbolique ce qui manque à sa place ; la parole a une portée symbolique puisqu'elle est le meurtre de la chose, elle remplace ce qui est absent.

Symptôme : le mot grec veut dire coïncidence. Le symptôme est un phénomène subjectif qui s'oppose au phénomène objectif, il révèle un trouble fonctionnel, c'est l'indice.

Synesthésie : littéralement, sensations simultanées, association spontanée par correspondance de sensations.

Technique autoscopique : se dit d'une technique utilisée par le sujet pour se mettre à l'écoute de ses organes dans le but d'une exploration intime afin d'aider le diagnostic.

Technique conditionnée : c'est une technique qui utilise le signe-signal et le réflexe conditionné selon les observations d'Ivan Petrovitch Pavlov.

***Terpnos logos* :** termes grecs qui signifient « parole sereine ». Les Grecs connaissaient la valeur thérapeutique de la voix. Alfonso Caycedo définit ainsi le *terpnos logos* : c'est la forme verbale basée sur la persuasion et le ton harmonieux avec lesquels le sophrologue dirige la sophronisation. Il est plus ou moins utilisé selon les techniques.

***Thanatos* :** mot grec qui signifie « mort ». Sigmund Freud désigne ainsi la pulsion de mort, symétrique de la pulsion de vie.

Transfert : la méthode de recherche analytique implique une relation duelle intense entre le sujet ou analysant et l'analyste, que l'on nomme transfert. Le sujet revit des situations infantiles, avec des sentiments de haine et d'amour, comme si elles étaient présentes. Le transfert qui structure la cure analytique a une double fonction : une résistance qui est le signe d'un conflit et un support de projection nécessaire à la résolution du conflit inconscient. Le contre-transfert, toujours existant, est l'ensemble des réactions inconscientes de la part de l'analyste ; il nécessite pour ce dernier d'avoir suivi lui-même auparavant une analyse didactique.

Training autogène de Schultz : il a été mis au point par le Dr Johann H. Schultz en 1919. Il comporte deux cycles : le cycle inférieur, formulé par « je suis calme », puis suivent six exercices, celui de la pesanteur, de la chaleur, de l'écoute cardiaque, de l'écoute de la respiration, de la chaleur sur le plexus solaire et du front frais. Le cycle supérieur est un travail analytique.

Vigilance : état d'éveil et maintien de l'état d'éveil. Elle inclut les capacités de réponse, de réaction et d'adaptation de l'organisme.

Bibliographie

ABRAHAM, Karl. 1986. *Œuvres complètes*. Deux tomes, Paris, Payot.

ABREZOL, Raymond. 1988. *Vaincre par la sophrologie*. Annemasse, du Soleil.

AKERET, Robert. 1998. *À quoi sert la psychanalyse ?* Paris, Robert Laffont.

ANDRES, Mireille. 1987. *Lacan et la question du métalangage*. Paris, Point Hors Ligne.

BENOIST, Luc. 1975. *Signes, symboles et mythes*, Paris, PUF.

BENOIT, Jean-Claude ; MALAREWICZ, Antoine *et al.* 1988. *Dictionnaire clinique des thérapies familiales systémiques*. Paris, ESF.

BERGERET, Jean. 1974. *La Personnalité normale et pathologique*. Paris, Dunod.

BERNE, Éric. 1971. *Analyse transactionnelle et psychothérapie*. Paris, Payot, « Petite Bibliothèque Payot ».

BETTELHEIM, Bruno. 1976. *Psychanalyse des contes de fées*. Paris, Robert Laffont, « Réponses ».

BIRRAUX, Annie. 1995. *Les Phobies*. Paris, PUF.

BONFILS, Serge. 1993. *Impertinente psychosomatique*. Montrouge, John Libbey Eurotexte.

CAYCEDO, Alfonso. 1972. *Dictionnaire abrégé de la sophrologie et de la relaxation dynamique*, Emegé.

CAYROL, Alain ; BARRÈRE, Patrick. 1992. *La Programmation neurolinguistique*. Paris, ESF.

CAZENAVE, Michel. 1996. *Encyclopédie des symboles*. Paris, Le Livre de Poche.

CHALVIN, Dominique ; MULLER, Jean-Louis. 1992. *L'Analyse transactionnelle*. Paris, ESF.

CHALVIN, Dominique. 1991. *Utiliser son cerveau*. Paris, ESF.

CHANGEUX, Jean-Pierre. 1984. *L'Homme neuronal*. Paris, Fayard, « Pluriel ».

CHAUCHARD, Paul. 1981. *La Douleur*, « Que sais-je ? » nº 252. Paris, PUF.

CHAUCHARD, Paul. 1980. *Le Cerveau humain*, « Que sais-je ? » nº 768. Paris, PUF.

CHÉNÉ, Patrick-André. 1985. *Manuel pratique d'accouchement par sophrologie.* Paris, de la Norière, (Ellébore, 2020).

CHERKAOUI, Mohamed. 1979. *Sociologie de l'éducation.* Paris, PUF.

CHERTOK, Léon. 1969. *L'Hypnose.* Paris, Payot.

CHEVALIER, Jean ; GHEERBRANDT, Alain. 1982. *Dictionnaire des symboles.* Paris, Robert Laffont-Jupiter, « Bouquins ».

CHOMSKY, Noam. 1969. *Le Langage et la Pensée.* Paris, Payot.

CLANCIER, Sylvestre. 1998. *Freud, les concepts fondamentaux de la théorie.*

COTTET, Serge. 1996. *Freud et le désir du psychanalyste.* Paris, Seuil.

DESSUANT, Pierre. 1983. *Le Narcissisme*, « Que sais-je ? » nº 2058. Paris, PUF.

DOLTO, Françoise. 1987. *L'Enfant du miroir.* Paris, Rivages.

DOLTO, Françoise. 1984. *L'Image inconsciente du corps.* Paris, Points/Seuil.

DOR, Joël. 1985. *Introduction à la lecture de Lacan.* Paris, Denoël.

DURAND DE BOUSINGEN, Robert. 1992. *La Relaxation*, « Que sais-je ? » nº 929. Paris, PUF.

DÜRCKHEIM, Karlfried Graf. 1982. *Hara, centre vital de l'homme.* Paris, Le Courrier du Livre.

ELIADE, Mircea. 1963. *Aspects du mythe.* Paris, Gallimard, « Idées ».

EY, Henri. 1983. *La Conscience.* Paris, Desclée de Brouwer, « L'ordinaire ».

FAGES, Jean-Baptiste. 1991. *Comprendre Lacan.* Paris, Privat.

FREUD, Anna. 1949. *Le Moi et les mécanismes de la défense.* Paris, PUF.

FREUD, Sigmund. 1983. *Essais de psychanalyse.* Paris, Petite Bibliothèque Payot.

FREUD, Sigmund. 1993. *Inhibition, symptôme et angoisse.* Paris, PUF.

FREUD, Sigmund. 1961. *Introduction à la psychanalyse*. Paris, Payot.

FREUD, Sigmund. 1988. *Le Mot d'esprit et sa relation à l'inconscient*. Paris, Folio/Gallimard.

FREUD, Sigmund. 1981. *Malaise dans la civilisation*. Paris, PUF.

FREUD, Sigmund. 1986. *Métapsychologie*. Paris, Folio/Gallimard.

FREUD, Sigmund. 1965. *Totem et tabou*. Paris, Payot.

GAILLARD, Christian. 1987. *Psychopathologie de la vie*. Paris, Prismes.

GAY, Martine. 1992. *Énergie et dynamisme grâce à la sophrologie*. Paris, de Vecchi.

GREGORY, Richard I. 1995. *Jung*. Paris, PUF.

GRINDER, John ; BANDLER, R. 1982. *Les Secrets de la communication*. Montréal, Le Jour.

GRODDECK, Georg. 1994. *Le Livre du ça*. Paris, Gallimard, « Connaissance de l'inconscient ».

GRUBERGER, Bernard. 1960. *Le Narcissisme*. Paris, Petite Bibliothèque Payot.

GUELFI, Jean-Daniel. 1985. *Psychiatrie de l'adulte*. Paris, Marketing.

HERVAIS, Catherine. 1990. *Les Toxicos de la bouffe*. Paris, Buchet-Chastel.

HUBERT, Jean-Pierre. 1980. *La Relaxation dynamique*. Paris, Centre de sophrologie de Paris.

HUBERT, Jean-Pierre. 1984. *Lexique de sophrologie et de termes usuels*. Paris, de la Norière.

HUBERT, Jean-Pierre. 1982. *Traité de sophrologie. Origine et développement*, t. 1. Paris, Le Courrier du Livre.

HUBERT, Jean-Pierre ; ABREZOL, Raymond. 1985. *Traité de sophrologie. Méthode et techniques*, t. 2. Paris, Le Courrier du Livre.

JACKSON, Don D. 1979. *Une logique de la communication*. Paris, Points/Seuil.

JACQUARD, Albert. 1984. *Inventer l'homme*. Bruxelles, Complexe.

JASPERS, Karl. 1913. *Psychopathologie générale*. Paris, Alcan.

JUNG, Carl G. 1973. *Dialectique du Moi et de l'inconscient.* Paris, Gallimard, « Idées ».

JUNG, Carl G. 1988. *Essai d'exploration de l'inconscient.* Paris, Gallimard.

JUNG, Carl G. 1987. *L'Homme à la découverte de son âme.* Paris, Albin Michel.

JUNG, Carl G. 1993. *La Guérison psychologique.* Genève, Lib. Georg.

JUNG, Carl G. 1995. *L'Âme et la Vie.* Paris, Le Livre de Poche.

JUNG, Carl G. 1993. *Métamorphoses de l'âme et ses symboles.* Genève, Lib. Georg.

KAMIENIECKIE, Hanna. 1994. *Histoire de la psychosomatique.* Paris, PUF.

KAUFFMANN, J.-C. 1993. *Sociologie du couple.* Paris, PUF.

KLEIN, Melanie. 1959. *La Psychanalyse des enfants.* Paris, PUF.

KLEIN, Melanie. 1987. *Essais de psychanalyse.* Paris, Payot.

LA GARANDERIE, Antoine de. 1982. *Pédagogie des moyens d'apprendre.* Paris, Le Centurion.

LACAN, Jacques. 1970. *Écrits. Champ freudien.* Paris, Points/Seuil.

LACAN, Jacques. 1975. *De la psychose paranoïaque dans ses rapports. Champ freudien.* Paris, Points/Seuil.

LACAN, Jacques. 1975. *Le Séminaire.* Livres I à IV, XI et XX, Paris, Seuil.

LAGACHE, Daniel. 1955. *La Psychanalyse.* Paris, PUF.

LEBOYER, Frédéric. 1974. *Pour une naissance sans violence.* Paris, Seuil.

LEMAIRE, Jean. C. 1991. *La Relaxation.* Paris, Payot.

LENNE, Raphaël. 1977. *Retrouvez le sommeil.* Avignon, Aubanel.

LOWEN, Alexander et Leslie. 1983. *Pratique de la bioénergie.* Paris, Sand et Tchou, « Le corps à vivre ».

LOWEN, Alexander. 1983. *La Peur de vivre.* Paris, Epi, « Hommes et groupes ».

MAGNIN, Pierre. 1990. *Le Sommeil et le Rêve.* Paris, PUF.

MAISONDIEU, Jean ; METAYER, Léon. 1986. *Les Thérapies familiales*, « Que sais-je ? » n° 286. Paris, PUF.

MAISONNEUVE, Jean. 1948. *Les Sentiments*, « Que sais-je ? » n° 322. Paris, PUF.

MANET, Ghylaine. 1991. *Vivons l'école autrement par la sophrologie*. Paris, ESF.

MARSON, Pascale. 1994. *Vingt-cinq livres clefs de la psychanalyse*. Bruxelles, Alleur, Marabout.

MIJOLLA, A. ; SHENTOUB, S. A. 1981. *Pour une psychanalyse de l'alcoolisme*. Paris, Payot.

MONTIGNAC, Michel. 1995. *Je mange donc je maigris !* Paris, Flammarion.

MORIN, Edgar. 1977-1991. *La Méthode*, t. 1 à 4. Paris, Points/Seuil, « Essais ».

MUCCHIELLI, Alex. 1993. *La Nouvelle Psychologie*. Paris, PUF.

NASIO, J.-D. 1992. *Enseignement des sept concepts cruciaux de la psychanalyse*. Paris, Payot.

NASIO, J.-D. 1994. *Cinq leçons sur la théorie de Lacan*. Paris, Payot.

NATAF, André. 1985. *Jung*. Paris, M. A.

OLIVIER, Christiane. 1980. *L'Empreinte de la mère*. Paris, Denoël-Gonthier.

PAUL, Norman I. ; BETTY, B. 1995. *Un casse-tête conjugal*. Toulouse, Erès.

PECOLLO, Jean-Yves. 1995. *La Sophrologie au quotidien*. Paris, J'ai lu.

PETIT, Marie. 1993. *La Gestalt, thérapie de l'ici et maintenant*. Paris, ESF.

QUILLIOT, Roland. 1995. *Éducation et psychothérapie*. Paris, PUF.

QUILLIOT, Roland. 1991. *Les Critiques de la psychanalyse*. Paris, PUF.

RANK, Otto. 1980. *Le Traumatisme de la naissance*, Paris, Petite Bibliothèque Payot.

RAYMOND-RIVIER, Berthe. 1965. *Le Développement social de l'enfant et de l'adolescent*. Bruxelles, Dessart.

REICH, Wilhelm. 1968. *La Révolution sexuelle*. Paris, Plon.

REISS-SCHIMMEL, Hana. 1994. *La Psychanalyse et l'Argent*. Paris, Odile Jacob.

REY, Pierre. 1989. *Une saison chez Lacan*. Paris, Robert Laffont.

ROGERS, Carl. 1972. *Le Développement de la personne*. Paris, Dunod.

SAISSET, Léon et Frédéric. 1942. *L'Éducation par la suggestion*. Paris, PUF.

SCHILDER, Paul. 1980. *L'Image du corps*. Paris, Gallimard, « Tel ».

SCHULTZ, Johann H. 1965. *Le Training autogène*. Paris, PUF.

SERINGE, Philippe. 1985. *Les Symboles*. Genève, Helios.

SHERMAN, Daniel. 1987. *La Biologie du stress*. Paris, du Rocher, « Sciences et découvertes ».

SIMONTON, O. Carl ; SIMONTON, Stéphanie M. ; CREIGHTON, J. 1982. *Guérir envers et contre tout*. Paris, Epi.

SITTERLIN, René. 1994. *La Violence*. Paris, Quintette.

SPITZ, René A. 1968. *De la naissance à la parole*. Paris, PUF.

SPITZ, René A. 1962. *Le Non et le Oui*. Paris, PUF.

STIRN, François. 1979. *La Soif d'éternité*. Paris, Hatier.

STORA, Jean-Benjamin. 1991. *Le Stress*, « Que sais-je ? » n° 2575. Paris, PUF.

VIGNOLA, Jean. 1987. *Tout sur les tests de la personnalité*. Paris, De Vecchi Poche.

VITTOZ, Roger. 1991. *Oser la vie*. Lausanne, Delachaux et Niestlé.

WATZLAWICK, Paul et al. 1979. *Une logique de la communication*. Paris, Points/Seuil.

WEBB, Dominique. 1987. *Ma méthode*. Paris, Carrère.

WINNICOTT, D. W. 1983. *Processus de maturation chez l'enfant*. Paris, Petite Bibliothèque Payot.

WOLPE, Joseph. 1975. *Pratique de la psychothérapie comportementale*. Paris, Masson.

Dépôt légal : janvier 2021
Achevé d'imprimer en décembre 2020 en France
par La Nouvelle Imprimerie Laballery.
N° d'impression : 012195